Michael Wolff
Der Begriff des Widerspruchs

Michael Wolff

Der Begriff des Widerspruchs

Eine Studie zur Dialektik Kants und Hegels

Mit einem Nachwort versehene
dritte, durchgesehene Ausgabe

Eule der Minerva Verlag

Homepage des Autors:
doi.org/10.4444/70.de

Homepage des Verlags:
www.eulederminerva.de

Homepage zum Werk:

Wolff – Widerspruch
http://doi.org/10.4444/70.10.de

Copyright © 2017 Owl of Minerva Press GmbH
All rights reserved. No part of this work may be reproduced, stored in a retrieval system, or transmitted in any form or by any means, electronic, mechanical, photocopying, microfilming, recording or otherwise, without written permission.

Eule der Minerva Verlag
Berlin 2017
doi: 10.4444/70.10.de
ISBN 978-3-943334-08-1

Den Satz des Widerspruchs für formell anzuerkennen, heißt also ihn zugleich für falsch erkennen.

Hegel GW 4, 208. 36–209. 1

Ein Widerspruch kann sich nur mit Etwas ergeben, das ist, mit einem Inhalt, der als festes Princip zum Voraus zu Grunde liegt.

Hegel GW 14, 118. 31–33

Die Philosophie hat das Recht, aus der Sprache des gemeinen Lebens, welche für die Welt der Vorstellungen gemacht ist, solche Ausdrücke zu wählen, welche den Bestimmungen des Begriffs *nahe zu kommen scheinen*. Es kann nicht darum zu thun sein, für ein aus der Sprache des gemeinen Lebens gewähltes Wort zu *erweisen*, daß man auch im gemeinen Leben denselben Begriff damit verbinde, für welchen es die Philosophie gebraucht; denn das gemeine Leben hat keine Begriffe, sondern Vorstellungen, und es ist die Philosophie selbst, den Begriff dessen zu erkennen, was sonst blosse Vorstellung ist. Es muß daher genügen, wenn der Vorstellung bei ihren Ausdrücken, die für philosophische Bestimmungen gebraucht werden, so etwas Ungefähres von ihrem Unterschiede vorschwebt, wie es bey jenen Ausdrücken der Fall seyn mag, daß man in ihnen Schattierungen der Vorstellung erkennt, welche sich näher auf die entsprechenden Begriffe beziehen.

Hegel L. II, 130. 16–28

Inhalt

Vorwort 9

Erstes Kapitel: Bemerkungen über das Verhältnis zwischen »Widerspruch« und »dialektischem Widerspruch« 13
I. Schwierigkeiten in der Definition des Widerspruchsbegriffs 13
II. Der Ausdruck »Widerspruch« und seine Paronymien 18
III. Die Rede vom objektiven Widerspruch als Paronymie 28

Erster Teil: Kant

Vorbemerkung 49

Zweites Kapitel: Die logische (oder analytische) Opposition 53

Drittes Kapitel: Die dialektische Opposition 59
I. Die konträre dialektische Opposition 63
II. Die subkonträre dialektische Opposition 74

Viertes Kapitel: Die reale Opposition 83
I. Kants Programm 83
II. Analyse des Begriffs der realen Opposition 92

Zweiter Teil: Hegel

Vorbemerkung 109

Fünftes Kapitel: Die mathematischen »Formen« des Positiven und Negativen 113

I. Die erste Form des Positiven und Negativen in der
   Mathematik 120
II. Die zweite Form des Positiven und Negativen in der
    Mathematik 129

Sechstes Kapitel: Reflexionslogische Negativität 139
I. Entgegensetzung als reflexionslogische Beziehung 140
II. Hegels Begriff der Negativität 145

Siebtes Kapitel: Die beiden ersten Stufen der
Gegensatzbeziehung 151
I. Das »Entgegengesetzte überhaupt« 154
II. Der amphibolische Gegensatz 160

Achtes Kapitel: Das an sich Positive und das an sich Negative 169
I. Analyse der dritten Gegensatzform 169
II. Zur Kritik des reflektierenden Verstandes 174

Neuntes Kapitel: Der Widerspruch 189
I. Kritik der Transformation logischer Prinzipien in
   metaphysische Prinzipien 192
II. Hegels Exposition des Widerspruchsbegriffs 199
III. »Der Widerspruch löst sich auf« 211
IV. Zusammenfassung des neunten Kapitels 226

Schluss 231

Nachwort zur Neuausgabe 235

Literaturverzeichnis 259
Namenregister 267
Sachregister 271

Vorwort

Die Hegel'sche Dialektik möchte keine »höhere« Logik sein, wie ihr manchmal, meist mit ironischem Unterton, nachgesagt wird. Weder verwirft sie die formalen Gesetze und Regeln der klassischen formalen Logik, noch setzt sie sich durch Aufstellung neuer Gesetze und Regeln in Konkurrenz mit ihr. Dass Hegel mit seiner Methode[1] ganz im Gegenteil und erklärtermaßen eine »Wissenschaft der Logik« aufbauen wollte, aus deren Sätzen die Regeln und Gesetze der klassischen formalen Logik abgeleitet werden können, ist eine Tatsache, die zwar wenig beachtet, ja von Logikhistorikern sogar durchgängig ignoriert wird, die aber Hegellesern kaum entgehen dürfte.

Mit dieser Tatsache scheinen sich allerdings einige Bemerkungen Hegels über Sinn und Bedeutung einiger Prinzipien und Grundbegriffe der klassischen formalen Logik schlecht zu vertragen. Fast alle diese irritierenden Bemerkungen hängen direkt oder indirekt mit Hegels Auffassung vom Begriff des Widerspruchs zusammen. Die Interpretation dieser Auffassung birgt so große Schwierigkeiten in sich, dass einige Hegelinterpreten die Interpretationsmaxime längst aufgegeben haben, auch eine »Wissenschaft der Logik« müsse der Minimalforderung an eine Wissenschaft genügen: dass sie in formaler Hinsicht konsistent zu sein mindestens beansprucht.

---

[1] In den früheren Ausgaben des vorliegenden Buches von 1981 und 2010 hatte ich hier noch von »dialektischer« Methode gesprochen. Die systematischen Gründe, aus denen von einer solchen (oder von Dialektik als Methode) in Hegels Druckschriften nirgendwo ausdrücklich die Rede ist, habe ich dargestellt in meinem Aufsatz »Dialektik – eine Methode? Zu Hegels Ansichten von der Form einer philosophischen Wissenschaft«, in: *Hegel – 200 Jahre Wissenschaft der Logik*, herausgegeben von A. F. Koch, C. Wirsing, F. Schick, K. Vieweg; *Deutsches Jahrbuch Philosophie* 5, Hamburg: Meiner, 2014, S. 71–86.

Diejenigen Hegelinterpreten, die die genannte Maxime schon aus methodischen Gründen nicht aufgeben möchten, tun sich allerdings schwer mit Hegels Lehre vom Widerspruch: Verstößt sie schon nicht gegen formallogische Prinzipien, so scheint sie doch elementare Fehler zu enthalten. Die haarsträubendsten Fehler, die man Hegel seit dem 19. Jahrhundert immer wieder geglaubt hat vorwerfen zu müssen, sind die beiden folgenden: erstens eine »Ontologisierung« des Widerspruchs und zweitens die »Verwischung« des Unterschieds zwischen konträrem und kontradiktorischem Gegensatz. Mein Eindruck ist der, dass zwar diejenigen, die diese Vorwürfe immer wieder erheben, selbst nicht genau sagen, was »Ontologisierung« und »Verwischung« in diesem Kontext bedeuten, dass es aber die Hegelforschung umso mehr unterlassen hat, sich selbst über den möglichen Sinn dieser Vorwürfe so weit aufzuklären, dass sie über ihre Berechtigung entscheiden kann.

Diese Unterlassung beruht, wie mir scheint, zum Teil darauf, dass Hegel, im Unterschied zu anderen Klassikern der Philosophiegeschichte, für uns noch nicht so sehr zum historischen Autor geworden ist, dass man die Methode der textimmanenten Interpretation, angereichert durch (mehr oder weniger frei assoziierte) Bezüge auf gegenwärtige philosophische Theorien, als völlig unzureichend empfindet. Ich meine, dass wir gerade da, wo unserem Verständnis Hegels ganz elementare Hindernisse im Wege liegen, gut daran täten, erst einmal die nötige historische Distanz zu den Hegeltexten herzustellen, indem wir versuchen, diese Texte auf eine vergangene philosophie- und wissenschaftshistorische Problemsituation zurückzubeziehen, die wir aber trotz ihres Vergangenseins heute verstehen müssen.

Eine solche Distanz zu einem philosophischen Klassiker wird uns möglicherweise zum Verständnis und zur ebenso produktiven wie kritischen Aneignung befähigen. Ist aber Hegels Lehre vom Widerspruch einer solchen Aneignung fähig?

Hegels Lehre vom Widerspruch ist ohne ein genaues Verständnis des Hegel'schen Begriffs der Negativität kaum zu entschlüsseln. »Negativität« im Kontext von Hegels Logik ist keineswegs, wie es einem heutigen Leser erscheinen mag, dessen Ohr durch Links- und Rechtshegelianismen (sowie die Frankfurter Schule) verwöhnt ist, ein »Allerweltswort« (Michael Theunissen). Man tut vielmehr gut daran, wenn man Hegels Terminus »Negativität« auf Wurzeln zurückführt, die teils in der kantischen Philosophie, teils direkt in der Mathematik des ausgehenden 18., frühen 19. Jahrhunderts liegen. So überraschend es klingen mag: Hegels Dialektik wurzelt genau in derselben mathematikhistorischen Situation wie die Boole'sche Algebra der Logik: Die in der Mathematik seit der zweiten Hälfte des 18. Jahrhunderts sich durchsetzende Einsicht, dass die arithmetische Negativität und die logische Negation nicht aufeinander zurückführbar sind, führt einerseits dahin, dass Mathematiker einen vom Kalkül der mathematischen Algebra gänzlich abweichenden Logikkalkül entwickeln; dieselbe Einsicht veranlasst andererseits Philosophen wie Kant und Hegel, den Unterschied zwischen logischer Negation und Negativität begrifflich zu explizieren. Im Gegensatz zu Kant versucht Hegel, wie ich zeigen werde, diesen Unterschied als logischen Unterschied zu explizieren. Hegels Dialektik tritt so nicht etwa in Konkurrenz zur Algebra der Logik; Kalkülisierung ist nicht ihr Metier. Aufgabe der »Wissenschaft der Logik« ist es vielmehr, den inneren systematischen Zusammenhang und die ontologische Bedeutung der elementaren logischen Begriffe zu untersuchen.

Wenn in der vorliegenden Abhandlung Hegels Lehre vom Widerspruch und Hegels Begriff der Negativität vor allem in den Kontext der Probleme der kantischen Philosophie gestellt werden, so geschieht das zu dem Zweck, Hegels Theorie als mindestens teilweise berechtigte Kritik an Kants Transzendentalphilosophie, insbesondere an Kants transzendentaler Dialektik verstehen zu lernen. Dieser Zweck enthält nicht nur einen philosophiehistorischen Aspekt, sondern auch einen hermeneutischen. Die Hegel'schen Texte lassen in ihrer systematischen Geschlossenheit und Esoterik oft nur schwer erkennen, mit welchen Argumenten welche Behauptungen gegen welche Alternativen aufgestellt werden. Die präzise Rekonstruktion der für Hegel wichtigsten Alternativen erleichtert die Rekonstruktion der Hegel'schen Argumente und damit zugleich das präzisere Verständnis der Hegel'schen Behauptungen. Man erschließt den Sinn einer Philosophie, wenn man sich ihre Stärken gegenüber den stärksten zeitgenössischen Systemen der Philosophie vergegenwärtigt. Allerdings meine ich, dass die Hegel'sche Widerspruchslehre ihrem Sinn und ihrer Intention nach nicht allein in der Kritik an Kant besteht. Sie bleibt deshalb nach meiner Ansicht auch nicht von spezielleren Voraussetzungen der kantischen Transzendentalphilosophie abhängig. Sie möchte die Wirklichkeit einer »objektiven Dialektik« erschließen.

Unbestritten ist heute, dass Hegels Lehre vom Widerspruch und Hegels Begriff der Negativität Schlüsselprobleme im Verständnis der Hegel'schen Dialektik sind. Aber die Ansichten über diese Gegenstände gehen weit auseinander. Meine ursprüngliche Absicht war es, diese Abhandlung mit einer ausführlichen Kritik der wichtigsten neueren Untersuchungen zur Hegel'schen Logik zu verbinden. So dachte ich an die Hegelinterpretationen von Friedrich Fulda, Dieter Henrich und Michael Theunissen. In der Durchführung zeigte sich dann, dass diese Auseinandersetzung nicht so leicht integriert werden konnte, sollte der methodische Rahmen dieser Abhandlung nicht gesprengt werden.

Erstes Kapitel

Bemerkungen über das Verhältnis zwischen »Widerspruch« und »dialektischem Widerspruch«

I. Schwierigkeiten in der Definition des Widerspruchsbegriffs

Widersprüche aufzuzeigen fällt uns gewöhnlich leichter als zu sagen, was eigentlich ein Widerspruch ist. Ein Widerspruch scheint vorzuliegen, wenn zwei Sätze, von denen einer behauptet, was der andere verneint, beide mit dem Anspruch auf Wahrheit auftreten. Bevor man versucht zu sagen, worin der Widerspruch solcher Sätze besteht, sollte man indessen die Tatsache berücksichtigen, dass nicht immer ein (echter) Widerspruch besteht, wenn zwei Sätze, von denen der eine behauptet, was der andere verneint, mit Wahrheitsanspruch aufgestellt werden. Wenn etwa jemand behauptet und ein anderer verneint, dass »p« wahr ist, geschieht es mitunter, dass beide recht oder auch beide unrecht haben. Der Widerspruch zwischen Behauptung und Verneinung besteht dann, wie man sagt, der bloß sprachlichen Form und nicht dem Inhalt nach. Was der Form nach kontradiktorisch ist, erweist sich dem Inhalt nach dann als konträr oder subkonträr.

Erschwert wird die Antwort auf die Frage nach dem Wesen des Widerspruchs zudem noch dadurch: Wenn das Bestehen eines Widerspruchs zwischen zwei Sätzen von der Bedingung abhängt, dass kein Kontext möglich ist, innerhalb dessen entweder beide Sätze wahr oder beide falsch sind, so ist zur Erfüllung dieser Bedingung nicht einmal erforderlich, dass sich die beiden Sätze ihrer Form nach wie Behauptung und Verneinung zueinander verhalten. Als widerspruchsvoll (inkonsistent) mögen wir auch Behauptungen ansehen, die einem Gegenstand Prädikate beilegen, die für jeden denkbaren Kontext miteinander unverträglich (inkompatibel) sind. Eine solche Unverträglichkeit hängt keineswegs vom Gebrauch des Wörtchens »nicht« ab; auch nicht davon, dass es in unserer Sprache Prädikate mit negativen Präfixen gibt (Prädikate wie »unglaubhaft«, »intolerant«, »nonkonformistisch«, »nicht-gelb« etc.). Es gibt vielmehr Prädikate, die ausschließlich aufgrund ihres eigenen Bedeutungsinhalts für jeden beliebigen Kontext inkompatibel zu sein scheinen (Beispiele wie »verheiratet« und »Junggeselle«, »größer als die Sonne« und »kleiner als die Sonne« mögen hier einstweilen genügen).

Man kann die genannten Schwierigkeiten, die einer Definition des Widerspruchs im Wege stehen, auf folgende Weise zusammenfassen: Zwar ist es so, dass der Form nach ein Widerspruch zwischen zwei Behauptungen genau dann besteht, wenn diese auf die Form zurückführbar sind: »Es ist der Fall, dass p«, und: »Es ist nicht der Fall, dass p«. Aber diese Bedingung scheint weder notwendig noch hinreichend dafür zu sein, dass auch dem Inhalt nach ein Widerspruch vorliegt. Die Beachtung der formalen Merkmale der Kontradiktorietät scheint insofern für eine allgemeine Definition des Widerspruchsbegriffs kaum tauglich zu sein.

Die formale Logik, die eines scharf definierten Widerspruchsbegriffs bedarf, braucht sich allerdings um solche Schwierigkeiten nicht unbedingt zu kümmern. Insofern sie die Formen logischer Beziehungen nur unter dem Gesichtspunkt untersucht, dass diese Formen zugleich (symbolisch darstellbare) Formen der Sprache sind, blendet sie aus ihrem Gegenstandsbereich gerade dasjenige Verhältnis aus, das zwischen den von ihr untersuchten Formen und den logischen Beziehungen besteht, die diesen Formen zugrunde liegen. So braucht sich die formale Logik weder für Beziehungen zu interessieren, in denen zwei der sprachlichen Form nach inkonsistente Sätze ihrem Inhalt nach beide wahr oder beide falsch sind, noch umgekehrt für Beziehungen, in denen zwei der Form nach konsistente Sätze dem Inhalt nach inkonsistent sind. Im Gegenteil: Als Theorie des formalen Schließens setzt die formale Logik immer schon voraus, dass wir mit der sprachlichen Form der Sätze, *aus* denen wir schließen, so im Reinen sind, dass hinter der sprachlichen Form der Sätze nicht in Wahrheit andere logische Beziehungen verborgen sind, als die Form der Sätze selbst zum Ausdruck bringt.

Diese Voraussetzung ermöglicht der formalen Logik eine bequeme Antwort auf die Frage, worin für sie ein Widerspruch besteht. Für die Zwecke einer Theorie des formalen Schließens genügt hier eine Definition, die nur auf die sprachliche Form der Sätze (der Relate des Widerspruchs) sieht, nicht aber auf die logische Beziehung selbst, die wir »Widerspruch« nennen. Eine solche Definition liegt vor, wenn etwa gesagt wird, dass der Widerspruch (die Kontradiktion) die aus logischen Gründen falsche Aussage ist. In dieser Definition wird der Widerspruch als zusammengesetzte Aussage verstanden: zusammengesetzt aus Teilaussagen von der Form »Es ist der Fall, dass *p*« und »Es ist nicht der Fall, dass *p*«. Der sogenannte »logische Grund«, aus dem die so zusammengesetzte Aussage falsch sein soll, ist nicht etwa der Widerspruch selbst. Sonst würde die Definition eine *petitio principii* enthalten. Der »logische Grund« ist vielmehr nichts anderes als die angegebene sprachliche Form der Teilaussagen selbst.

Mit einer solchen Definition des Widerspruchs, die für die gewöhnlichen Zwecke der Logik oft genügt, kann man sich dann nicht gut zufrieden geben, wenn man darauf verzichtet vorauszusetzen, dass die logische Beziehung der Kontradiktorietät an eine bestimmte sprachliche Form kontradiktorischer Sätze gebunden ist. Dieser Verzicht ist nicht Willkür. In den meisten wissenschaftlichen (und auch den meisten philosophischen) Erörterungen ist dieser Verzicht im Gegenteil praktisch unerlässlich. Überall da, wo Widersprüche der Form nach auftreten, ergibt sich meistens gerade die Aufgabe zu untersuchen, ob und inwiefern diese Widersprüche echt und wie sie gegebenenfalls in andere logische Beziehungen auflösbar sind. Außerhalb des Bereiches der formalen Sprachen darf die nur sprachliche Form der Kontradiktion nicht als notwendiges oder hinreichendes Kriterium für (echte) Widersprüche angesehen werden.[1] Mir scheint, dass dieser methodische Sachverhalt einer der Gründe dafür ist, dass ältere (weniger an den Problemen des deduktiven Aufbaus der Mathematik und anderer formaler Systeme orientierte) philosophische Logiken einen Begriff des Widerspruchs zu entwickeln versucht haben, der aus nicht bloß formalen sprachlichen Merkmalen kontradiktorischer Sätze gewonnen ist. Inkonsistenzen, die nicht an sprachlichen Formen, nicht am Vorkommen des Wörtchens »nicht« oder am Vorkommen negativer Präfixe ablesbar sind, sondern allein vom Inhalt des jeweils Gesagten abhängen, kann man als einer besonderen Erklärung bedürftig ansehen.[2] Ebenso ist im Zweifel an der Echtheit eines der Form nach bestehenden Widerspruchs bereits ein mögliches Motiv zum Versuch angelegt, den Begriff des Widerspruchs von der sprachlichen Form, in der er auftritt, abzuheben.

Innerhalb der klassischen philosophischen Literatur gibt es wohl kaum eine Theorie, die der Sache nach stärker durch den Typus der Frage nach der Echtheit formaler Widersprüche geprägt ist als die kantische transzendentale Dialektik. So ist es auch nicht verwunderlich, dass Kants Dialektik der unmittelbare historische Hintergrund und Ausgangspunkt für verschiedene Versuche gewesen ist, den Begriff des Widerspruchs erneut zum Untersuchungsgegenstand

---

1 Innerhalb des Bereichs der formalen Sprachen ist dieses Kriterium schon deshalb zulässig, weil, was eine formale Sprache *ist*, geradezu dadurch definiert ist, dass ihre Zeichen unmittelbar das Vorliegen oder Nichtvorliegen eines Widerspruchs anzeigen.
2 P. F. Strawsons *Introduction to Logical Theory* (London, [6]1971) gehört zu den wenigen Ausnahmen der neueren philosophisch-logischen Literatur, die Fragen dieser Art anschneiden. Man beachte in Strawsons Buch vor allem das erste Kapitel über »Inconsistency«. – Moderne philosophische Wörterbücher kommen, auch wenn sie, wie z. B. die *Encyclopedia of Philosophy*, sonst über Fragen der philosophischen Logik gut informieren, merkwürdigerweise oft ohne einen Artikel »Widerspruch« aus.

einer philosophischen Logik zu machen. Diese Versuche verdienen heute, wie mir scheint, nicht schon deshalb skeptisch aufgenommen zu werden, weil sie überhaupt darauf angelegt gewesen sind, die Frage nach dem Wesen des Widerspruchs zu erörtern, ohne im Begriff des Widerspruchs ein bestimmtes Muster kontradiktorischer Aussageformen zu fixieren. Diese Versuche mögen heute zwar als antiquiert erscheinen gegenüber den Fortschritten, welche die Logik als mathematische Hilfswissenschaft seit dem Tode Hegels (1831) und insbesondere seit 1847, dem Erscheinungsjahr von George Booles *The Mathematical Analysis of Logic*, gemacht hat. Mir scheint aber, dass das genaue Studium dessen, was Kant und seine Nachfolger glaubten leisten zu müssen, um Grundbegriffe der Logik zu klären, auch heute noch für die Bestimmung des Charakters der Logik als einer wissenschaftlichen Disziplin von Nutzen sein kann. Von philosophischen Deutungen logischer Grundbegriffe dürfte zwar nicht abhängen, ob man irgendein logisches Gesetz – etwa das Gesetz vom ausgeschlossenen Widerspruch – anerkennt oder nicht, wohl aber, aus welchen Gründen man es gelten lässt.

Was Kants eigenen Versuch einer Exposition des Widerspruchsbegriffs angeht, so gibt es darüber heute (ohne dass die Beteiligten es immer wissen) eine philosophische Diskussion. Kants Versuch besteht nämlich, wie wir noch genauer sehen werden, darin, den Widerspruchsbegriff auf den Begriff der Analytizität zurückzuführen. Die Schwierigkeiten, die dieser Begriff in sich birgt, werden heute oft besprochen. Dies nicht so sehr wegen der Aktualität der Philosophie Kants, auch nicht, weil ein aktuelles Bedürfnis an der Klärung des Widerspruchsbegriffs bestünde, sondern vor allem deshalb, weil sich der Analytizitätsbegriff als grundlegend erwiesen hat für ein philosophisches Programm, das jede Art von Dialektik aus Philosophie und Wissenschaft gerade eliminieren möchte: das Programm des logischen Empirismus.

Die Schwierigkeiten im Analytizitätsbegriff sollen in der vorliegenden Abhandlung nicht noch einmal in extenso untersucht werden.

Sie sind hier nur insoweit von Interesse, als sie eben die Schwierigkeiten des kantischen Widerspruchsbegriffs sind. Kant selbst hatte »Analytizität« unglücklicherweise durch den seinerseits erklärungsbedürftigen Begriff des Widerspruchs zu erklären versucht, indem er analytische Aussagen als diejenigen Aussagen definierte, deren Verneinung einen Widerspruch ergibt. Kant bedient sich hier einer – um mich seines eigenen Sprachgebrauchs zu bedienen – »elenden Diallele«. Mit Recht ist insofern von Quine festgestellt worden[3], dass Kants Definition der Analytizität »wenig erklärt, da der Begriff des Widerspruchs in dem hier benötigten weiten Sinne ebenso der Klärung bedarf, wie der Analytizitätsbegriff selbst. Die beiden Begriffe«, so Quine, »sind zwei Seiten ein und derselben zweifelhaften Medaille«.[4]

II. Der Ausdruck »Widerspruch« und seine Paronymien

Kant hatte mit seinem Versuch, die Fundamente des Widerspruchsbegriffs tiefer zu legen, als es innerhalb der formalen Logik möglich und erwünscht ist, immerhin einen Anfang gemacht. Bei diesem Anfang ist es nun, wie gesagt, nicht geblieben. Unter den philosophischen Logiken, die, in der Nachfolge und Kritik der kantischen Philosophie, den Begriff des Widerspruchs untersucht haben, ist die Hegel'sche wohl die wichtigste und folgenreichste, zugleich aber auch die schwierigste und bis heute am wenigsten verstandene. Ihr ist deshalb die folgende Untersuchung in erster Linie gewidmet. Die Tatsache, dass Hegels Logik eine systematische Untersuchung des Widerspruchsbegriffs enthält, wird indessen selten beachtet. Dafür umso mehr der Umstand, dass Hegels Texte vom Ausdruck »Widerspruch« einen ziemlich eigentümlichen Gebrauch machen. Dieser Umstand ist von der philosophiehistorischen Literatur meist in der Weise registriert wor-

---
3 W. V. O. Quine, »Two Dogmas of Empiricism«, in: *From a Logical Point of View*, Cambridge, Mass. 1953, S. 20–46.
4 Ebd., S. 20.

den, dass Hegel es in Wahrheit mit einer besonderen *Sorte* von »Widersprüchen« zu tun habe, niemals aber oder nur ausnahmsweise mit dem, wovon er in einem besonderen Kapitel seiner *Wissenschaft der Logik* spricht: nämlich mit »dem Widerspruch«. Seit etwa 30 oder 40 Jahren hat sich für diese Sorte von Widersprüchen in der Hegelliteratur (und auch anderswo) der Ausdruck »dialektischer« Widerspruch eingebürgert.[5] Hegels Lehre vom Widerspruch gilt seither als Theorie eines eher exotischen und völlig aus der philosophischen Tradition herausfallenden Gegenstandes. Sie gilt (fälschlicherweise, wie ich meine) nicht als Versuch, Schwierigkeiten zu lösen, die im Begriff des Widerspruchs selbst liegen. In Anbetracht der Tatsache, dass diese Schwierigkeiten ohnehin groß genug sind, wird man die von Hegel anscheinend erfundene neue Sorte von Widersprüchen eher verwirrend als klärend finden; und unter dem Titel einer besonderen Lehre vom dialektischen Widerspruch wird man keinen erhellenden Beitrag zur Analyse des Widerspruchsbegriffs selbst erwarten.

Ich meine indessen, dass Hegels eigentümliche Verwendungsweise des Ausdrucks »Widerspruch« (die in der Tat durchgängig zu beobachten ist) mit seiner Auffassung vom *Begriff* des Wider-

---

5   Es ist mir nur eine Stelle bekannt, an welcher bei Hegel vom »dialektischen Widerspruch« die Rede ist. Sie befindet sich in den (auf Nachschriften seiner Schüler beruhenden) *Vorlesungen über die Ästhetik* (Ästh. II 194): »Die Rührung ist das Gefühl des dialektischen Widerspruchs, die Persönlichkeit aufgegeben zu haben und doch selbständig zu sein, ein Widerspruch, der in der Liebe vorhanden und in ihr ewig gelöst ist.« Man erhält in dieser Bemerkung Hegels allerdings keinen Aufschluss darüber, ob das Adjektiv »dialektisch« eine Unterscheidung von Arten des Widerspruchs (z. B. eine Unterscheidung gegenüber »logischen« Widersprüchen – von denen Hegel nirgendwo ausdrücklich spricht) einschließt, oder ob das Adjektiv nur besagt, dass der Widerspruch als solcher etwas Dialektisches ist. Der Ausdruck »dialektischer Widerspruch« kommt übrigens auch sonst in der philosophischen Literatur des 19. Jahrhunderts kaum vor. Er ist anscheinend auch nicht in den Werken von Marx, Engels und – mit einer Ausnahme, auf die mich Prof. E. Albrecht aus Greifswald bei Gelegenheit eines Kolloquiums über Hegels Logik in der sowjetischen Akademie der Wissenschaften in Moskau aufmerksam gemacht hat: Werke Bd. 15 (Berlin 1962), S. 409 – Lenin zu finden.

spruchs sachlich zusammenhängt: Nach Hegels Auffassung kann der Widerspruch angemessen erfasst werden nur als das, was in der Hegelliteratur (meist umständlicherweise und oft blindlings) »dialektischer Widerspruch« genannt wird. Ich meine ferner, dass man sich einen guten Zugang zu Hegels Erklärung des Begriffs des Widerspruchs verschafft, wenn man sich zunächst Hegels eigentümliche Verwendungsweise des Ausdrucks »Widerspruch« (die die Existenz einer besonderen Widerspruchsart vorauszusetzen scheint) deutlich vor Augen führt.

Einige willkürlich herausgegriffene Beispiele aus Texten Hegels zeigen, dass darin der Ausdruck »Widerspruch« mit geradezu sturer Konsequenz niemals als Bezeichnung einer bestimmten Gattung oder Beziehung von Sätzen, Aussagen, Urteilen, Prädikationen oder von irgendwelchen anderen Sprachgebilden verwendet wird. Der sonst etymologisch enge Zusammenhang zwischen »Widerspruch« (lat.: *contradictio*, gr.: αντίφασις) und »Sprechen« scheint von Hegel gänzlich missachtet zu werden. Man betrachte folgende Beispiele: »Der unendliche Progreß ist unmittelbar nichts als der perennierend gesetzte Widerspruch.«[6] »Es ist überall gar nichts, worin nicht der Widerspruch, d. i. entgegengesetzte Bestimmungen aufgezeigt werden können und müssen.«[7] »Das Objekt ist daher der absolute Widerspruch der vollkommenen Selbständigkeit des Mannigfaltigen und der ebenso vollkommenen Unselbständigkeit derselben.«[8] »Die Natur ist vielmehr der unaufgelöste Widerspruch.«[9] »[...] der Widerspruch, der das Übel heißt«.[10] »Wer aber verlangt, daß nichts existiere, was in sich einen Widerspruch als Identität Entgegengesetzter trägt, der fordert zugleich, daß nichts Lebendiges existiere.«[11] »Der Mensch ist

---

6   Enc. §60.
7   Enc. §89.
8   Enc. §194.
9   Enc. §248.
10 Enc. §472.
11 Ästh. I, 125.

dies: den Widerspruch des vielen nicht nur in sich zu tragen, sondern zu ertragen und darin sich selbst gleich und getreu zu bleiben.«[12] »Alle Dinge sind an sich selbst widersprechend.«[13] Die Widersprüche, von welchen Hegel hier redet, sind offenbar niemals Beziehungen zwischen Aussagen oder Urteilen; sie werden auch nicht als logisch falsche Aussagen oder Urteile verstanden. Vielmehr verwendet Hegel den Ausdruck »Widerspruch« so, dass er etwas Objektives, etwas an den Dingen selbst bezeichnet, über die wir sprechen. So scheint Hegels Sprachgebrauch in der Tat die Existenz einer besonderen Sorte von Widersprüchen vorauszusetzen. Und so erscheint auch die Terminologie als zweckmäßig, derzufolge wir es in Hegels Untersuchungen nicht mit gewöhnlichen, sondern mit »dialektischen Widersprüchen« (was immer das sein mag) zu tun haben.

Was allerdings an der Rede vom dialektischen Widerspruch irritiert, ist die Tatsache, dass sie sich der Gefahr des Homonymievorwurfs aussetzt, der sich gegen die Verwendung des Ausdrucks »Widerspruch« selbst richtet. Wenn nämlich der dialektische Widerspruch (anders als der Widerspruch im gewöhnlichen Verständnis des Wortes) weder ein bloßes Aussagenverhältnis noch eine logisch falsche Aussage sein soll, so mag zwar das Adjektiv »dialektisch« zu dieser begrifflichen Abgrenzung zweckmäßig erscheinen; man muss aber dann auch angeben können, wozu man des Ausdrucks »Widerspruch« überhaupt bedarf. Dies anzugeben scheint äußerst schwierig zu sein. Es erweist sich z. B. als schwierig und wohl auch als wenig sinnvoll, eine höhere Widerspruchsgattung anzunehmen, von der der dialektische Widerspruch so etwas wie eine Spezies bilden könnte. Mithin liegt der Verdacht nahe, dass die Rede vom dialektischen Widerspruch (die Rede vom Widerspruch in objektiver Bedeutung) auf einem zu vermeidenden homonymen Bedeutungswandel des Ausdrucks »Widerspruch« beruht.

---

12 Ästh. I, 236.
13 L. I, 286. 18f.

Dass in Hegels Sprachgebrauch ein Bedeutungswandel gegenüber dem gewöhnlichen Sprachgebrauch stattfindet, ist kaum von der Hand zu weisen. Man muss sich allerdings darüber im Klaren sein, dass nicht jeder Bedeutungswandel eines Ausdrucks eine Homonymie darstellt. Auch Paronymien beruhen – worauf schon Aristoteles aufmerksam gemacht hat – auf einem Bedeutungswandel. Man hat deshalb die Frage zu stellen, ob Hegels Sprachgebrauch, statt homonym zu sein, nicht vielmehr paronym ist.

Paronyme Ausdrücke sind Derivate voneinander. Sie zeichnen sich vor homonymen Ausdrücken dadurch aus, dass ihre verschiedenen Bedeutungen inhaltliche Verwandtschaften und Abhängigkeiten voneinander aufweisen. Das Wort »gesund« – um ein aristotelisches Beispiel zu gebrauchen[14] – (einerseits Bezeichnung der Eigenschaft eines bestimmten lebenden Organismus, andererseits Bezeichnung einer bestimmten Lebens-, Ernährungs- und Betätigungsweise dieses Organismus sowie der dazu tauglichen Mittel) ist offenbar mehrdeutig. Aber die Bedeutungen dieses Wortes sind ihrem Inhalt nach nicht unabhängig voneinander: Was es heißt, für einen Organismus »gesund« zu sein, versteht man erst dann, wenn man versteht, was »Gesundheit« des Organismus selbst bedeutet. Paronymien dieser Art lassen sich innerhalb der natürlichen Sprache zwar genauso gut vermeiden wie Homonymien, nämlich dadurch, dass gemäß den verschiedenen Bedeutungen verschiedene Ausdrücke eingeführt werden. (Wo es darauf ankommt, Mehrdeutigkeiten zu vermeiden, sollte man das auch tun.) Insofern aber der paronyme Gebrauch eines Ausdrucks nicht auf sprachlichen Zufälligkeiten, sondern auf inhaltlichen Sachzusammenhängen beruht, bleiben diese Zusammenhänge von Änderungen des Sprachgebrauchs ganz unberührt. Wissenschaftliche und philosophische Fachsprachen sind

---

14   Aristoteles, *Metaphysik* IV, Kapitel 2 (1003 a 33–36). Vgl. dazu den Kommentar von W. D. Ross, *Aristotle's Metaphysics*, Oxford 1958, Vol. I, S. 256. Es braucht uns hier nicht zu interessieren, dass Aristoteles in anderen Zusammenhängen, z. B. in den *Kategorien* (1 a 12), einen engeren Begriff von »Paronymie« voraussetzt.

an der Vermeidung von Mehrdeutigkeiten zwar ganz besonders interessiert. Aber gerade sie machen von den Möglichkeiten paronymer Bedeutungsverschiebungen einen vielfältigen Gebrauch. Philosophie und Wissenschaften sind in diesem Gebrauch meist sogar innovativ. Wörter wie »Wärme«, »Masse«, »Kraft«, »Gewicht« oder »Wasser« – Wörter, die auch außerhalb von Physik und Chemie gebraucht werden und durchweg älter sind als diese Wissenschaften – haben durch Physik und Chemie gänzlich neue Bedeutungen erhalten, die trotz ihres veränderten Inhalts mit dem vorwissenschaftlichen Sprachgebrauch inhaltlich zusammenhängen. Wegen der Begrenztheit des Umfangs und der Präzision der Ausdrucksmittel der natürlichen Sprache erweisen sich solche Paronymien als besonders zweckmäßig für die Kunstsprache, deren sich Philosophie und Wissenschaften beim Sprechen über neu erschlossene Sachzusammenhänge bedienen müssen. Natursprachliche Ausdrücke, die innerhalb wissenschaftlicher und philosophischer Fachsprachen in veränderter Bedeutung wieder auftauchen, vermögen in dieser neuen Bedeutung ein Hilfsmittel zu werden, mit dem uns verständlich gemacht wird, was wir mit ihren paronymen, im natürlichen Sprachgebrauch beheimateten Ursprungswörtern eigentlich meinen.

Man vergisst leicht, dass schon die in Logikbüchern technisch verwendeten Ausdrücke »Widerspruch« und »Kontradiktion« mit dem entsprechenden umgangssprachlichen Ausdruck semantisch nicht immer vollkommen übereinstimmen. Wenn z. B. nach der bereits erwähnten Definition[15] die »Kontradiktion« eine zusammengesetzte Aussage sein soll, die aus logischen Gründen (aufgrund der formalen Struktur ihrer Teilaussagen) falsch und deren Negation als Tautologie bezeichnet wird, so kommt der Ausdruck »Widerspruch« in dieser Bedeutung umgangssprachlich normalerweise nicht vor. Was hier vorkommt, ist der (im Verhältnis zum gerade erwähnten Sprachgebrauch) paronym verwendete Ausdruck »Widerspruch«, der nicht

---

15 Siehe oben S. 14. Diese Definition geht auf L. Wittgenstein zurück. Vgl. *Tractatus logico-philosophicus* (1921), 4.46.

Aussagen, sondern ein Verhältnis zwischen Aussagen bezeichnet. Er bezeichnet z. B. das Verhältnis zwischen solchen Aussagen, die sich wie Bejahung und Verneinung derselben Satzfrage zueinander verhalten. »Widerspruch« in diesem Sinne kann das logische Verhältnis zwischen den Teilaussagen einer Kontradiktion heißen, aber nicht die Kontradiktion selbst.

Umgangssprachlich meinen wir mit »widersprechen« oft auch das, was eine Person *tut*, wenn sie mit Hilfe von Aussagen, die fremden oder eigenen Behauptungen »logisch« widersprechen, anderen Personen oder sich selbst »widerspricht«. Vom »Widerspruch« in einer nochmals unterschiedlichen Bedeutung ist ferner die Rede, wenn man sagt, eine Behauptung stehe »im Widerspruch« zu einer Tatsache; die Beschreibung eines Objekts »widerspreche« dessen Eigenschaften usw. Einer Behauptung einen »Widerspruch« in diesem zuletzt genannten Sinne nachsagen, bedeutet ebenso viel wie sagen, sie sei (empirisch) falsch.

Allen diesen umgangssprachlichen Verwendungsweisen liegen Paronymien zugrunde: Der Widerspruch, den jemand »erhebt« oder »einlegt«, schließt (wenigstens nach der Intention des Widersprechenden) das Bestehen eines Widerspruchs zwischen Aussagen ein; das Bestehen eines Widerspruchs zwischen Aussagen schließt wiederum ein, dass eine der widersprechenden Aussagen den Tatsachen (der tatsächlichen Beschaffenheit der Objekte etc.) widerspricht. Die Bedeutungsverwandtschaften, die allen diesen Verwendungsweisen des Ausdrucks »Widerspruch« zugrunde liegen, zeigen sich indirekt auch darin, dass sich die Logik, in ihren verschiedenen historischen Gestalten als philosophische Disziplin, an diesen verschiedenen Verwendungsweisen gleichermaßen orientieren konnte, um den Begriff des Widerspruchs zu präzisieren. Es ist ein interessantes Faktum der Geschichte der Logik, dass sie in ihren verschiedenen Entwicklungsstufen in der Lage war, der Formulierung des stets grundlegenden Satzes vom ausgeschlossenen Widerspruch unterschiedliche Bedeutungen des Ausdrucks »Widerspruch« zugrunde zu legen. Heute sind für diesen Satz Formulierungen gebräuchlich, die sich am Begriff der Kontradiktion als einer zusammengesetzten, logisch falschen Aussage orientieren: Dieser Satz besagt dann etwa, dass die Kontradiktion, d. h. die Behauptung einer Aussage *p* zusammen mit ihrer Verneinung, (»aus logischen Gründen«) stets falsch ist. Die ältere Philosophie hat andere Formulierungen vorgezogen. In Platons *Politeia*[16] findet man den Satz, es sei nicht möglich, zur selben Zeit Entgegengesetztes zu tun oder zu leiden, jedenfalls dann nicht, wenn es in ein und derselben Hinsicht geschieht. An dieses »Handlungsprinzip« hat Aristoteles[17] angeknüpft, wenn er für den Satz des Widerspruchs die Formulierung wählt, man könne, wenn man überhaupt *etwas* aussagt, nichts »Entgegengesetztes« aussagen, wenigstens nicht in ein und derselben Hinsicht; andernfalls sage man gar nichts. Für Aristoteles ist in diesem Kontext, wie man sieht, der »Widerspruch« ein Handeln, der Selbstwiderspruch ein besonderer Fall unmöglichen Handelns. – Eine von Aristoteles abweichende Formulierung liegt vor, wenn Kant in seiner *Kritik der reinen Vernunft* behauptet, der Satz des Widerspruchs besage: »Keinem Dinge kommt ein Prädikat zu, welches ihm widerspricht.«[18] Wir werden an späterer Stelle sehen, wie dieser Satz zu verstehen ist. Kant orientiert sich offenbar an einem anderen Paradigma des »Widerspruchs« als Aristoteles. Er hat offenbar den Widerspruch vor Augen, der zwischen einer Aussage (einer Prädikation) und einer Tatsache (der Beschaffenheit der Dinge) zu bestehen vermag. –

Natürlich haben alle diese in der Geschichte der Logik vorkommenden Formulierungen des Satzes vom ausgeschlossenen Widerspruch nicht exakt denselben Inhalt. Aber es ist doch offenkundig, dass sie mindestens teilweise auf dieselben Konsequenzen abzielen. Welche Einwände man gegen die Formulierungen der älteren Logik auch haben mag, Homonymien wird man ihnen allein aufgrund der

---

16 Platon, *Politeia*, 436b ff.
17 *Metaphysik* IV, Kapitel 3 und 4.
18 KrV, A 151 (B 190).

genannten Bedeutungsdifferenzen gegenüber dem Sprachgebrauch der modernen Logik nicht vorwerfen können. Indessen kann der »dialektisch« genannte Widerspruch auf keine der hier betrachteten Paronymien zurückgeführt werden. Gegenüber allen Logiken scheint sich die Hegel'sche Logik am weitesten vom gewöhnlichen Sprachgebrauch zu entfernen. Und wir werden uns nicht wundern dürfen, wenn Hegel für den Satz vom ausgeschlossenen Widerspruch (den er keineswegs ablehnt[19], sondern anerkennt) eine ganz eigentümliche Auffassung entwickelt. Wenn es auch schwierig ist, den »dialektischen Widerspruch« mit umgangssprachlichen Verwendungsweisen des Ausdrucks »Widerspruch« in Zusammenhang zu bringen, so gibt es doch Vorbilder des »dialektischen Widerspruchs« im nichtphilosophischen Sprachgebrauch. Im Sinne eines objektiv bestehenden, gänzlich außersprachlichen Verhältnisses begegnet uns das Wort »Widerspruch« vor allem in poetischen und literarischen Kontexten spätestens seit der Zeit der Aufklärung des 18. Jahrhunderts. In diesen Kontexten werden besonders Menschen, sowohl der einzelne Mensch als auch die ganze zivilisierte und unzivilisierte Welt, als »widersprüchliche« Wesen dargestellt, »widersprüchlich« in ihren inneren und äußeren Beziehungen. Der »Widerspruch« wird im 18. Jahrhundert zu einer literarisch beliebten Metapher. Die Widerspruchsmetapher erscheint z. B. im Titel des Voltaire'schen Aufsatzes *Contradictions* von 1742, den Lessing übersetzt hat unter dem Titel »Über die Widersprüche in dieser Welt«[20]. »Je mehr man die Welt betrachtet«, beginnt dieser Aufsatz, »desto mehr Widersprüche findet man darinnen. Mit dem Großsultane anzufangen: er läßt alle Köpfe abschlagen, die ihm mißfallen, und

---

19 Wie z. B. Karl Raymund Popper, ohne einen Beleg dafür zu haben, meint. Vgl. »What is Dialectic?«, in: *Conjectures and Refutations*, London, [2]1965, S. 328. Zu Hegels Anerkennung der Sätze der »gewöhnlichen Logik« s. Enc. §82.
20 G. E. Lessings Übersetzung dieses Voltaire'schen Aufsatzes ist enthalten in: Voltaire, *Recht und Politik, Schriften* 1, hrsg. von G. Mensching, Frankfurt am Main 1978, S. 76–83.

kann seinen eigenen selten behalten. «Als metaphorisch erscheint auch die extrem überspitzte Ausdrucksweise in Johann Karl Wezels philosophischem Roman *Belphegor* von 1776:»Dieses wunderbare Kompositum, das wir Menschen nennen, ist im einzelnen und im Ganzen ein wahrer JANUS, eine Kreatur mit zwey Gesichtern, eines abscheulich, das andere schön – eine Kreatur, bey deren Zusammenhang ihr Urheber muß haben beweisen wollen, daß er die streitendsten Elemente vereinigen, Geselligkeit und Ungeselligkeit verknüpfen und auch ein Etwas formen kann, dessen Masse aus lauter Widersprüchen bereitet ist und durch diese Widersprüche *besteht.* – «[21] Als paronym erscheint diese Ausdrucksweise deshalb nicht, weil wir uns nicht ohne Schwierigkeiten denken können, dass mit den erwähnten »Widersprüchen« Beziehungen gemeint sind, die im strengen Sinn kontradiktorische Beziehungen voraussetzen oder einschließen. Was gemeint ist, sind Beziehungen von Menschen zu sich selbst, Selbstbeziehungen, die bildhaft mit widersprüchlichen Selbstgesprächen zu vergleichen sind.

Doch Schwierigkeiten ergeben sich nicht nur für die paronyme, sondern auch für die metaphorische Deutung dieses literarischen Widerspruchsbegriffs. Metaphern sind ja stets Metaphern für etwas; was aber durch die Widerspruchsmetapher eigentlich bezeichnet wird, welche Art von Selbstbeziehung eigentlich gemeint ist, bleibt für die Leser dieser Literatur eine offene, wenn auch für ihre Intuition eher überflüssige Frage.

Diese Frage erhält allerdings ein sachlich größeres Gewicht, sobald wir die Widerspruchsmetapher nicht mehr nur in poetisch-literarischen, sondern auch in theoretischen Kontexten antreffen. Von Metaphorik in Theorien, soweit überhaupt im Gebrauch, sollte man nämlich erwarten dürfen, dass sie begrifflich explizierbar ist. Objektive »Widersprüche« in theoretischen Kontexten kommen ebenfalls seit

---

21 J. K. Wezel, *Belphegor oder Die wahrscheinlichste Geschichte unter der Sonne*, Leipzig 1776 (hrsg. von H.-M. Bock, Frankfurt am Main, [2]1978), S. 10.

mindestens der Mitte des 18. Jahrhunderts vor. Wenn etwa Rousseau im Brief an Malesherbes vom 12. Januar 1762 »alle Widersprüche des gesellschaftlichen Systems«[22] als den eigentlichen Gegenstand seiner Gesellschaftstheorie bezeichnet, so scheint wenigstens dem Wortlaut nach mit dieser Bezeichnung das Objekt einer bis heute fortbestehenden sozialphilosophischen Theorietradition angegeben zu sein. Aber was das für ein Objekt ist, ist nicht leicht zu sagen. Ob für das Objekt die Bezeichnung »Widersprüche« nur Metapher ist, oder ob sie vielmehr eine Paronymie darstellt, hängt im Wesentlichen davon ab, als was wir das Objekt deuten. Und zwar stellt diese Deutung selbst ein verwickeltes theoretisches Problem dar und wird nicht etwa dadurch geliefert, dass dem bezeichneten Objekt nur andere Namen gegeben werden wie beispielsweise »Antagonismen«, »Gegensätze«, »Missverhältnisse« usw. Was wir so nennen, mag für uns im konkreten Fall mehr oder weniger leicht vorstellbar und anschaulich sein. Was wir aber eigentlich meinen, wenn wir etwas einen Gegensatz, Antagonismus oder Missverhältnis nennen, das haben wir noch lange nicht hinreichend begriffen, um entscheiden zu können, ob die so benannten Beziehungen etwas sind, was entweder im metaphorischen oder im paronymen Sinne ein »Widerspruch« ist.

III. Die Rede vom objektiven Widerspruch als Paronymie

Bei Rousseau und anderen Autoren des 18. Jahrhunderts wird man Untersuchungen dieses hier nur skizzenhaft entworfenen Problems (ob und inwiefern objektive Beziehungen überhaupt denkbar sind, die im paronymen Sinne Widersprüche sind,) vergeblich suchen. Man wird sich dieses Problem sinnvollerweise auch nur dann aufbürden, wenn man nicht nur über (mehr oder weniger) wohlbegründete

---

22 So die Übersetzung des Prinzen August von Gotha von 1782 im *Journal von Tiefurt*, wieder abgedruckt in: J. J. Rousseau, *Schriften*, hrsg. von H. Ritter, 1. Band, München 1978, S. 483.

Theorien objektiver Beziehungen zu verfügen glaubt, die zu diesem Problem auf irgendeine Weise Anlass geben, sondern auch glaubt, dass die logische Untersuchung des Widerspruchsbegriffs selbst zu diesem Problem hinführt. Hegel und einige seiner Zeitgenossen glaubten, die Fortschritte, welche das 18. Jahrhundert in allen Bereichen der Wissenschaft und Philosophie, also nicht nur innerhalb der Theorie des gesellschaftlichen Systems, sondern auch innerhalb der Metaphysik, Logik, Physik, Chemie und anderswo gemacht hatte, seien am angemessensten in ein System dialektischer Theorien zu transformieren, d. h.: in ein System von Theorien objektiv widersprüchlicher Beziehungen. Hegels Systemversuche, die, trotz ihrer manchmal eindrucksvollen Teilresultate, in ihrer Durchführung alle Mängel des Vorläufigen an sich haben, zeichnen sich immerhin dadurch aus, dass in ihnen die logische Grundidee, nach welcher dialektische Theorien überhaupt möglich sind, am schärfsten herausgearbeitet ist. Diese Grundidee zu erfassen, scheint mir daher von größerem Interesse zu sein, als das Studium der Systemversuche selbst. Dieses Interesse ist vielleicht sogar nicht nur historischer Art. Hegels Lehre vom Widerspruch versucht nachzuweisen, welche hartnäckigen metaphysischen Vorurteile den gesunden Menschenverstand daran hindern, sich die Resultate der Wissenschaft wirklich anzueignen. Die Tatsache, dass der gesunde Menschenverstand seine Schwierigkeiten mit der Wissenschaft hat, ist heute vielleicht stärker ins allgemeine Bewusstsein gedrungen, als es zu Hegels Zeit der Fall war. Die Frage, woher diese Schwierigkeiten kommen, wird aber umso seltener gestellt, je mehr sich der gesunde Menschenverstand von den Fortschritten der Wissenschaft faszinieren lässt.

    Wenn man versucht, Hegels logische Exposition des Widerspruchsbegriffs als systematische Rechtfertigung eines paronymen Sprachgebrauchs zu verstehen, so ergeben sich allerdings Schwierigkeiten, die hier nicht völlig ignoriert werden dürfen. Man wird in Hegels veröffentlichten Schriften kaum so etwas wie sprachkritische Überlegungen zur Frage finden, welcher Art die von ihm selbst gewünschten Bedeutungsverschiebungen im Ausdruck »Widerspruch« sind. Ob und inwiefern hier eine Paronymie vorliegt, mag sich daher zwar indirekt aus einer genauen Analyse der Hegel'schen Begriffsexposition ergeben. Aus Hegels eigenen Absichtserklärungen und Hinweisen ergibt sich das direkt nicht.

Vorläufig wird es indessen genügen, die Paronymiethese am Hegel'schen Sprachgebrauch selbst plausibel zu machen. Ich möchte dies anhand eines von Hegel selbst erläuterten »Widerspruchs« tun und zeigen, dass und inwiefern Hegel sich in dieser Erläuterung stillschweigend, aber offenbar bewusst einer Paronymie bedient. Es handelt sich dabei um ein in der Hegelliteratur und Hegelkritik besonders berühmtes und gerade wegen des ungewöhnlichen Sprachgebrauchs berüchtigtes Beispiel eines »dialektischen Widerspruchs«:

Hegel behauptet von der Ortsbewegung, ein »Widerspruch« zu sein.[23] Dieses merkwürdige Beispiel eines Widerspruchs verwendet übrigens Hegel anmerkungsweise im Kontext desjenigen Kapitels der *Wissenschaft der Logik*, das eben die systematische Exposition des Widerspruchsbegriffs zum Inhalt hat.[24] Hegel selbst scheint dieses Beispiel zur ersten Orientierung über das Wesen des Widerspruchs für geeignet zu halten. Über den Widerspruch behauptet er in diesem Kontext: »Die äusserliche sinnliche Bewegung selbst ist

---

23 L. I, 287. – Da Hegels Theorie der Ortsbewegung von F. Engels übernommen worden ist, hat es übrigens auch innerhalb der marxistischen Philosophie eine Kontroverse gegeben, die sich an der Frage entzündete, ob nicht der dieser Theorie zugrundeliegende Widerspruchsbegriff auf einem schlichten Irrtum über das Wesen des Bewegungskontinuums beruhe. Die mengentheoretische Erklärung des Kontinuums wurde in dieser Kontroverse schließlich als Grund akzeptiert, Hegels (und Engels') Begriff der Ortsbewegung aufzugeben und zugleich damit den ihm zugrundeliegenden Begriff des Widerspruchs in die Begriffe des »logischen« und »dialektischen« Widerspruchs aufzuspalten. Die beiden so entstandenen Widerspruchsbegriffe waren eher Produkte einer Verlegenheitslösung, und sie führten von Anfang an Unklarheiten mit sich. (Dokumentiert wird diese – besonders in Polen und der UdSSR in den 50er Jahren geführte – Kontroverse im Sammelband *Das Widerspruchsprinzip in der neueren sowjetischen Philosophie*, Texte, ausgewählt, übers. u. eingel. von N. Lobkowicz, Dordrecht 1959.)
24 L. I, 287. 17–24.

sein unmittelbares Daseyn. Es bewegt sich etwas nur, nicht indem es in diesem letzt hier ist und in einem anderen letzt dort, sondern indem es in diesem Hier zugleich ist und nicht ist. Man muß den alten Dialektikern die Widersprüche zugeben, die sie in der Bewegung aufzeigen; aber daraus folgt nicht, daß darum die Bewegung nicht ist, sondern vielmehr, daß die Bewegung der *daseyende* Widerspruch selbst ist.« Hegel verweist hier, wie man sieht, auf Überlegungen, die bereits der ältesten antiken Dialektik geläufig waren und die den sogenannten Zenonischen Paradoxien zugrunde gelegen haben. Eines der wichtigsten Argumente Zenons von Elea gegen die Möglichkeit von Ortsbewegung war bekanntlich (nach dem Bericht des Aristoteles und des Diogenes Laërtius[25]) folgende Überlegung gewesen: Wenn wir annehmen, dass ein bewegter Gegenstand, z. B. ein Pfeil, im Fluge sich von Ort zu Ort bewegt, so befindet er sich in jedem Augenblick seines Fluges an genau einem Ort. Dieser Ort entspricht seiner Größe. Bewegung ist nun aber Ortsveränderung; und kein Gegenstand kann gleichzeitig an zwei verschiedenen Orten sein. Aus diesem Grund ist der Pfeil an jedem Ort, an dem er sich befindet, unbewegt. An Orten, an denen er sich nicht befindet, bewegt er sich allerdings auch nicht. Daraus folgt, dass ein fliegender Pfeil (so wie jeder andere bewegte Körper) in Wahrheit unbewegt ist.

Offenbar bestreitet Hegel, wie es seit Aristoteles meist üblich ist, diesen Schlusssatz. Aber im Unterschied zu Aristoteles hält Hegel das Argument selbst (wonach Ortsbewegung stets voraussetzt, dass der bewegte Gegenstand in jedem Augenblick an einem bestimmten Ort und zugleich nicht an diesem Ort ist) für durchaus akzeptabel. In seinen Vorlesungen zur Geschichte der antiken Philosophie erklärt Hegel Zenons Argument für »bis auf den heutigen Tag unwiderlegt«.[26]

---

25 Aristoteles, *Physik* VI 9, 239 b 5–7; Diogenes Laërtius, IX, 72 (= 29 B 4 Diels/Kranz). Eine genauere Rekonstruktion des Zenon'schen Pfeilarguments findet man bei G. Vlastos, »A Note on Zeno's Arrow«, in: *Phronesis* 11 (1966), S. 3–8.

26 *Vorlesungen über die Geschichte der Philosophie*, Band 1, SW 17, S. 328.

Er behauptet dort, alle Widerlegungsversuche ließen »die Sache«, auf die Zenon sein Argument gestützt habe, »im Unbestimmten liegen«.[27] Was Hegel hier behauptet, lohnt sich genauer zu betrachten. Aristoteles hatte gegen Zenon eingewandt, sein Argument beruhe auf der Annahme, die Zeit bestehe aus Jetzten; wenn man diese Annahme nicht zugebe, so komme Zenons Schluss nicht zustande.[28] Aristoteles' Einwand besagt dem Sinne nach: Bewegung und Ruhe finden immer in der Zeit statt. Zeit aber besteht niemals aus Zeitpunkten, sondern aus (wenn auch noch so kleinen) Zeitintervallen, die von Zeitpunkten begrenzt, niemals aber von Zeitpunkten erfüllt werden. In einem Zeitpunkt bewegt sich ein fliegender Pfeil nicht; das heißt aber nicht, dass er in jedem Zeitpunkt ruht, sondern nur, dass seine Bewegung eine (wenn auch noch so kleine) Zeit erfordert.

Dieser (heute noch oft wiederholte[29]) Einwand des Aristoteles befriedigt nicht völlig und ist auch vor Hegel, insbesondere von Kant, als nicht völlig befriedigend empfunden worden. Ein bewegter Körper befindet sich, wie Kant im Phoronomiekapitel seiner *Metaphysischen Anfangsgründe der Naturwissenschaft* sagt,[30] »in jedem Punkt der Linie, die er durchläuft, einen Augenblick«. Kant wirft die Frage auf, ob ein bewegter Körper in jedem der im Raume durchlaufenen Punkte »ruhe oder sich bewege«.[31] Kants Antwort lautet: »Ohne Zweifel wird man das letztere sagen; denn er ist in diesem Punkte nur so fern, als er sich bewegt, gegenwärtig.«[32] Der Grund für Kants Antwort liegt darin, dass wir uns einen Mangel an Bewegung für einen Körper denken können auch dann, wenn dieser Mangel keinerlei Dauer hat.

---

27   Ebd., S. 328.
28   Aristoteles, *Physik* IV 9, 239 b 30–33.
29   Vgl. z. B. G. Vlastos, »A Note on Zeno's Arrow«, a. a. O., und G. Patzig, Art. »Widerspruch«, in: *Handbuch philosophischer Grundbegriffe*, hrsg. von H. Krings u. a., München 1974, Band 6, S. 1696.
30   MAdN, 10.
31   Ebd.
32   Ebd.

Kant unterscheidet in seiner Phoronomie nicht nur zwischen Bewegung und Ruhe, sondern auch zwischen Ruhe und Bewegungsmangel (als einer »Bewegung gleich Null«).[33] Ruhe ist in Kants Worten »beharrliche« (das heißt: eine Zeit hindurch dauernde) »Gegenwart an demselben Orte«[34]. Sie ist ein zeitlich dimensionierter Zustand, der allerdings beliebig kurze Zeit dauern kann und z. B. auch dann verwirklicht ist, wenn ein senkrecht geworfener und dann frei fallender Körper den Höhepunkt seiner Wurfbahn erreicht hat. Das Ende einer gleichförmig verzögerten Bewegung ist nämlich bereits Ruhe, wenn wir uns die Geschwindigkeit der verzögerten Bewegung noch nicht gleich Null (= 0), sondern bis zu einem Grad verkleinert denken, der kleiner ist als jede nur anzugebende Geschwindigkeit. Dieses Ende ist dann bereits ein Zustand, der (würde er eine unendliche Zeit hindurch erhalten werden) in dieser unendlichen Zeit eine Ortsveränderung zur Folge hätte, die kleiner ist als jede nur anzugebende. Für irgendeine mögliche Erfahrung wäre dieser Zustand von Ruhe nicht unterscheidbar.[35] Kants Argument für die Behauptung, dass der Zustand der Ruhe, auch im Extremfall des Zustands im Scheitelpunkt einer senkrechten Wurfbewegung, von zeitlicher Dauer ist, kann man in eine schärfere mathematische Gestalt bringen. Der mathematische Ausdruck für die Geschwindigkeit ist: $v = s/t$ (die Größe der Geschwindigkeit ist gleich dem Quotienten aus Weg und Zeit). Betrachten wir nun eine (zuerst gleichförmig verzögerte, in Ruhe übergehende und dann sofort gleichförmig beschleunigte) senkrechte Wurfbewegung, so muss s im Verhältnis zu t zuerst kleiner werden, bis $s = 0$ ist, und dann wieder zunehmen. Wenn wir nun annehmen, dass $s = 0$ nur dann wird, wenn $v = 0$ wird, dann wird t für $v = 0$ stets größer sein als Null. Denn $v = 0/0$ ist nicht definiert, hat also keinen festen Wert Null.

---

33   Vgl. zu dieser doppelten Unterscheidung die ganze Anmerkung zu Erklärung 3 des erwähnten Phoronomiekapitels. Ebd., 10–13.
34   Ebd., 10.
35   Ebd., 13.

Das bedeutet also, dass in einem Zeitintervall (das heißt: in einem Teil der Bewegungsdauer) kein Weg zurückgelegt wird.[36] Eine »Bewegung gleich Null«, das heißt: ein Mangel an Bewegung, ist nach Kant indessen von Ruhe zu unterscheiden. Dieser Mangel ist im Unterschied zur Ruhe, wie Kant zu zeigen versucht, ohne (noch so kurze) Dauer zu denken. Man denke sich einen mit gleichförmiger Geschwindigkeit geradlinig bewegten Körper. Wir können uns auf seiner Bahn einen Punkt denken, in welchem er seine gleichförmige Geschwindigkeit zwar beibehält, aber die Richtung ändert. Wenn diese veränderte Richtung sich zur ursprünglichen Richtung entgegengesetzt verhält, dann heben in diesem Punkt die beiden entgegengesetzt gerichteten Bewegungen einander auf, so dass die Bewegung des Körpers in diesem Punkt gleich Null ist. Auch diesen Gedanken Kants kann man versuchen in eine schärfere mathematische Form zu bringen. Die Geschwindigkeit v einer gleichförmig geradlinigen Bewegung ist stets größer als Null (> 0). Wenn wir nun annehmen, dass diese Bewegung von einem bestimmten Punkt P in Richtung auf einen Punkt Q verläuft, so wird es für die Geschwindigkeit $v > 0$ keinen Unterschied ausmachen, ob der Körper im Punkt Q seine Bewegung in derselben Richtung, oder ob er sie in Richtung auf P ohne Unterbrechung fortsetzt. Die Größe der Geschwindigkeit ist dann auch für irgendeinen unausgedehnten Punkt der Strecke (also nicht nur für einen ihrer Abschnitte) Null nicht gleichzusetzen. Denn wenn gelten soll, dass $v = s/t$ ist, und wenn *innerhalb* eines Punktes sowohl s als auch t gleich Null sind, dann hat v in diesem Punkt einen Wert a, der nicht gleich Null ist. Es gibt nur einen Punkt der Stre-

---

36 In der modernen Diskussion um die Zenonischen Paradoxien ist der Gedanke wieder aufgetaucht, dass Ruhe eine zeitliche Dauer voraussetzt. G. Vlastos (a. a. O., S. 11 f.) gebraucht für diesen Gedanken die gleiche Begründung wie Kant, indem er auf das mathematische Faktum verweist, dass $v = 0$ ist dann, wenn t (in $v = s/t$) einen positiven Wert hat und nicht = 0 ist. Während aber für Vlastos aus diesem Gedanken folgt, dass es sinnlos sei, den Ausdruck »bewegt sich nicht« im Hinblick auf den nicht ausgedehnten Zeitpunkt gelten zu lassen, so gilt diese Konsequenz für Kant nicht.

cke, für welchen gilt, dass in ihm v gleich Null ist. Wenn nämlich die gleichförmig geradlinige Bewegung im Punkt Q in entgegengesetzter Richtung ohne Unterbrechung fortgesetzt wird, so gilt für diesen Punkt, dass die Geschwindigkeit die Größe $v = a - a = 0$ hat. Das gilt jedenfalls dann, wenn wir (wie es implizit Kant tut[37]) unterstellen, dass v in einem Punkt der Strecke eine additive vektorielle Größe ist. Für Kants Argument kommt es nicht darauf an, ob es Bewegungen der angenommenen Art in der Natur und für irgendeine Erfahrung wirklich gibt. Es kommt hier (ebenso wie in Zenons Argumentation) allein darauf an, dass eine Bewegung logisch möglich und in der Anschauung konstruierbar ist, und zwar so, dass auf der Bewegungsbahn Punkte voneinander unterscheidbar sind, in denen teils $v = 0$, teils $v \neq 0$ ist. Wenn wir daher sagen, dass ein Körper mit einer Geschwindigkeit $\neq 0$ bewegt ist, mit einer Geschwindigkeit $= 0$ dagegen unbewegt ist, so folgt daraus: Ein Körper, der nicht im Ruhezustand ist, kann dennoch in den Punkten der Linie, die er durchläuft, teils bewegt, teils unbewegt sein. Es gibt mit anderen Worten Punkte, in Bezug auf welche es sinnvoll erscheint zu sagen, Bewegung komme dem Körper zu; und es gibt andere Punkte, in Bezug auf welche das nicht gilt.

Wir werden an späterer Stelle die für Kant insgesamt grundlegende Auffassung genauer kennenlernen, wonach »real entgegengesetzte Bestimmungen« eines Gegenstands einander aufheben und dann gleich Null sind. Die Ansicht, dass (der Richtung nach) entgegengesetzte Bewegungen eines und desselben Gegenstandes einander aufheben, ist nur ein Spezialfall dieser Auffassung. Auf ihr basiert letztlich die Lösung, die Kant im Phoronomiekapitel der *Metaphysischen Anfangsgründe der Naturwissenschaft* für die Zenonischen Paradoxien anbietet.

---

37 Kant verfügt zwar noch nicht über den Begriff des Vektors, wohl aber über eine Theorie entgegengesetzter Größen, die es rechtfertigt, Geschwindigkeiten von Bewegungen in gleicher Richtung zu addieren und diejenigen in entgegengesetzter Richtung zu subtrahieren. Vgl. dazu das vierte Kapitel dieser Abhandlung.

Wir werden an späterer Stelle sehen, dass und aus welchen Gründen Hegel Kants Lehre von den »realen Entgegensetzungen«, die sich in Null aufheben können, in modifizierter Form übernimmt. So ist es nicht verwunderlich, dass Hegel, obgleich er die ihm zweifellos bekannte phoronomische Theorie Kants nicht erwähnt, an dieser Theorie insofern festhält, als er die Frage, ob bewegte Körper in den Punkten der Bewegungsbahn unbewegt oder bewegt sind, nicht von vornherein für sinnlos erklärt (»im Unbestimmten liegen läßt«), sondern entscheidet. Auch für Hegel sind bewegte Körper (sofern ihre Bewegung nicht auf die durch Kant beschriebene Weise in Null aufgehoben wird) an jedem Ort ihrer Bewegungsbahn bewegt. Dabei scheint es mir wichtig zu betonen, dass diese Auffassung Hegels genausowenig wie diejenige Kants impliziert, dass die dem bewegten Gegenstand in jedem Punkt zukommende Bewegung ein (zeitlich dimensionierter) »Zustand« ist. Es lässt sich zeigen, dass Hegel, ebenso wie Kant, Bewegtsein als ein Prädikat versteht, das einem Gegenstand schon dann zukommen kann, wenn er sich in genau einem bestimmten Zeitpunkt an genau einem bestimmten Punkt im Raume befindet.

Man hat sich seit der (durch die Entdeckungen der Mengenlehre inspirierte) Hegelkritik des frühen Bertrand Russell[38] daran gewöhnt, Hegels Deutung der Zenonischen Paradoxien in diesem Punkte misszuverstehen. »Früher dachte man«, schreibt Russell mit Bezug auf Kant und Hegel, »wenn sich etwas verändert, muss es sich in einem Zustand der Veränderung befinden, und wenn sich etwas bewegt, muss es sich in einem Zustand der Bewegung befinden. Heute weiß man, dass diese Ansicht falsch ist. Bewegt sich ein Körper, so lässt sich darüber nur aussagen, dass er sich zu dem einen Zeitpunkt an dem einen Ort und zu einem anderen Zeitpunkt

---

38 Vgl. B. Russell, »Recent Work in the Philosophy of Mathematics«, in: *The International Monthly*, 1901; ich zitiere im Folgenden nach der deutschen Übersetzung, die unter dem Titel »Die Mathematik und die Metaphysiker« erschienen ist in: *Kursbuch* 8, hrsg. von H. M. Enzensberger, 1968, S. 8–25.

an einem anderen Ort befindet. Wir dürfen nicht sagen, dass er sich im nächsten Moment an dem angrenzenden Ort befinden wird, denn es gibt keinen nächsten Moment. Die Philosophen behaupten oft, dass ein Körper, der sich bewegt, seinen Standort innerhalb eines Moments wechselt. Dieser Ansicht trat Zenon vor langer Zeit mit der fatalen, aber treffenden Aussage entgegen, dass sich jeder Körper stets nur dort befindet, wo er ist; aber einem derartig einfachen und kurzen Gegenargument pflegen Philosophen ja kein Gewicht beizumessen.«[39] Und Russell fügt hinzu:»Die Philosophie war offenbar in eine Sackgasse geraten.« Sie »führte zu den kantischen Antinomien und somit, mehr oder weniger indirekt, zu einem Großteil der Hegel'schen Dialektik.«[40] Zutreffend ist an dieser Feststellung Russells, dass Kant und Hegel Zenons Argument nicht gefolgt sind; aber keiner der beiden Philosophen hat behauptet, dass ein bewegter Körper innerhalb eines individuellen Zeitpunkts seinen Standort »wechselt«, so dass er in diesem Ortswechsel einen »nächsten« Ort erreicht. Bei Hegel lesen wir sogar ausdrücklich:»Wenn wir von der Bewegung überhaupt sprechen, so sagen wir: Der Körper ist an einem Orte, und dann geht er an einen anderen Ort.« Aber:»Indem er sich bewegt, ist er nicht mehr am ersten, aber auch noch nicht am zweiten [...]. Sagt man, er sei zwischen beiden, so ist dies nichts gesagt; denn zwischen beiden ist er auch an einem Ort.«[41] Im Unterschied zu Kant versucht Hegel allerdings zu präzisieren, was es heißt, ein Körper sei in einem bestimmten individuellen Zeitpunkt »bewegt«. Wenn »Bewegung« die Änderung seines Ortes (nicht Änderung von irgend etwas Anderem) bedeuten soll, so kann die in einem bestimmten Zeitpunkt stattfindende Bewegung schlechterdings nichts anderes sein als die Änderung desjenigen Ortes, den der Körper in diesem Zeitpunkt gerade einnimmt. Die Änderung eines Ortes L ist dabei nicht dasselbe wie ein

---

39 Ebd., S. 15 f.
40 Ebd., S. 16.
41 Hegel, *Vorlesungen über die Geschichte der Philosophie*, Erster Band, SW, Band 17, S. 337 f.

Ortswechsel von *L* nach *M* oder ein Ortswechsel von *L* nach einem Punkt *N*, der zwischen *L* und *M* liegt. Dass es zu einem Ort *L* einen »nächsten« Ort geben muss, wenn Bewegung in einem bestimmten Zeitpunkt stattfindet, wird von Hegel (wie Russell unterstellt) gar nicht angenommen. Den Ort *L* in einem bestimmten Zeitpunkt ändern, bedeutet nach Hegel für einen Gegenstand *x* nur: *x* ist in diesem Zeitpunkt in *L* und nicht in *L*. In Hegels Worten: »Bewegen heißt aber: an diesem Ort sein, und zugleich nicht« an diesem Ort sein.[42]

Der Skandal, der in Hegels Erläuterung des Begriffs der Ortsveränderung für Russell und andere moderne Kritiker der Hegel'schen Dialektik liegt, besteht im Grunde genommen nicht darin, dass diese Erläuterung Annahmen enthält, die der Mengentheorie oder der mengentheoretischen Auffassung vom Kontinuum widersprechen. (Denn dieser Auffassung gegenüber verhält sich Hegels Deutung der Zenonischen Paradoxien in Wahrheit vollkommen indifferent.) Der Skandal besteht vielmehr in der kontradiktorischen Form, die Hegels Aussagen über ortsbewegte Gegenstände enthalten. In Wahrheit ist es diese Form selbst, mit der sich jede Kritik der Hegel'schen Dialektik *direkt* auseinanderzusetzen hätte.

Gegenüber der mengentheoretischen Auffassung vom Kontinuum verhält sich Hegels Deutung der Zenonischen Paradoxien aus folgenden Gründen indifferent. Wenn wir heute (im Unterschied

---

42 Ebd., S. 338. Es braucht uns hier nicht zu interessieren, dass, abgesehen von der kontradiktorischen Form seiner Behauptung, Hegels Versuch, den Ausdruck »Bewegung in einem Zeitpunkt« zu präzisieren, noch andere Konsequenzen hat, die ihn von Kants Phoronomie abrücken lassen. Dies gilt insbesondere für den Begriff der Ruhe. Ruhe ist für Hegel kein »beharrlicher« (zeitlich dimensionierter) »Zustand« (wie für Kant); Ruhe ist vielmehr ebenso wie Bewegung etwas, das Gegenständen in einem bestimmten Zeitpunkt zukommen kann: dass ein Gegenstand *x* in einem Zeitpunkt *T* an einem Ort *L* ruht, bedeutet bloß, dass er an *L* ist (und nicht etwa auch *nicht* an *L*). Vgl. ebd., S. 338: Indem sich ein Gegenstand bewegt, »ist er nicht mehr am ersten, aber auch noch nicht am zweiten« Ort; »ist er an einem von beiden, so ruht er.«

zu Hegel und im Anschluss an Georg Cantor[43]) das räumliche Kontinuum als eine aktual unendliche Menge von Punkten erklären, so folgt daraus, dass die Punktmenge eines Kontinuums überabzählbar ist und dass es zu jedem beliebigen Punkt eines Bahnkontinuums keinen von ihm unterschiedenen Punkt gibt, der als der räumlich »nächste« Punkt auszuzeichnen wäre. Einer Theorie, die über die Existenz eines solchen »nächsten« Punktes weder explizite noch implizite Annahmen macht, entstehen aus der mengentheoretischen Kontinuumstheorie keine unmittelbaren Schwierigkeiten. Der Widerstreit zwischen der Russell'schen und der Hegel'schen Deutung der Zenonischen Paradoxien liegt nicht darin, dass Hegel einen Kontinuumsbegriff auf mengentheoretischer Basis nicht kennt, geschweige denn anerkennt. Der Widerstreit beruht allein auf einer philosophischen Konsequenz, die Russell aus der Anerkennung des mengentheoretischen Kontinuumsbegriffs für den Begriff der Ortsbewegung glaubte ziehen zu können: »Bewegt sich ein Körper, so lässt sich darüber nur aussagen, dass er sich zu dem einen Zeitpunkt an dem einen Ort und zu einem anderen Zeitpunkt an einem anderen Ort befindet.«[44] Das, worauf es in dieser Konsequenz ankommt, ist das Wörtchen »nur«. Russell stimmt gegenüber Zenon sowohl mit Kant als auch mit Hegel darin überein, dass Ortsbewegung möglich ist, dass mithin ein bewegter Körper (infolge seiner Bewegung) zu verschiedenen Zeitpunkten an verschiedenen Orten sein kann. Aber Russell folgt Zenon darin, dass dieser Körper nirgendwo (wo immer er sich befindet) bewegt ist. Für Hegel wie für Kant macht es dagegen

---

43 Vgl. G. Cantor, *Gesammelte Abhandlungen mathematischen und philosophischen Inhalts*, Berlin 1932, Nachdruck Hildesheim 1966, S. 370 ff. und 409 ff. – Zur immer noch umstrittenen Frage nach der Gültigkeit des Cantor'schen Postulats, dass die Gesamtheit der auf einer Strecke oder in einer Fläche gelegenen Punkte sich als eine (im mengentheoretischen Sinne nicht abzählbare) Menge betrachten lasse und dass eine nicht abzählbar unendliche Menge von ausdehnungslosen Punkten Ausdehnung besitzen könne, vgl. A. Grünbaum, *Modern Science and Zeno's Paradoxes*, London 1968, vor allem S. 127.

44 B. Russell, a. a. O., S. 15 f.

einen Unterschied, ob ein Gegenstand in einem bestimmten Punkt seiner Bewegungsbahn unbewegt oder bewegt ist. Während Hegel betont, es bewege sich etwas »nicht indem es in diesem letzt hier ist und in einem anderen letzt dort«[45], möchte Russell konsequent bei Aussagen stehen bleiben, die für *alle* Orte, die ein Körper durchläuft, behaupten, er sei darin nicht bewegt. Die Opposition des Exhegelianers Russell gegen Hegel ist, wie Russell selbst bemerkt hat, eine Art partieller Wiederbelebung der unwandelbaren, eleatischen Welt, die von den ontologischen Konsequenzen der Eleaten nur durch die Annahme verschont bleibt, dass verschiedene Zeiten (oder Zeitpunkte) verschiedene Weltzustände zulassen.[46] Worin der Übergang von einem Zustand zum anderen besteht, ist für Russell keine sinnvolle Frage, ebensowenig wie für die Eleaten Bewegung und Veränderung ein möglicher Gegenstand des Wissens gewesen ist. Man mag von dieser Rückkehr zur eleatischen Ontologie halten, was man will. Eine zwingende Konsequenz der mengentheoretischen Kontinuumstheorie, wie Russell vorgibt, scheint sie mir nicht zu sein.

Der eigentliche Skandal in Hegels Auffassung von der Bewegung liegt deshalb auch nicht im Mangel an Einsicht in die Grundlagen der mathematischen Mengentheorie, sondern darin, dass Hegel für seinen Lösungsvorschlag der Zenonischen Paradoxien Annahmen zulässt, deren Aussageform kontradiktorisch ist. Die anscheinend unlösbare Schwierigkeit, mit der es an dieser Stelle jeder Interpret der Hegel'schen Philosophie zu tun hat, besteht darin, dass Hegels Aussagen sinnvoll nur sein können, wenn sie trotz ihrer kontradiktorischen Form wahr sind. Daraus folgt aber, dass man diese Aussagen,

---

45   L. I, 287. 18–20.

46   Ganz in diesem Sinne formuliert Russell in *The Principles of Mathematics* von 1903: »Weierstrass, by strictly banishing all infinitesimals, has at last shown that we live in an unchanging world, and that the arrow, at every moment of its flight, is truly at rest. The only point where Zeno probably erred was in inferring (if he did infer) that, because there is no change, therefore the world must be in the same state at one time as at another. This consequence by no means follows« (zitiert nach der amerikanischen Ausgabe, New York ^{2}1943, S. 347).

trotz ihrer kontradiktorischen Form, nicht als Kontradiktionen im modernen Sinne dieses Wortes, nicht als logisch falsch auffassen darf.

Von den zahlreichen Problemen, die man sich mit dieser Interpretationsmaxime auflädt, möchte ich hier zunächst nur das folgende Problem betrachten: Welchen Sinn es haben kann zu sagen, zwei Aussagen stünden zueinander ihrer Form nach im Verhältnis eines Widerspruchs, ohne falsch zu sein. Die Erörterung dieser Frage soll nicht abstrakt, sondern anhand des bisher betrachteten Beispiels durchgeführt werden.

Hegel hält, wie gesagt, daran fest, dass ein kontinuierlich bewegtes Ding in jedem Jetzt seinen Ort verändert. Ortsveränderung eines Dinges bedeutet nach dieser Auffassung: Das bewegte Ding ist im Zeitpunkt *T* am Ort *L* und nicht am Ort *L*. Mindestens der Form nach liegt in dieser Feststellung eine Kontradiktion. Hegel hält sie dennoch nicht für falsch[47]. Wenn wir nach unserer Maxime verfahren wollen, dürfen wir Hegel an dieser Stelle nicht schon deshalb einen Irrtum vorwerfen. Wir müssen vielmehr fragen, was es für Hegel heißt, einen Widerspruch der Form nach anzuerkennen, ohne ihn als hinreichendes Kriterium einer falschen Aussage anzusehen. Hegel ist offenbar (wie jeder, der den Satz des Widerspruchs akzeptiert) der Meinung, dass der erwähnte Widerspruch, ein Gegenstand sei im Zeitpunkt *T* am Ort *L* und nicht am Ort *L*, unhaltbar ist: Dieser Widerspruch kann in Raum und Zeit (mögen Raum und Zeit als noch so klein angenommen werden) schlechterdings nicht bestehen. Aber – und darin liegt, wie wir noch genauer sehen werden, ein Grundgedanke der Hegel'schen Logik – Hegel meint auch, dass der Form nach bestehende Widersprüche wahrheitsangemessen nicht überall

---

47 Ich beziehe mich hauptsächlich auf diejenigen Erörterungen der Zenonischen Paradoxien, die sich in Hegels *Wissenschaft der Logik* finden, vor allem in der Anmerkung 2 zum Quantitätskapitel des Ersten Buchs (L. I (1832), 188) und in der Anmerkung 3 zum Widerspruchskapitel (ebd., L. I, 286f.). Man vergleiche zu diesen Passagen die ausführlichere Darstellung der Zenonischen Paradoxien in Hegels *Vorlesungen zur Geschichte der Philosophie*.

dadurch aufgelöst werden können, dass man das Widersprüchliche für undenkbar erklärt.[48] Es gibt vielmehr der Form nach bestehende Widersprüche, deren Ursprung nicht in unserem Irrtum über die Dinge, sondern im Wesen der Dinge selbst liegt. Die Unhaltbarkeit dieser Widersprüche muss anders beschaffen sein als die auf bloßen Irrtümern beruhende Falschheit von Aussagen. Worauf sich Hegels Meinung vom Ursprung der Widersprüche und von der Art ihrer Unhaltbarkeit stützt, ist an dieser Stelle nicht näher zu untersuchen. Es kommt hier zunächst nur darauf an, den Inhalt dieser Meinung exemplarisch zu erläutern. Betrachten wir unser Beispiel: Wenn man einem ortsbewegten Körper die beiden Prädikate zuschreibt »im Zeitpunkt T am Ort L« und »im Zeitpunkt T nicht am Ort L«, so hat man es nach Hegel mit einem Widerspruch zu tun, der nicht auf bloßem Irrtum beruht, sondern darauf, dass der Gegenstand, dem eine bestimmte Lage im Raum für einen bestimmten Zeitpunkt beigelegt wird, bewegt ist. Dieser Widerspruch ist nicht auflösbar dadurch, dass wir, als Prädizierende, »Korrekturen« an den Prädikaten des Gegenstandes vornehmen. Die Änderungen, durch die sich der Widerspruch auflöst, sind vielmehr Änderungen am Gegenstand, von dem die Prädikate ausgesagt werden. Die behauptete Tatsache, dass der bewegte Gegenstand im Zeitpunkt T am Ort L und nicht am Ort L ist, vermag, *weil* sie einen Widerspruch enthält, keine auch noch so kurze Zeit hindurch und in keinem auch noch so kleinen Raum zu bestehen. Darin, dass der Gegenstand den Ort L im Zeitpunkt T durchläuft, ohne eine

---

48 Hegel meint, auf diese Weise würden Widersprüche oft gar nicht aufgelöst, sondern nur konstatiert. Die ältere Dialektik ist für Hegel ein solches Konstatieren, verbunden mit der Folgerung der »Nichtigkeit« der aufgestellten widersprechenden Behauptungen (ebd., L. II, 243. 5–7). – Es wäre nach Hegel ein allzu naives Vertrauen in die Wahrheitsfähigkeit der prädikativen Sprache, glaubte man, in allen Fällen dürfte man Widersprüche im Verhältnis zwischen Aussagen gar nicht erst entstehen lassen, wenn man der Wahrheit näher kommen will. Ähnlich wie die antiken Dialektiker die Hinführung zum Selbstwiderspruch für ein geeignetes Mittel der Wahrheitsfindung ansahen, so hält Hegel die methodische Betrachtung der Entstehung von Widersprüchen für ein unersetzliches Mittel philosophischer Erkenntnis.

auch noch so kurze Zeit am Ort L zu sein, besteht gerade dasjenige, was wir »Bewegung« nennen. Die Bewegung des Gegenstandes *ist* es, wodurch sich der Widerspruch auflöst. Allerdings besteht der Widerspruch in *jedem* Zeitpunkt der Bewegung und an *allen* Orten, die der bewegte Gegenstand durchläuft. Solange daher die Bewegung stattfindet, entsteht aus jeder Auflösung eines Widerspruchs ein neuer Widerspruch. Hegel kommt so zu der eigentümlichen Feststellung, dass Bewegung nicht nur uns (die wir den bewegten Gegenständen für jeden Zeitpunkt eine Lage im Raum beilegen) in Widersprüche verwickelt, dass sie vielmehr der »daseiende Widerspruch ist«[49]. Diese Feststellung Hegels ist offenbar ganz wörtlich zu nehmen: Das Bewegungskontinuum ist das fortgesetzte Haben und Nichthaben, Erwerben und Nichterwerben stets neuer Eigenschaften in ein und derselben Hinsicht.

Was immer von dieser merkwürdigen Feststellung Hegels zu halten ist, offenkundig ist, dass ihr kein »Widerspruch« in einer der gewöhnlichen Bedeutungen dieses Wortes zugrunde liegt. Vielmehr ist dieser Widerspruch, wie Hegel selbst ausdrücklich feststellt[50], etwas den Dingen selbst Angehöriges, etwas objektiv »Daseiendes«.

Nimmt man an, dass Hegel es hier mit dem exemplarischen Fall eines »dialektischen Widerspruchs« zu tun hat, so ergibt sich für uns die Frage, inwiefern dieser »Widerspruch« auf einer Paronymie beruht. Offenkundig ist zunächst, dass zur Auffassung der Bewegung als eines »daseienden Widerspruchs« die Formulierung der Form nach widersprüchlicher Sätze hinzugehört. Es scheint so zu sein, dass ohne das Aussprechen einer der Form nach kontradiktorischen Behauptung die Konstruktion des dialektischen Widerspruchs

---

49 »Man muß den alten Dialektikern die Widersprüche zugeben, die sie in der Bewegung aufzeigen; aber daraus folgt nicht, daß darum die Bewegung nicht ist, sondern vielmehr, daß die Bewegung der *daseyende* Widerspruch selbst ist.« (Ebd., L. I, 287. 21–24.)

50 »[N]ur insofern etwas in sich selbst einen Widerspruch hat, bewegt es sich« (ebd., L. I, 286. 31 f.).

gar nicht möglich ist.[51] Die Behauptung, es liege ein dialektischer Widerspruch vor, setzt methodisch (insofern die Mittel der prädikativen Sprache[52] eingesetzt werden) eine widersprüchliche Behauptung voraus. Die Paronymie besteht demnach darin, dass der »dialektische Widerspruch« einer formalen Kontradiktion bedarf, um in der Sprache repräsentiert zu werden.

Wenn man Hegels hier exemplarisch vorgeführte Verwendung des Ausdrucks »Widerspruch« als Paronymie auslegt, so scheint diese Verwendung zugleich einen massiven Angriff auf die Grundlagen der klassischen formalen Logik nach sich zu ziehen[53]. Hegels Angriff scheint sich dabei indirekt gegen die Geltung des Satzes vom ausgeschlossenen Widerspruch in allen sonst gebräuchlichen Formulierungen zu richten. Zwar werden die traditionellen Formulierungen des Widerspruchsprinzips von Hegel nicht ersatzlos gestrichen, sondern umgeformt: Auch für den dialektischen Widerspruch gilt anscheinend ein Widerspruchsprinzip, welches besagt, dass dieser nicht »bestehen« kann, sondern »aufgelöst« werden muss. Aber der Angriff auf

---

51 Aus diesem Grund stimme ich F. Fulda (»Unzulängliche Bemerkungen zur Dialektik«, in: *Hegel-Bilanz*, hrsg. von R. Heede und J. Ritter, Frankfurt am Main 1973, S. 261 f.) zu, wenn er schreibt: »Man kann Hegels Behauptung, daß alle Dinge an sich selbst widersprechend sind, nicht erfolgreich verteidigen, indem man [...] geltend macht, diese Behauptung widerspreche dem Prinzip der logischen Widerspruchsfreiheit nicht, da der formallogische und der dialektische Widerspruch nicht demselben Bereich angehörig seien.« Denn, auch wenn logischer und dialektischer Widerspruch »nicht demselben Bereich angehörig« sind (was immer das heißen mag), so setzt doch die sprachliche Repräsentation eines bestimmten dialektischen Widerspruchs anscheinend einen Verstoß gegen das Prinzip der logischen Widerspruchsfreiheit voraus.

52 Der prädikative Satz vermag nach Hegel bestimmte, näher zu bezeichnende Wahrheiten nicht auszudrücken. Diese für seine *Wissenschaft der Logik* grundlegende Ansicht Hegels (vgl. L. II, 244 f.) kann hier nicht ausführlicher dargestellt werden.

53 Darauf, dass bereits in Kants *Kritik der Urteilskraft* ein Beispiel der paronymen Verwendung des Begriffsworts »Widerspruch« zu finden ist, das Hegels Wortgebrauch entspricht, habe ich in meinem Aufsatz »Warum das Faktum der Vernunft ein Faktum ist« hingewiesen (*Deutsche Zeitschrift für Philosophie* 57 (2009), S. 520, Fußnote 20).

die Grundlagen der klassischen formalen Logik scheint durch diese Umformung kaum abgemildert zu werden. Denn erstens soll in der Rede vom dialektischen Widerspruch systematisch gestattet werden, der Form nach widersprechende Sätze mit Wahrheitsanspruch auszusagen, ohne sie als Kontradiktionen, mithin als falsch verwerfen zu dürfen. Zweitens soll die »Auflösung« des dialektischen Widerspruchs als ein Erfordernis betrachtet werden, das sich nicht schon aus der Form des Verhältnisses kontradiktorischer Sätze, sondern erst aus einer objektiven »Unhaltbarkeit« des dialektischen Widerspruchs ergibt.

Zu einer angemessenen Beurteilung dieses Angriffs auf die Grundlagen der klassischen formalen Logik genügt es indessen nicht, aus dem umfangreichen Arsenal des Systems der Hegel'schen »Realphilosophie« einzelne Beispiele »dialektischer Widersprüche« zu diskutieren, deren Plausibilität ohnehin von besonderen kontextbedingten Voraussetzungen abhängt. Vielmehr ist es erforderlich zu sehen, aufgrund welcher allgemeinen logischen Überlegungen Hegel dazu gelangt ist, den Begriff des Widerspruchs umzugestalten. Denn offenbar handelt es sich nicht nur darum, dass in Hegels Sprachgebrauch der Ausdruck »Widerspruch« auf eigentümliche Weise verwendet wird. Vielmehr scheint Hegel eine eigentümliche Auffassung davon entwickelt zu haben, was eigentlich ein echter Widerspruch ist. Inwiefern diese Auffassung nicht dogmatisch, sondern aus einer Kritik herkömmlicher Auffassungen entstanden ist, soll im Folgenden untersucht werden.

Erster Teil

Kant

Vorbemerkung

Heutige Kritiker der Hegel'schen Dialektik, die sich den Homonymievorwurf gegen Hegels Lehre vom Widerspruch zu eigen gemacht haben[1], schlagen vor, die Unterscheidung zwischen »(logischem) Widerspruch« und »dialektischem Widerspruch« durch die Unterscheidung verschiedener Arten von »Gegensätzen« zu ersetzen. Sie schlagen z. B. vor, den Unterschied beider Begriffe auf den Unterschied zwischen »kontradiktorischen« und »realen Gegensätzen« zurückzuführen. Auf den ersten Blick scheint durch diesen Vorschlag kaum etwas gewonnen zu sein. Denn viel mehr als die Ersetzung des Substantivs »Widerspruch« durch das Substantiv »Gegensatz« scheint dabei nicht stattgefunden zu haben. Diese Ersetzung hat auch nicht den Sinn, einen besser erläuterten Ausdruck an die Stelle eines weniger klaren und deutlichen Ausdrucks zu setzen: Was ein Gegensatz eigentlich ist, bleibt ziemlich im Dunkel liegen. Fast alles, was wir erfahren, ist, dass wir angeblich berechtigt sind, den Gegensatz, nicht dagegen den Widerspruch nach Arten oder artähnlichen Einteilungen zu zerlegen.

---

1 G. Patzig, Artikel »Widerspruch«, in: *Handbuch philosophischer Grundbegriffe*, hrsg. von H. Krings u. a., München 1974, Band 6, S. 1697 f.; ders., »Hegels Dialektik und Łukasiewiczs dreiwertige Logik«, in: *Das Vergangene und die Geschichte*, Göttingen 1973, S. 443–460. W. Stegmüller, *Hauptströmungen der Gegenwartsphilosophie*, München 1975, Band II, S. 142. – Dass die Kritik dieser Autoren, in ihrer Substanz, auf die Hegelkritik des 19. Jahrhunderts zurückgeht, sei hier nur am Rande erwähnt. Man vergleiche A. Trendelenburgs Abhandlung *Die logische Frage in Hegels System. Zwei Streitschriften* (Leipzig 1843, S. 15), E. v. Hartmann, *Die dialektische Methode* (Berlin 1868, S. 72 ff.) und Chr. Sigwart, *Logik* (Erster Band, Tübingen 1873, S. 128).

Dennoch ist der Vorschlag der Hegelkritiker lehrreich. Denn er lenkt die Aufmerksamkeit auf Zusammenhänge, die für die Entstehung des Begriffs des dialektischen Widerspruchs in Hegels Philosophie ausschlaggebend gewesen zu sein scheinen. Diese Zusammenhänge treten noch deutlicher in unser Blickfeld, wenn Hegels Lehre vom Widerspruch als »Konfusion«[2] bereits durch Kant getroffener Unterscheidungen beurteilt wird. Man findet nämlich den oben erwähnten Unterschied zwischen dem kontradiktorischen und dem realen Gegensatz vorgezeichnet in den von Kant entwickelten Begriffen »analytischer« und »dialektischer Opposition« einerseits, »realer Opposition« andererseits. »Hegel«, so erfahren wir bei Günther Patzig[3], »war sich offenbar nicht ganz im klaren über den fundamentalen Unterschied zwischen Widerspruch und Widerstreit zwischen kontradiktorischem Gegensatz und realen Gegensätzen, sowie, kantisch gesprochen, zwischen ›analytischer‹ und ›dialektischer Opposition‹.« Wenn diese Bemerkung eines logisch und logikgeschichtlich so gebildeten Kritikers richtig wäre, dann wäre sie natürlich vernichtend für Hegels Philosophie und ebenso vernichtend für alle dialektischen Widerspruchstheorien, die Hegels Philosophie auf irgendeine Weise zum Vorbild nehmen. Hält man diese Kritik aber für falsch, dann kann man ihr nicht dadurch entgehen, dass man den dialektischen Widerspruch unter eine der kantischen Oppositionen subsumiert. Dieser Ausweg wird zwar immer wieder angeboten. Er bedeutet aber, wegen der daraus entstehenden Homonymie, stets einen Rückfall hinter Kant. –

Ich möchte diese Hegelkritik auf andere Weise entkräften, nämlich mit dem Versuch, in ein paar Grundzügen zu erläutern, inwiefern Hegel sich aus guten Gründen genötigt sah, über Kants Unterscheidung hinauszugehen. Ich will zeigen, inwiefern Hegels Begriff des Widerspruchs nicht aus einer Unklarheit über den Unterschied zwischen realer, dialektischer und analytischer Opposition resultiert,

---
2 G. Patzig, Artikel »Widerspruch«, a. a. O., S. 1698.
3 Ebd., S. 1698

sondern ganz im Gegenteil eine Konsequenz der kritischen Beurteilung dieses Unterschieds ist. Es handelt sich bei Kant genaugenommen um drei klar und deutlich voneinander unterschiedene Begriffe der Entgegensetzung. In Anlehnung an Kants eigene Terminologie will ich die drei Oppositionsarten als »logische«, »dialektische« und »reale« Entgegensetzung bezeichnen[4]. Nur für eine einzige dieser drei Arten lässt Kant den Ausdruck »Widerspruch« zu. Das ist die logische (von Kant auch »analytisch« genannte) Entgegensetzung.

Ich möchte die drei kantischen Oppositionsbegriffe der Reihe nach analysieren und die mit ihnen verbundenen Probleme aufzeigen.

---

[4] KrV, A 502–507 (B 531–535), A 528–582 (B 556–560); A 264–265 (B 320–321), A 273–274 (B 329–330), A 280 (B 338). Die Unterscheidung zwischen »logischer« und »realer« Entgegensetzung findet man bereits in Kants vorkritischen Schriften der frühen 60er Jahre des 18. Jahrhunderts. Vgl. vor allem *Der einzig mögliche Beweisgrund zu einer Demonstration des Daseins Gottes* von 1763 (A 35–38) und den *Versuch, den Begriff der negativen Größen in die Weltweisheit einzuführen* von 1763, passim.

Zweites Kapitel

Die logische (oder analytische) Opposition

Die logische Entgegensetzung findet nach Kant entweder im Verhältnis zwischen einem Prädikat und einem Gegenstand oder im Verhältnis zwischen zwei Urteilen statt, von denen das eine von einem Gegenstand ein Prädikat affirmativ aussagt, das das andere verneint. Beide Fälle lassen sich aber aufeinander reduzieren: Ein Prädikat ist nur insofern fähig, einem Gegenstand zu »widersprechen«, als es schon im Begriff des Gegenstandes, wie Kant sagt, »liegt und gedacht wird«[1], dass ihm noch andere Prädikate zukommen. Die logische Entgegensetzung, wie sie innerhalb eines Urteils zwischen Prädikat und Gegenstand stattfindet, besteht demnach nur, wenn bereits ein zweites Urteil als wahr unterstellt wird, das demselben Gegenstand ein Prädikat zuschreibt, das im Begriff des Gegenstandes schon »mitgedacht« und das durch das erste Urteil aufgehoben wird. Urteile, die einem Gegenstand nur solche Prädikate beilegen, die im Begriff des Gegenstandes schon »liegen und gedacht« sind, heißen nach Kant »analytisch«. Da die logische Entgegensetzung innerhalb eines Urteils nichts anderes als die (mindestens implizite) Aufhebung eines wahren analytischen Urteils ist, nennt Kant sie auch »analytische Entgegensetzung«. »Analytisch« in diesem Sinne ist aber die Entgegensetzung auch dann, wenn sie nicht zwischen dem Gegenstand und dem Prädikat eines Urteils, sondern zwischen zwei widersprechenden Urteilen stattfindet, von denen keins für sich genommen analytisch sein muss. Nehmen wir an, dass das Urteil (1) »Junggesellen sind unverheiratet« analytisch, dagegen (2) »Menschen sind un-

---

1   KrV, A 151 (B 190).

gelehrt« synthetisch ist. Dann enthält (in dem soeben erläuterten Sinne) das Urteil (3) »Junggesellen sind verheiratet« einen Widerspruch, nicht aber das Urteil (4) »Menschen sind gelehrt«. Das Urteil (3) hebt ein wahres analytisches Urteil auf, das Urteil (4) dagegen ist, ebenso wie (2), ein synthetisches Urteil. Aber beide synthetischen Urteile (2) und (4) zusammengenommen *können* einen Widerspruch enthalten, heben aber dann, ebenso wie (3), ein wahres analytisches Urteil auf. Zusammengenommen lassen sie nämlich ein Urteil zu, das seiner Struktur nach dem Urteil (3) gleicht und dessen Negation wieder als analytisches Urteil aufgefasst werden kann. Es lautet (5): »Ungelehrte Menschen sind gelehrt«.[2] Die Negation dieses Urteils (5) ist deshalb ein analytisches Urteil, weil, wie Kant sagt, »das Merkmal (der Ungelehrtheit) nunmehr den Begriff des Subjekts mit ausmacht.«[3]

Kant legt Wert auf die Feststellung, dass die dem Urteil (5) zugrundeliegenden Urteile (2) und (4) noch nicht als solche einen Widerspruch ausmachen. Dass Menschen ungelehrt sind und dass sie auch gelehrt sind, ist zwar niemals »zugleich«, wohl aber zu verschiedenen Zeiten möglich. Denn es ist nicht möglich, dass einem Gegenstand ein Prädikat zukommt und zugleich nicht zukommt. Der Satz: »es ist unmöglich, dass etwas *zugleich* sei und nicht sei« ist nun zwar ein völlig richtiger Satz, aber, wie Kant betont, kein eigentlich »logischer Grundsatz«, der »seine Aussprüche gar nicht auf die

---

[2] Dieses Beispiel eines widersprüchlichen Urteils lehnt sich einem von Kant selbst gewählten Beispiel an (vgl. KrV, A 153 (B 192)). – Interessant ist, dass Kant als Beispiele widersprüchlicher Urteile nur Subjekt-Prädikat-Urteile berücksichtigt. Offenbar ist Kant der Meinung, dass andere Urteilsarten nur insofern einen Widerspruch enthalten, als sie Negationen analytischer Subjekt-Prädikat-Urteile logisch implizieren. Existenzbehauptungen wie »In diesem Hörsaal existiert ein kleiner Elefant« und »In diesem Hörsaal existiert kein kleiner Elefant« enthalten demnach einen Widerspruch nur insofern, als eines der beiden folgenden Urteile analytisch falsch ist: »Die in diesem Hörsaal befindlichen Gegenstände sind ihrer Beschaffenheit nach keine kleinen Elefanten« oder »Mindestens ein in diesem Hörsaal befindlicher Gegenstand ist seiner Beschaffenheit nach ein kleiner Elefant«.

[3] KrV, A 153 (B 192).

Zeitverhältnisse einschränken« darf.[4] Wenn mithin gegen diesen Satz verstoßen wird, wird nicht *direkt* gegen den logischen Grundsatz vom ausgeschlossenen Widerspruch verstoßen. Ein direkter Verstoß gegen ihn, und somit der von Zeitbedingungen unabhängige Einschluss eines Widerspruchs liegt erst vor, wenn es zur Negation eines analytischen Urteils kommt. Der Satz des Widerspruchs muss nach Kant formuliert werden, »ohne daß die Bedingung: *zugleich*, hinzukommen darf«.[5] Und Kant erklärt, dies sei auch »die Ursache«, weswegen er »die Formel desselben so verändert habe, daß die Natur eines analytischen Satzes dadurch deutlich ausgedrückt wird.«[6] Die »Formel«, auf die Kant den Satz des Widerspruchs bringt, hat, wie bereits erwähnt, den Wortlaut: »Keinem Dinge kommt ein Prädikat zu, welches ihm widerspricht.«[7]

Der kantische Begriff des Widerspruchs setzt, wie man sieht, die Unterscheidbarkeit analytischer und synthetischer Urteile voraus und steht und fällt mit dieser Voraussetzung. Wie problematisch diese Voraussetzung ist, hat man oft schon daran ermessen wollen, dass Kant die Analytizität eines Urteils meist nur mithilfe von Metaphern (z. B. »im« Begriff des Gegenstandes »liegt« oder »ist enthalten« etc.), oder in psychologischer Redeweise erklärt (z. B.: der Begriff des Gegenstands sei analytisch zu zergliedern in Teilbegriffe, die »in« ihm schon »gedacht waren«[8]). Dass es durchaus noch härtere, an dieser Stelle nicht noch einmal vorzuführende Einwände gibt, hat besonders deutlich Quine in seiner oben erwähnten Abhandlung gezeigt. Gleichwohl kommt Kant das Verdienst zu, überhaupt einen beachtenswerten Ansatz gemacht zu haben zum Versuch, den Begriff des Widerspruchs zu explizieren und nicht bloß einige seiner mehr oder weniger zufälligen Merkmale aufzuzählen.

---

4   KrV, A 152 (B 191).
5   KrV, A 153 (B 192f.).
6   KrV, A 153 (B 192f.).
7   KrV, A 151 (B 190).
8   Vgl. KrV, A 6–7.

Da nun für Kant der Widerspruch nur eine von mehreren Oppositionsarten ist, die ich hier der Reihe nach analysieren möchte, ist es zweckmäßig, genauer zu betrachten, inwiefern Kant den Widerspruch eigentlich als Entgegensetzungsverhältnis auffassen möchte. Bei jedem Widerspruch wird nach Kant etwas in Bezug auf dasselbe Ding bejaht und verneint. Kants logische Entgegensetzung ist daher kein bloßes Aussagenverhältnis, sondern genau genommen eine Beziehung, die bestimmte Prädikate, die denselben Dingen analytisch teils zu-, teils nicht zukommen, untereinander haben. Dieser Gedanke soll hier näher erläutert werden, da es sich nicht nur um terminologische[9] Festlegungen, sondern auch um die begriffliche Fassung von Beziehungen handelt, deren Klärung sich Kant und Hegel beide zur Aufgabe gemacht haben.

Eine Prädikaten*art* nennt Kant »logische Prädikate«. Sie unterscheiden sich von den nach Kant so genannten »realen Prädikaten« darin, dass sie innerhalb des Urteils vom Satzsubjekt ausgesagt werden. Demgegenüber sind die realen Prädikate dasjenige, was dem Ding selbst, über das geurteilt wird, zukommt. Sie sind »Bestimmungen«, die dem Ding selbst durch die logischen Prädikate beigelegt werden. Da es nun bejahende und verneinende Urteile gibt, ist nicht nur das Beilegen der logischen Prädikate in »Bejahungen« und »Verneinungen« einzuteilen. Auch das Zukommen realer Prädikate findet auf zweifache Weise statt: Dinge werden entweder »bestimmt«, oder »Bestimmungen« werden an ihnen »aufgehoben«. Das »Bestimmen« eines Dinges wird auch »Setzen« einer Bestimmung genannt; und das »Aufheben« einer Bestimmung wird auch aufgefasst als Setzen eines »Mangels einer Bestimmung«. Nach der Auffassung Kants legt jedes wahre Subjekt-Prädikat-Urteil einem Ding entweder eine Bestimmung oder einen Mangel an Bestimmung bei. Oder anders ge-

---

9   Zur terminologischen Seite der hier untersuchten Fragen vgl. R. Eisler, *Kant-Lexikon*, Berlin 1930 (Nachdruck: Hildesheim 1964) vor allem die Artikel »Bestimmen« und »Prädikat«. Soweit ich im Folgenden Kants Terminologie erläutere, gelten diese Erläuterungen weitgehend sowohl für die sogenannte vorkritische als auch für die kritische Philosophie Kants.

sagt: Entweder es »setzt« eine Bestimmung an irgendeinem Ding, oder es »hebt« sie »auf«.

Ich möchte mich in der folgenden Untersuchung dieser kantischen Terminologie bedienen. Sie erscheint uns zwar heute altertümlich und lehnt sich dem philosophischen Sprachgebrauch des 18. Jahrhunderts an. Aber auch Hegel bedient sich dieses terminologischen Instrumentariums in modifizierter Weise, wie wir noch sehen werden.

Man kann zunächst mithilfe dieses Instrumentariums den Begriff der logischen Entgegensetzung kurz und präzise auf folgende Weise angeben: Die logische Entgegensetzung ist das Verhältnis zwischen einer Bestimmung und dem Mangel derselben Bestimmung an ein und demselben Gegenstand. Dass Kants logische Entgegensetzung nicht nur als Aussagen- oder Urteilsverhältnis, sondern auch als Verhältnis »realer« Prädikate anzusehen ist, wird durch den folgenden Gedanken Kants belegt: Der Widerspruch wird als Grund der »Folge« angesehen, dass das den logisch entgegengesetzten Prädikaten zugrundeliegende Ding »nichts« (ein »*nihil negativum*«, ein »leerer Gegenstand ohne Begriff«, etwas »nicht Denkbares«) ist.[10] Da der Widerspruch ohne diese Folge nicht gedacht werden kann, ist er selbst nichts Denkbares: Er ist ein nicht denkbares Verhältnis zwischen »realen« Prädikaten.

Die Undenkbarkeit des Widerspruchs ist allerdings im Kontext der kantischen Überlegungen eine Tautologie. Denn das sogenannte »Denkbare« ist nach Kant einzig und allein durch seine Widerspruchslosigkeit definiert.[11] Diese Definition hat in Kants Philosophie

---

10 NG, A 3. KrV, A 291–292 (B 348–349).

11 »Aber denken kann ich, was ich will, wenn ich mir nur nicht selbst widerspreche, d. i. wenn mein Begriff nur ein möglicher Gedanke ist, ob ich zwar dafür nicht stehen kann, ob im Inbegriffe aller Möglichkeiten diesem auch ein Objekt korrespondiere oder nicht.« (KrV, B XXVI, Fußnote). Ferner schreibt Kant: Es sei klar, »daß der Satz des Widerspruchs ein Prinzip ist, welches von allem überhaupt gilt, was wir nur denken mögen, es mag ein sinnlicher Gegenstand sein und ihm eine mögliche Anschauung zukommen oder nicht: weil er vom Denken überhaupt ohne Rücksicht auf ein Objekt gilt.

durchgängig einen so fundamentalen Stellenwert, dass sie durch keinen anderen Satz begründet wird.[12] Die Frage, was eine logische Entgegensetzung ist, erschöpft sich demgemäß für Kant in der Frage nach den Korrelaten des als »Opposition« bezeichneten Verhältnisses. Worin dieses Verhältnis besteht und inwiefern die Korrelate der logischen Opposition »entgegengesetzt« sind, ist von Kants Voraussetzungen aus keine sinnvolle Frage mehr: dieses Verhältnis ist »nichts Denkbares«.

Was also mit diesem Prinzip nicht bestehen kann, ist offenbar nichts (gar nicht einmal ein Gedanke).« (*Über eine Entdeckung, nach der alle neue Kritik der reinen Vernunft durch eine ältere entbehrlich gemacht werden soll* (1790), AA Band VIII, S. 195).

12   Die Behauptung, »das *Widersprechende* könne nicht *vorgestellt* noch *gedacht* werden«, wird von Hegel als dogmatische und ungerechtfertigte Voraussetzung gewertet (L. I, 287. 2–3).

Drittes Kapitel

Die dialektische Opposition

Die beiden übrigen Gegensatzarten sind nach Kant Entgegensetzungen ohne Widerspruch. Allerdings zeichnet sich die dialektische Entgegensetzung dadurch aus, dass sie zwar kein echter, wohl aber ein scheinbarer Widerspruch ist. Scheinbar widersprüchlich sind Kant zufolge z. B. Zenons Paradoxien.[1] Für die Scheinbarkeit des Widerspruchs in diesen Paradoxien findet man bei Kant leider keine sehr ausführliche Begründung; dennoch macht Kant in seiner Beurteilung dieser Paradoxien eine interessante Beobachtung, die Hegel in seiner Logik verwertet hat. Kant stellt fest: Der Widerspruch zwischen solchen Urteilen wie »der Gegenstand x bewegt sich« und »x bewegt sich nicht« löst sich als nur scheinbarer Widerspruch auf dann, wenn man für den Gegenstand x voraussetzt, dass er sich weder bewegt noch nicht bewegt. Wenn z. B. der Gegenstand x nicht Zenons fliegender Pfeil, sondern das Weltall ist, so erweisen sich die genannten formal widersprechenden Urteile beide als falsch, sie verhalten sich zueinander nicht im echten Sinne kontradiktorisch; denn das Weltall, gedacht als Gesamtheit aller Körper, kann seinen Ort weder ändern noch behalten, da es einen solchen Ort (der in einem Raum außerhalb des Raumes liegen müsste) nicht gibt. Wir haben also mit dem Weltall einen Gegenstand vorausgesetzt, von dem wahrheitsgemäß keines der beiden kontradiktorischen Prädikate ausgesagt werden darf. Was von ihm ausgesagt werden darf, sind nur die Negationen dieser kontradiktorischen Prädikate.

---

1 Vgl. dazu und zum Folgenden: KrV, A 502f. (B 530f.).

Auf den ersten Blick scheint an dieser Stelle in Kants Feststellung ein Verstoß gegen den Satz vom ausgeschlossenen Dritten vorzuliegen: Wenn von zwei kontradiktorischen Prädikationen beide negiert werden, dann entsteht eine neue Kontradiktion. Diese Folge ergibt sich aber nicht in allen Fällen. Kant erinnert an ein triviales Beispiel[2]: Es möge behauptet werden, »ein Körper riecht gut«, und, »er riecht nicht gut«. Man behauptet dann zwar etwas formal Widersprüchliches; doch löst sich dieser Widerspruch als scheinbarer auf, wenn angenommen wird, dass beide Behauptungen falsch sind, wenn also vom Satzsubjekt stillschweigend vorausgesetzt werden darf, es bezeichne einen Gegenstand, dem das Prädikat »riechen« gar nicht zukommt, und er deshalb weder wohlriechend noch nicht wohlriechend ist. Die Prädikationen erweisen sich dann, trotz ihrer kontradiktorischen Form, nur als konträr. Auch der umgekehrte Fall gilt: Zwei formal konträre Prädikationen können in echte kontradiktorische Prädikationen übergehen, wenn nur der vorausgesetzte Bedeutungsinhalt des Satzsubjekts geändert wird.

Kant artikuliert hier exemplarisch, wenn auch nur indirekt, ein elementares Gesetz dessen, was ich im Anschluss an Hegel »Reflexionslogik« nennen möchte. Die Frage, was unter diesem Ausdruck »Reflexionslogik« genau zu verstehen ist, möchte ich für ein späteres Kapitel aufheben.[3] Hier genügt es, sich an dem von Kant gegebenen Beispiel selbst klarzumachen, dass es offenbar logische Gesetze gibt, die keine im üblichen Sinne formallogischen Gesetze sind. Das von Kant artikulierte, reflexionslogische Gesetz besagt: Bei gleichbleibender logischer Form zweier Prädikationen kann das Verhältnis der Kontrarietät in das Verhältnis der logischen Opposition übergehen und umgekehrt, wenn nur der vorausgesetzte Inhalt des Satzsubjekts geändert wird. Dieses reflexionslogische Gesetz kann auch

---

2 KrV, A 503 (B 531). Das Beispiel scheint, wegen der adverbialen Konstruktion, ein Spezialfall zu sein. Doch macht Kant selbst darauf aufmerksam, dass das Beispiel von dieser Konstruktion nicht abhängt: Statt »riecht gut« könnten wir das Prädikat »ist wohlriechend« gebrauchen. (Ebd.)
3 Vgl. dazu das sechste Kapitel dieser Abhandlung.

folgendermaßen formuliert werden: Ist der Inhalt zweier Prädikate gegeben, wird ferner von diesen Prädikaten vorausgesetzt, dass sie, bezogen auf denselben Gegenstand, einander widersprechende Prädikationen ergeben, dann schließt diese Voraussetzung stets auch eine inhaltliche *Bestimmtheit* des Gegenstandes ein. Kurz, von der Bestimmtheit des Gegenstandes hängt die Echtheit, d. h. der nicht bloß formale Charakter des Widerspruchs zweier Prädikationen ab.

Ich möchte die so vorausgesetzte Bestimmtheit des Gegenstandes mit dem Terminus »reflexionslogisches Substrat« bezeichnen. Je nachdem, was für ein reflexionslogisches Substrat unseren Prädikationen zugrunde liegt, ist der Gegenstand, über den wir urteilen, implizit durch eine Bestimmung oder einen Bestimmungsmangel *bestimmt*. Vom reflexionslogischen Substrat hängt ab, ob zwei der Form nach logisch entgegengesetzte Prädikationen einen echten Widerspruch ergeben oder nicht.

Nun sind nach Kant nicht alle scheinbaren Widersprüche zwischen Subjekt-Prädikat-Urteilen dialektische Entgegensetzungen. Dialektisch entgegengesetzt nennt er sie nur dann, wenn ihre Widersprüchlichkeit von einem speziellen reflexionslogischen Substrat abhängt, das nicht-empirischen (genauer »transzendentalen«) Charakter hat: Die Widersprüchlichkeit dialektisch entgegengesetzter Urteile hängt davon ab, dass wir die Dinge, über die geurteilt wird, stillschweigend für »Dinge an sich« halten. Dialektische Oppositionen in diesem eigentlichen Sinne sind die von Kant sogenannten Antinomien.[4] Diese sind Paare von formallogisch einander widersprechenden Subjekt-Prädikat-Urteilen, deren Widerspruch von einem speziellen reflexionslogischen Substrat abhängt: dem von Kant sogenannten »Ding an sich«. Wenn man die Voraussetzung, dass über ein Ding an sich geurteilt wird, aufgibt oder wenigstens (bei einem Teil der Antinomien) modifiziert, so verwandeln sich die beiden Urteile ihrem Inhalt nach aus kontradiktorischen Urteilen in konträre oder subkonträre Urteile.

---
4   KrV, A 504ff. (B 533ff.), A 528–532 (B 556–560).

Die Tatsache, dass die Verwandlung, von der wir hier sprechen, zu zwei ganz verschiedenen Urteilsverhältnissen: zu konträren oder subkonträren Verhältnissen führen kann, wollen wir genauer analysieren. Denn diese Verschiedenheit deutet darauf hin, dass die Art der Abhängigkeit kontradiktorischer Urteilsverhältnisse von reflexionslogischen Substraten nicht in allen Fällen dieselbe ist. »Konträr« heißen Urteile dann, wenn sie beide falsch, aber nicht beide wahr sein können; »subkonträr« dagegen heißen sie, wenn sie beide wahr, aber nicht beide falsch sein können. Sowohl zwei wahre als auch zwei falsche Urteile können, wie wir sehen werden, in dialektischer Opposition stehen. Handelt es sich um zwei wahre Urteile, so verhalten sie sich subkonträr zueinander; wenn nicht, so konträr. Eine dialektische Opposition, so sahen wir bereits, soll entstehen und sich auflösen stets durch Änderungen des vorausgesetzten Satzsubjektinhalts. Aber diese Änderungen sind bei konträren und subkonträren Urteilspaaren verschiedener Art. Das kann an den Antinomien selbst erläutert werden, die Kant, je nach ihrer Kontrarietät oder Subkontrarietät, in zwei Klassen einteilt. Nach Kant heißen die konträren Antinomien »mathematisch«, die subkonträren »dynamisch«. Diese Nomenklatur (die uns hier nicht weiter interessieren muss) hat inhaltliche Gründe und hängt mit dem Bedeutungsgehalt der Prädikate zusammen, die in den beiden Antinomienarten ausgesagt werden.[5] Antinomien enthalten bezüglich des Gegenstandes, über den sie urteilen, Voraussetzungen, die, je nachdem ob die Antinomie konträr oder subkonträr ist, vom Gegenstand entweder »zu viel« oder »zu wenig« behaupten[6]: Das reflexionslogische Substrat ist m. a. W. entweder eine Über- oder eine Unterbestimmtheit des Gegenstandes. Dieser Gedanke ist für die konträren und subkonträren Antinomien gesondert zu erläutern.

---

5 Kant selbst vergleicht die beiden Arten mathematischer und dynamischer Antinomien mit konträren und subkonträren Urteilspaaren. Vgl. dazu Kants Preisschrift *Welches sind die wirklichen Fortschritte, die die Metaphysik seit Leibnizens und Wolffs Zeiten in Deutschland gemacht hat?* (Königsberg 1804, S. 94–99.)
6 Ebd.

I. Die konträre dialektische Opposition

Was zunächst die konträren Antinomien betrifft, so können wir uns an das erinnern, was Kant über die Zenonischen Paradoxien und ihre scheinbare Widersprüchlichkeit behauptet hatte. Wir würden nach Kants Auffassung vom Gegenstand, den wir »Welt« nennen, stets »zu viel« behaupten, wenn wir sagen würden, er sei ein nach gewissen Eigenschaften bestimmtes Ding, z. B.: er befinde sich an einem bestimmten Ort im Raume. Bezüglich der »Welt« machen wir nun eine unerfüllte Voraussetzung, so meint Kant, implizit auch dann, wenn wir meinen, es bestehe ein Widerspruch zwischen den beiden Annahmen, die Welt sei dem Raum und der Zeit nach endlich, oder, sie sei nicht endlich. Beide Annahmen – sie machen die sogenannte erste mathematische Antinomie aus – können, trotz ihrer kontradiktorischen sprachlichen Form, als falsch gelten. Man muss dann nur die für unerfüllt gehaltene Voraussetzung aufgeben.

Nach Kant besteht diese unerfüllte Voraussetzung in der unausdrücklichen Annahme, die Welt sei ein »Ding an sich«. Wie Kant zur Behauptung kommt, der ersten mathematischen Antinomie liege diese unerfüllte Voraussetzung zugrunde, braucht uns an dieser Stelle noch nicht zu interessieren. Hier interessiert zunächst nur die formale Struktur des konträren Typs dialektischer Oppositionen.

Um diese Struktur genauer zu erfassen, müssen wir die dialektischen Oppositionen konträren Typs von gewöhnlichen konträren Urteilspaaren abheben. Der scheinbare Widerspruch, der diesen gewöhnlichen Kontrarietäten zugrunde liegen kann, beruht nämlich auf strukturell anderen Voraussetzungen: Die Überbestimmtheit im reflexionslogischen Substrat ist hier anders beschaffen als in dialektischen Oppositionen.

Wir können diesen Sachverhalt genauer analysieren anhand des Beispiels, das Kant für gewöhnliche konträre Urteilspaare heranzieht[7]: Wenn jemand sagt: »Körper riechen entweder wohl, oder sie

---
7   KrV, A 503 (B 531).

riechen übel«, so wird neben den Prädikaten »riechen wohl« und »riechen übel« ein drittes Prädikat »riechen nicht« außer acht gelassen, und beide Teilsätze der behaupteten Alternative können (aus nicht formallogischen, sondern inhaltlichen Gründen) zwar nicht beide wahr, wohl aber beide falsch sein. Sie sind also in Wahrheit konträr. Nun kann eines der beiden Prädikate »riechen wohl« oder »riechen übel«, durch Einführung einer Negation, in eine sprachliche Form gebracht werden, in der das konträre Verhältnis zwischen beiden Prädikationen als kontradiktorisches Verhältnis erscheint, so dass wir durch die Umformung zu einer Behauptung folgender Form gelangen: »Körper sind wohlriechend, oder sie sind nicht wohlriechend«. Die sprachliche Form täuscht hier ein kontradiktorisches Verhältnis bloß vor, da nach wie vor Körper, die nicht riechen, unberücksichtigt bleiben sollen. Um es allgemeiner zu formulieren: Der Schein eines kontradiktorischen Verhältnisses wird zwischen zwei konträren Urteilen $F(a)$ und $G(a)$ dadurch ermöglicht, dass das eine Urteil, sagen wir $F(a)$, die logische Form einer Verneinung des anderen, die Form »nicht $G(a)$« haben kann.[8] Die mit der Verneinung von $F(a)$ und $G(a)$ gleichermaßen vereinbare Möglichkeit eines gültigen (»mittleren«) Urteils $H(a)$, für das gilt: *wenn $H(a)$, so nicht nicht $G(a)$ und nicht $G(a)$*, wird dann fälschlicherweise durch die Scheinalternative zwischen $G(a)$ und *nicht $G(a)$* als ungültig ausgeschlossen. In Wahrheit kann das gegenüber den scheinalternativen konträren Urteilen intermediäre Urteil $H(a)$ gültig sein. Neben den Prädikaten G und *nicht G* kann als Tertium H gelten.

In Kants Beispiel von den riechenden Körpern ist das gegenüber den konträren Prädikaten intermediäre Prädikat H negativ: einige Körper »riechen nicht«. Dies ist kein bloßer Zufall: Die Negation derjenigen Voraussetzung, welche aus konträren Urteilen kontradiktorische Urteile werden lässt, ist schon selbst ein gegenüber den konträren Urteilen intermediäres Urteil. Das intermediäre Urteil besteht seinem Inhalt nach eben in der negativen Behauptung, dass

---

[8] Zur Bedeutung der Verneinung in »nicht $G(a)$« vgl. Anm. 10 zu diesem Kapitel.

die Voraussetzung unerfüllt ist. Dieser Sachverhalt ist folgendermaßen zu erläutern: Das logische Verhältnis zwischen zwei Urteilen G(a) und nicht G(a) hängt vom reflexionslogischen Substrat ab: es hängt davon ab, wie der Gegenstand a bestimmt ist. Die Bestimmtheit des Gegenstands a ist verschieden, je nachdem welche Prädikate (abgesehen von den Prädikaten G und nicht G) dem Gegenstand a zukommen, also je nachdem durch welche Bestimmungen der Gegenstand a bestimmt ist. Das logische Verhältnis von G(a) und nicht G(a) ist konträr dann, wenn dem Gegenstand a diejenige Bestimmung G' nicht zukommt oder mangelt, durch die das logische Verhältnis zwischen G(a) und nicht G(a) kontradiktorisch wäre. Um es kürzer zu formulieren: Wenn G' gleich Null (= 0) ist, so sind die der Form nach kontradiktorischen Urteile G(a) und nicht G(a) dem Inhalt nach bloß konträr. Den Gegenstand a nenne ich »überbestimmt«, wenn seine Bestimmung G' gleich Null ist, wenn aber trotzdem seine deshalb nur konträren Bestimmungen G und nicht G als kontradiktorisch gedeutet werden.

Auch bei dialektischen Oppositionen des konträren Typs ist der Gegenstand, über den geurteilt wird, überbestimmt. Aber diese Überbestimmtheit ist anders beschaffen als bei der gewöhnlichen (nicht-dialektischen) scheinbar widersprüchlichen Kontrarietät. Die Besonderheit konträrer Antinomien besteht erstens darin, dass sie ihrer Form nach unvermeidlich (nicht bloß aufgrund bestimmter sprachlicher Zufälle) kontradiktorisch sind: Konträre Antinomien sind nicht durch sprachliche Umformungen (durch Vermeidung der Negation) auf so etwas wie eine logische Normalform konträrer Urteile zurückzuführen. Sie täuschen ihrer Form nach unvermeidlich eine Kontradiktion vor. Zweitens besteht bei konträren Antinomien die unerfüllte Voraussetzung (auf der diese Kontradiktion beruht) nicht darin, dass einem Gegenstand eine Bestimmung ungleich Null beigelegt wird. Das logische Verhältnis zwischen dialektisch entgegengesetzten konträren Urteilen hängt vielmehr, wie wir sehen werden, von Voraussetzungen anderen Inhalts ab. Diese Besonderheit der konträren

65

Antinomien hat direkt damit zu tun, dass Kant ihre Entgegensetzung »dialektisch« nennt. »Dialektisch entgegengesetzt« kann sein, was einander scheinbar widerspricht. »Dialektisch« heißt diese Entgegensetzung nur insofern, als der *Schein* des Widerspruchs ein dialektischer ist. Dialektisch ist für Kant nur der sogenannte »transzendentale Schein«. Er besteht in der unausrottbaren Illusion, wir hätten es bei den phänomenalen Gegenständen (den von Kant sogenannten »Erscheinungen«, d. h. den Objekten unserer Erfahrung) mit »Dingen an sich« zu tun. Kants Lehre vom transzendentalen Schein braucht uns hier nicht im Detail zu interessieren. Wir brauchen hier nur zu verstehen, inwiefern der Schein des Widerspruchs der konträren Antinomien »dialektisch« ist. Aus seiner Dialektizität ergeben sich die beiden genannten Besonderheiten der konträren Antinomien.

Die unerfüllte Voraussetzung des Widerspruchs in konträren Antinomien besteht nach Kant darin, dass wir vom Satzsubjekt der antinomischen Urteile stillschweigend voraussetzen, es komme ihm das Prädikat zu, ein »Ding an sich« zu sein. Wir werden nun sehen, dass dieses Prädikat, ein »Ding an sich« zu sein, seinem Inhalt nach eine ganz andere Funktion hat als Prädikate, die einem Gegenstand eine Bestimmung beilegen: Die Überbestimmtheit im reflexionslogischen Substrat antinomischer Urteile ist besonderer Art. Ich möchte diesen Sachverhalt am Beispiel einer der konträren Antinomien erläutern.

»Wenn man«, so schreibt Kant[9], »die zwei Sätze: die Welt ist der Größe nach unendlich, die Welt ist ihrer Größe nach endlich, als einander kontradiktorisch entgegengesetzte ansieht, so nimmt man an, daß die Welt (die ganze Reihe der Erscheinungen) ein Ding an sich selbst sei. [...] Nehme ich aber diese Voraussetzung, oder diesen transzendentalen Schein weg, und leugne, daß sie ein Ding an sich selbst sei, so verwandelt sich der kontradiktorische Widerstreit beider Behauptungen in einen bloß dialektischen.« Sehen wir zunächst einmal von der Frage ab, woher Kant eigentlich seine Meinung hat, der

---
9   KrV, A 504 (B 533).

echte Widerspruch zwischen den beiden antinomischen Urteilen – ich bezeichne sie der Kürze halber durch »$E(w)$« und »$nicht\ E(w)$«[10] – beruhe auf der Voraussetzung, die Welt sei ein Ding an sich. Fragen wir zunächst nur, welche Prädikationen sich eigentlich ergeben sollen, wenn die unerfüllte Voraussetzung aufgegeben wird. Wenn sich die Prädikate E und *nicht E* nicht kontradiktorisch, sondern konträr verhalten sollen, welches Prädikat ist dann das Tertium zwischen E und *nicht E*? Kants Antwort auf diese Frage ist der Sache nach: Das Tertium besteht darin, kein »Ding an sich« zu sein: Würde man über Kants spezifische Unterscheidung zwischen »Ding an sich« und »Erscheinung« nicht verfügen, so würde man anstelle der Antwort Kants auch folgende Antwort erwarten können: Wenn die Welt weder von endlicher noch von nicht endlicher Größe ist, so hat sie gar keine Größe (eine Größe = 0). Diese Antwort ist aber nach Kants Auffassung von den Dingen an sich nicht möglich. Wir würden von den Dingen an sich (insbesondere von der Welt als einem Ding an sich) immer noch zu viel sagen, wenn wir ihre Größe gleich Null setzen würden. Kants Forderung, die unerfüllte Voraussetzung der Welt als eines »Dinges an sich« aufzugeben, besteht darin, *jeden* Versuch aufzugeben, der Welt als einem Ding an sich Bestimmungen beizulegen. Statt dessen sollen wir in unseren Urteilen über den Gegenstand, den wir »Welt« nennen, stets voraussetzen, dass es sich bei ihm um einen nur phänomenalen Gegenstand (eine bloße »Reihe von Erscheinungen«) handelt. Insofern gesagt wird, dass dieser phänomenale Gegenstand weder endlich noch nicht endlich ist, so ist damit nicht gesagt, dass er gar keine Größe (eine Größe = 0) hat. Alle räumlichen und zeitlichen Erscheinungen, deren »ganze Reihe« (wie Kant sagt) eben das ist, was wir »Welt« nennen, haben ja irgendeine (räumliche oder zeitliche)

---

10 Man wird vielleicht fragen, ob die Negation in »$nicht\ E(w)$«, ebenso wie in dem obigen Beispiel »*nicht $G(a)$*«, Zeichen eines negativen Prädikats oder Zeichen eines negativen Urteils ist. Im Kontext der kantischen Lehre von den dialektischen Oppositionen kommt es indessen gerade darauf an, dass der Form nach zwischen negativen Urteilen und Urteilen mit negativen Prädikaten nicht ohne weiteres zu unterscheiden ist.

bekannte oder unbekannte Größe. Nur: es ist keine bestimmte Größe angebbar, die dieser ganzen Reihe der Erscheinungen zukommt. Es gibt keine durch die Erscheinungsreihe selbst gesetzte Grenze, mit der die Reihe als Ganzes abgeschlossen wäre. Wir können daher die Größe dieser Reihe nicht als endliche bestimmen. Aber auch nicht als unendliche: denn auch das Fehlen einer solchen Grenze ist keine mögliche Bestimmung der Erscheinungsreihe. Andernfalls müsste dieses Fehlen einer Grenze zu den Erscheinungen selbst gehören. Die Welt als Erscheinung ist nach Kants Ansicht deshalb ihrer Größe nach weder endlich noch unendlich. Die Größenbestimmung der Welt als Erscheinung ist gewissermaßen nur im Überschreiten jeder erreichten Grenze durch unsere Erfahrung (Kant: »im empirischen Regressus der Reihe der Erscheinungen«[11]) gegeben.

Die Prädikate »Ding an sich« und »Erscheinung«, mit deren Anwendung Kant den scheinbaren Widerspruch der Antinomien auflösen möchte, enthalten keine »Bestimmungen« eines Gegenstandes im gewöhnlichen Sinne des Wortes. Dass ein so oder so bestimmtes Etwas ein »Ding an sich« sei, bedeutet bloß, dass die Bestimmungen, die wir diesem Etwas beilegen, ihm an sich, d. h. nicht bloß in der Relation des Gegenstandes zu uns und unserer sinnlichen Anschauung zukommen. Umgekehrt ist ein Etwas eine »Erscheinung« genau insofern, als ihm die beigelegten Bestimmungen nicht an sich, sondern nur in der Relation des Etwas zu uns und unserer sinnlichen Anschauung[12] zukommen. Die Prädikate »Ding an sich« und »Erscheinung« bringen also nur *Beziehungen* zum Ausdruck, in denen irgendwelche Bestimmungen (die wir dem betreffenden Gegenstand durch Prädikate beilegen) diesem Gegenstand zukommen. Für unseren Kontext folgt daraus: Die Überbestimmtheit im reflexionslogischen Substrat der konträren Antinomien beruht ausschließlich auf der Art der Beziehung, in der die alternativen Bestimmungen (z. B. »endlich« und

---

11   KrV, A 505 (B 533).

12   »Was gar nicht am Objekte an sich selbst, jederzeit aber im Verhältnisse desselben zum Subjekt anzutreffen [...] ist, ist Erscheinung«. (KrV, B 70.)

»unendlich«) auf den Gegenstand »Welt« zu beziehen sind. Genauer: die Überbestimmtheit im reflexionslogischen Substrat fällt mit dieser Beziehungsart (dem »An-sich-Zukommen« von Bestimmungen) zusammen. Die Art der *Beziehung*, welche die alternativen Bestimmungen *zueinander* haben (ihr kontradiktorisches Verhältnis zueinander), setzt diese Bestimmungen zugleich in eine besondere *Beziehung zum Gegenstand*. Diese Beziehung zum Gegenstand allein macht die Überbestimmtheit des Gegenstands aus.

Die besondere Art der Überbestimmtheit im reflexionslogischen Substrat bei dialektischen Oppositionen bringt nun sachliche Schwierigkeiten mit sich, die Kants Begriff der dialektischen Opposition (des aus transzendentalen Gründen scheinbaren Widerspruchs) selbst berühren. Diese Schwierigkeiten bestehen, wie wir sehen werden, vor allem darin, dass es aufgrund der kantischen Überlegungen schwer fällt, zwischen zwei möglichen, aber unvereinbaren Deutungen der konträren Antinomien zu entscheiden. Die eine Deutung lautet: Die Widersprüche zwischen den antinomisch entgegengesetzten Urteilen sind nur als scheinbare Widersprüche denkbar. Die andere Deutung lautet: Die Widersprüche kommen dem Gegenstand, über den wir urteilen, als echte Widersprüche zu; aber sie kommen ihm nur zu, insofern er Erscheinung ist. Die erste Deutung entspricht der kantischen Auffassung. Die zweite Deutung erscheint jedoch der Sache nach als mindestens weitgehend vereinbar mit der kantischen Argumentation.

Die Auflösung der betrachteten konträren Antinomie besteht nach Kant, so sahen wir, in Folgendem: Anstelle der Behauptung, dass die Welt *entweder* endlich *oder* unendlich ist, tritt die Behauptung, dass sie *weder* endlich *noch* nicht endlich ist. An die Stelle der fälschlicherweise für vollständig gehaltenen Alternative zwischen $E(w)$ und *nicht* $E(w)$ tritt: *nicht* $E(w)$ *und nicht nicht* $E(w)$. Der Form nach liegt hier erneut ein Widerspruch vor. Die Negation der beiden als konträr gedeuteten Urteile $E(w)$ und *nicht* $E(w)$ ist der Form nach nichts anderes als die Negation eines Urteils und der Negation des

69

kontradiktorischen Gegenteils dieses Urteils. Unter der Voraussetzung der Gültigkeit des Satzes vom ausgeschlossenen Dritten liegt darin wenigstens der Form nach wieder ein Widerspruch: *nicht E(w) und nicht nicht E(w)* ist unter dieser Voraussetzung logisch äquivalent mit *E(w) und nicht E(w)*.

Dass auch dieser Widerspruch, der sich aus der Auflösung der Antinomie ergibt, bloß formal (und deshalb nur scheinbar) ist, ist keineswegs offenkundig. Offenkundig ist das nur dann, wenn schon vorausgesetzt werden darf, dass *E(w)* und *nicht E(w)* sich nicht kontradiktorisch, sondern konträr zueinander verhalten, wenn also schon die Gültigkeit des Satzes vom ausgeschlossenen Dritten hier vorausgesetzt werden darf.

Diese Voraussetzung kann aber nicht ohne weiteres gemacht werden. Denn, *dass E(w)* und *nicht E(w)* nur konträre Urteile sind, ergibt sich für Kant erst aus dem Nachweis, dass beide Urteile zu verneinen sind. Diesen Nachweis erbringt Kant in der sogenannten »Antithetik der reinen Vernunft«[13]. Die Argumentation dieses Teils der *Kritik der reinen Vernunft* beruht nicht darauf, dass Kant für die Welt, insofern sie Erscheinung ist, Eigenschaften angeben könnte, die sie von der Welt als einem »Ding an sich« unterscheiden würden und die mit den Bestimmungen der Endlichkeit und Unendlichkeit gleichermaßen unverträglich wären. Die Argumentation beruht ausschließlich auf einem negativen Verfahren: Für jede der beiden Bestimmungen *E* und *nicht E* weist Kant nach, dass sie die entgegengesetzten Bestimmungen (*nicht E* bzw. *E*) nach sich ziehen: Unter der Voraussetzung, dass die Welt unendlich ist, ergibt sich, dass sie *nicht* unendlich ist, und *vice versa*. Wie Kant die Argumentation im Einzelnen durchführt, muss uns hier nicht interessieren.[14] Worauf es mir nur ankommt, ist die

---

13   KrV, A 420ff. (B 448ff.).

14   Man lese dazu die sogenannten »Beweise« für die beiden Urteile (für »Thesis« und »Antithesis«) der ersten Antinomie (KrV, A 426–430 (B 454–459)). Kant gibt seiner Argumentation die Form von Beweisen, die als solche nicht bloß negativ (nicht Widerlegungen) sind. Die Beweise sind allerdings apagogisch: Dadurch, dass die Antithesis als widerspruchsvoll erwiesen

Tatsache, dass ein Anlass für die Annahme der Kontrarietät zwischen $E(w)$ und *nicht $E(w)$* ausschließlich deshalb besteht, weil die *Negationen* von $E(w)$ und *nicht $E(w)$* als beweisbar, infolgedessen $E(w)$ und *nicht $E(w)$* beide als falsch gelten dürfen. Für die Behauptung, dass in diesen (beweisbaren) Negationen nichts Widersprüchliches bewiesen wird, braucht man daher noch ein Argument, das unabhängig ist von der Behauptung der Kontrarietät von $E(w)$ und *nicht $E(w)$*. Kant behilft sich damit, dass er für die Kontrarietät von $E(w)$ und *nicht $E(w)$* ein Argument anführt, das unabhängig ist von der Argumentation der »Antithetik der reinen Vernunft«. Kant schreibt: »Sage ich demnach: die Welt ist dem Raume nach entweder unendlich, oder sie ist nicht unendlich, so muß, wenn der erstere Satz falsch ist, sein kontradiktorisches Gegenteil: die Welt ist nicht unendlich, wahr sein. Dadurch würde ich nur eine unendliche Welt aufheben, ohne eine andere, nämlich die endliche, zu setzen. Hieße es aber: die Welt ist entweder unendlich, oder endlich (nichtunendlich), so könnten beide falsch sein. Denn ich sehe alsdann die Welt, als an sich selbst, ihrer Größe nach bestimmt an, indem ich in dem Gegensatz nicht bloß die Unendlichkeit aufhebe, und mit ihr, vielleicht ihre ganze abgesonderte Existenz, sondern eine Bestimmung zur Welt, als einem an sich selbst wirklichen Dinge, hinzusetze, welches ebensowohl falsch sein kann, wenn nämlich die Welt gar nicht als ein Ding an sich, mithin nicht ihrer Größe nach, weder als unendlich, noch als endlich gegeben sein sollte.«[15] Kant behauptet hier also, das Verhält-

---

wird, gilt die Thesis als »bewiesen«; und ebenso wird die Antithesis durch Widerlegung der Thesis »bewiesen«. Hegel hat die apagogische Beweisart in Kants »Antithetik der reinen Vernunft« als »Umweg« angesehen (L. I, 184. 26). Diese Ansicht erscheint dann als gerechtfertigt, wenn man davon absieht, dass es von Kants Standpunkt aus (in Ansehung seines Argumentationsziels) zweckmäßig ist, Thesis und Antithesis zunächst als kontradiktorisch (und deshalb auch indirekt durcheinander beweisbar) vorauszusetzen. Würde Kant von vornherein voraussetzen, dass Thesis und Antithesis konträr sind, bestünde kein Anlass, die Meinung aufzugeben, die Negationen von Thesis und Antithesis seien Urteile über die Welt als Ding an sich.

15 KrV, A 503–504 (B 531–532).

nis der Prädikate »unendlich« und »endlich« sei stets konträr, während das Verhältnis der Prädikate »unendlich« und »nicht unendlich« stets kontradiktorisch sei. Kant scheint hier erneut zu versuchen, die Kontrarietät zwischen »endlich« und »unendlich« kontextunabhängig auf bloß formale sprachliche Kriterien zu stützen. Dieser Versuch fällt aber nicht sonderlich überzeugend aus. Denn auch wenn man zugibt, dass die verschiedenen, hier vorkommenden Negationsmorpheme unterschiedliche Funktionen haben[16], so folgt doch der nicht-kontradiktorische Charakter des Verhältnisses zwischen »endlich« und »unendlich« nicht aus der bloßen Feststellung, dass das kontradiktorische Gegenteil zu »unendlich« nicht »endlich«, sondern »nicht unendlich« heißt. Denn diese Feststellung kann nur für einige, bei weitem nicht für alle Kontexte als gültig angesehen werden. Dass sich das Prädikat »endlich« in dem hier vorliegenden Kontext der ersten Antinomie nicht kontradiktorisch, sondern konträr zu »unendlich« verhält, setzt bereits die gesamte Argumentation der »Antithetik der reinen Vernunft« sowie deren transzendentalphilosophische Deutung voraus.

Man könnte aufgrund dieser Überlegungen – entgegen den Intentionen Kants – die These vertreten, dass die von Kant angebotene Auflösung der konträren Antinomie nicht wirklich widerspruchsfrei ist. Wenn wir nicht voraussetzen wollen, dass die Negationen von $E(w)$ und *nicht* $E(w)$ Negationen konträrer Urteile und *darum* nicht kontradiktorisch sind, so kann sich der nicht-kontradiktorische Charakter dieser Negationen nur aus ihrem inhaltlichen Sinn ergeben. Er kann sich mit anderen Worten nur daraus ergeben, dass der Gegenstand w der negierten Urteile $E(w)$ und *nicht* $E(w)$ nicht mehr als »Ding an sich«, sondern als »Erscheinung« verstanden werden soll. Für Kant *wären* die Negationen von $E(w)$ und *nicht* $E(w)$ (also die Behauptung, dass die Welt weder endlich noch unendlich ist: *nicht* $E(w)$ *und nicht*

---

16   Um in Kants Terminologie zu sprechen: Auch wenn man zugibt, dass ein unendliches Urteil vom affirmativen und negativen Urteil zu unterscheiden ist, etc.

nicht E(w)) kontradiktorisch, wenn der Gegenstand »Welt« als »Ding an sich« verstanden würde; fällt dagegen diese Bedingung fort, so entfällt für Kant auch der (echte) Widerspruch. Was ändert sich aber durch die Aufhebung der Bedingung? Was ändert sich durch die Änderung des reflexionslogischen Substrats?

Wir sagten bereits, dass sich die Welt, als »Erscheinung« genommen, von der Welt als »Ding an sich« nicht durch irgendwelche angebbaren Eigenschaften unterscheidet, aus denen die Bestimmung »weder endlich noch unendlich« folgen würde. Der Unterschied liegt vielmehr nur darin, dass der Welt als Erscheinung Bestimmungen (und insbesondere die Bestimmung »weder endlich noch unendlich«) nicht an sich, wohl aber in Relation zu uns zukommen, während dieselben Bestimmungen der Welt als Ding an sich eben nicht bloß in Relation zu uns, sondern an sich zukommen müssten. Dass einem Gegenstand Bestimmungen *nicht* an sich zukommen, sondern nur in Relation zu uns, *heißt* in diesem Kontext gar nichts anderes, als dass der Gegenstand als »Erscheinung« genommen wird. Die Änderung des reflexionslogischen Substrats, durch die der Widerspruch sich auflösen soll, hat *so* betrachtet folgendes Resultat:

Der Gegenstand »Welt«, als Erscheinung genommen, ist widersprüchlich bestimmt. Die Welt ist nicht an sich endlich und auch nicht an sich unendlich, aber sie erscheint ihrer Größe nach *sowohl als nicht endlich als auch* als nicht unendlich.[17] Wir könnten auch sagen: Die Welt als Erscheinung ist widersprüchlich bestimmt. Die Auflösung der ersten Antinomie liefe nach dieser (ganz unkantischen) Interpretation darauf hinaus: Der Widerspruch in den Bestimmungen

---

17 Kant formuliert (KrV, A 505 (B 533)): »Weil die Welt gar nicht an sich (unabhängig von der regressiven Reihe meiner Vorstellungen) existiert, so existiert sie weder als ein an sich unendliches, noch als ein an sich endliches Ganzes. Sie ist nur im empirischen Regressus der Reihe der Erscheinungen und für sich selbst gar nicht anzutreffen. Daher, wenn diese jederzeit bedingt ist, so ist sie niemals ganz gegeben, und die Welt ist also kein unbedingtes Ganzes, existiert also auch nicht als ein solches, weder mit unendlicher, noch endlicher Größe.«

des Gegenstandes »Welt« kommt diesem Gegenstand zwar nicht an sich zu, aber er kommt der Welt (objektiv) als Erscheinung zu.

II. Die subkonträre dialektische Opposition

Der Begriff der subkonträren dialektischen Opposition weist eine ganz ähnliche Zweideutigkeit auf wie der Begriff der konträren dialektischen Opposition.

Dialektische Oppositionen zwischen Urteilen sind subkonträr, wenn die reflexionslogischen Substrate dieser Urteile nicht in einer Über-, sondern Unterbestimmtheit bestehen. Bei subkonträren Urteilen ruft die Unterbestimmtheit des reflexionslogischen Substrats den Schein eines Widerspruchs hervor. Diesen Sachverhalt möchte ich zunächst genauer erläutern.

Ein echter Widerspruch kann zwischen zwei Subjekt-Prädikat-Urteilen nur dann bestehen, wenn beide Urteile über denselben Gegenstand urteilen. Eine bloß formale Identität der Satzsubjekte garantiert aber nicht immer auch eine Identität der Gegenstände. Ein bloß scheinbarer Widerspruch kann sich aus einer solchen bloß formalen Identität der Satzsubjekte ergeben. Dieser Widerspruch ist dann dadurch aufzulösen, dass zwischen den Bedeutungen (d. h. den Gegenstandsbezügen) der Satzsubjekte unterschieden wird. Aufgrund einer solchen Unterscheidung können aus zwei scheinbar widersprüchlichen, scheinbar auf denselben Gegenstand bezogenen Urteilen zwei wahre (subkonträre) Urteile über verschiedene Gegenstände entstehen.

Subkonträr verhalten sich zwei Subjekt-Prädikat-Urteile nur dann, wenn das eine Urteil partikulär bejahend, das andere partikulär verneinend ist. Zwei Urteile der Form »Für irgendein x gilt: $F(x)$« und »Für irgendein x gilt: nicht $F(x)$« verhalten sich stets zueinander subkonträr. Im Gegensatz zu den konträren Urteilen verhalten sich subkonträre Urteile ihrer Form nach wie Bejahung und Verneinung zueinander. Subkonträre Urteile können sich daher in scheinbar widersprüchliche Urteile (also auch in dialektische Oppositionen) niemals wie die konträren Urteile dadurch verwandeln, dass ihre Prädikate sprachlich umgeformt werden. Denn diese *haben* bereits, wie die Prädikate echt kontradiktorischer Urteile, affirmative und negative Form. Ein scheinbarer Widerspruch kann zwischen subkonträren Urteilen allerdings dadurch entstehen, dass die Partikularität dieser Urteile an ihrer bloßen Form nicht erkennbar ist. Es gibt Urteile von der (kontradiktorischen) Form »*F(a)*« und »*nicht F(a)*«, die ihrem Inhalt nach subkonträr sind. Kant nennt hierfür wieder ein einfaches Beispiel[18]: Die beiden Urteile »Der Mond dreht sich um seine Achse, weil er der Erde beständig dieselbe Seite zukehrt« und »Der Mond dreht sich nicht um seine Achse, weil er der Erde beständig dieselbe Seite zukehrt« scheinen einander zu widersprechen. (Sie konnten deshalb auch Gegenstand astronomischer Kontroversen sein.) Aber sie sind beide wahr und widersprechen einander deshalb nur scheinbar; denn das gemeinsame Satzsubjekt »der Mond« vertritt in beiden Urteilen nur die Stelle eines partikulären Satzsubjekts, das eigentlich lauten müsste: »der Mond in Beziehung auf irgendein Koordinatensystem«. Solange wir nur von »dem Mond« reden, scheint vom natürlichen Erdsatelliten in Beziehung auf *alle möglichen* Koordinatensysteme die Rede zu sein. So verstanden, müssen die Urteile einander widersprechen, weil sie nicht partikulär, sondern universell sind. Zur Herstellung einer nicht-kontradiktorischen Form sind daher die Urteile in eine partikuläre Form zu überführen: *F(a)* und *nicht F(a)* sind in die »Normalform« subkonträrer Subjekt-Prädikat-Urteile »Für irgendein *x* gilt: *F(x)*« und »Für irgendein *x* gilt: *nicht F(x)*« zu bringen. Wenn *x* der Mond in Beziehung auf eines der insgesamt möglichen Koordinatensysteme ist, so gibt es ein *x*, für welches gilt: dass es sich um seine eigene Achse dreht; es gibt aber auch ein *x*, für welches das kontradiktorische Gegenteil gilt.

---

18   KrV, A 461 (B 489).

Nach Kant sind die Widersprüche in den sogenannten dynamischen Antinomien nach dem Muster der scheinbaren Widersprüche in subkonträren Subjekt-Prädikat-Urteilen aufzulösen. Allerdings haben die Urteile der subkonträren Antinomien nicht die Form »$F(a)$« und »$nicht\ F(a)$«, sondern die ebenso kontradiktorische Form »Für irgendein x gilt $F(x)$« und »$nicht$ für irgendein x gilt $F(x)$«. So enthalten die beiden Urteile »Es gibt Dinge, die spontan wirken« und »Es gibt nicht Dinge, die spontan wirken«[19] der Form nach einen Widerspruch, dem Inhalt nach dagegen verhalten sie sich nach Kant subkonträr. Der Widerspruch zwischen diesen Urteilen ist nämlich dadurch aufzulösen, dass der Ausdruck »Ding« jeweils in verschiedener Bedeutung genommen wird. Im ersten Urteil soll es sich um die uns bereits bekannten »Dinge an sich« handeln, also um Gegenstände, die zwar existieren, aber keine Objekte möglicher Erfahrung sind. Im zweiten Urteil soll der Ausdruck »Dinge« die Gegenstücke der »Dinge an sich« bedeuten: die phänomenalen Dinge oder »Erscheinungen«, welche die möglichen Objekte unserer Erfahrung sind. Der Widerspruch, der so auflösbar wird, beruht hier nicht auf einem Zuviel, sondern auf einem Zuwenig an Bestimmtheit des vorausgesetzten Gegenstands. Man muss, um den Widerspruch aufzulösen, für den Gegenstand jedes der beiden Urteile zusätzliche Voraussetzungen einführen: Die zunächst ununterschiedenen und insofern unterbestimmten »Dinge« sind teils als phänomenale, teils als nichtphänomenale Dinge zu bestimmen.

Nach Kants Ansicht ist also der Widerspruch der Antinomie dadurch aufzulösen, dass man Partikularität den *beiden* antinomischen Urteilen unterstellt. Die Partikularität der Urteile scheint Kant

---

19 Der Einfachheit halber möchte ich Kants erste subkonträre (dynamische) Antinomie in diesen Worten formulieren. Kant selbst formuliert Thesis und Antithesis der Antinomie folgendermaßen: »Thesis: Die Kausalität nach Gesetzen der Natur ist nicht die einzige, aus welcher die Erscheinungen der Welt insgesamt abgeleitet werden können. Es ist noch eine Kausalität durch Freiheit zur Erklärung derselben notwendig.« (A 444 (B 472).) »Antithesis: Es ist keine Freiheit, sondern alles in der Welt geschieht lediglich nach Gesetzen der Natur.« (A 445 (B 473).)

auf den ersten Blick dadurch herzustellen, dass er die »Dinge« – Kant nennt sie terminologisch die »Dinge überhaupt« – zu einer Klasse von Gegenständen zusammenfasst, die er dann in die Teilklassen der phänomenalen und nichtphänomenalen Dinge zerlegt. Nun werden gewöhnlich Klassen in Teilklassen dadurch zerlegt, dass die Gegenstände dieser Klassen durch Prädikate verschieden bestimmt werden. Wir sahen aber bereits, dass die Prädikate »Erscheinung« (»phänomenales Ding«) und »Ding an sich« (»nichtphänomenales Ding«) nicht die Funktion haben, vorliegenden Gegenständen unterschiedliche Bestimmungen im gewöhnlichen Sinne beizulegen. Gegenstände heißen »Dinge an sich« genau insofern, als ihnen beliebige Bestimmungen, die wir ihnen durch Prädikate beilegen, nicht nur in der Relation der Gegenstände auf uns und unsere sinnliche Anschauung, sondern an sich zukommen. Insofern diese Bedingung nicht erfüllt ist, heißen sie »Erscheinungen«. Die Verschiedenheit zwischen Erscheinungen und Dingen an sich, phänomenalen und nichtphänomenalen Dingen beruht genau genommen nicht auf einer Verschiedenheit von Dingen, sondern auf einer Verschiedenheit von *Beziehungen*, nach denen wir ein und dasselbe Ding betrachten können.

Diese Beziehungsverschiedenheit erinnert rein äußerlich an die Verschiedenheit der Beziehungen, nach denen wir in Kants Mondbeispiel den Mond innerhalb verschiedener Bezugssysteme betrachten sollen. Die Dinge als Erscheinungen sind die Dinge in Beziehung auf uns, sofern wir die Dinge durch Erfahrung erkennen und bestimmen. Die Bestimmungen, die wir den Dingen als Erscheinungen geben, sind abhängig von ihrer Beziehung auf uns, ähnlich wie die Eigendrehung des Mondes von seiner Beziehung auf das durch uns gewählte Koordinatensystem abhängt.

Dass Kant die Verschiedenheit zwischen Ding an sich und Erscheinung ganz in Analogie zu seinem Mondbeispiel als bloße Beziehungsverschiedenheit verstanden wissen möchte, kommt auch in seiner Erörterung der subkonträren Antinomien selbst deutlich zum Ausdruck. Die These der bereits erwähnten ersten dynamischen Antinomie, dass es (nichtphänomenale) Dinge gibt, die spontan wirken, lässt sich nach Kant gerade deshalb beweisen, weil die »Erscheinungen der Welt« ohne diese Existenzannahme nicht zu »erklären« sind.[20] Den Beweis, den Kant im Rahmen der »Antithetik der reinen Vernunft«[21] führt, brauchen wir hier nicht im Einzelnen zu betrachten. Es kommt hier nur auf die Tatsache an, dass dieser Beweis die bloße Beziehungsverschiedenheit phänomenaler und nichtphänomenaler Dinge voraussetzt. Die Existenz nichtphänomenaler, spontan wirkender Dinge wird von Kant daraus hergeleitet, dass »ohne« diese Dinge »selbst im Laufe der Natur die Reihenfolge der Erscheinungen auf der Seite der Ursachen niemals vollständig ist«.[22] Obgleich also die spontan wirkenden Dinge, als nichtphänomenale Dinge, nicht Erscheinungen sein können, so müssen sie dennoch, in *anderer* Beziehung, die »Reihenfolge der Erscheinungen« vervollständigen. Als Dinge an sich können sie nicht Teil dieser Reihenfolge sein, sonst gäbe es nichtphänomenale Dinge, die Erscheinungen sind (was zu einem erneuten Widerspruch führen würde). Kant schreibt: »Kann man einen solchen Einfluß der Verstandeswesen«, d. h. einen Einfluss nichtphänomenaler, spontan wirkender Dinge, »auf Erscheinungen ohne Widerspruch denken, so wird zwar aller Verknüpfung der Ursache und Wirkung in der Sinnenwelt Naturnotwendigkeit anhangen, dagegen doch derjenigen Ursache, die selbst keine Erscheinung ist (obzwar ihr zum Grunde liegt), Freiheit zugestanden, Natur also und Freiheit eben demselben Dinge, aber in verschiedener Beziehung, einmal als Erscheinung, das andere Mal als einem Dinge an sich selbst ohne Widerspruch beigelegt werden können.«[23] Mit anderen Worten: Die

---

20 KrV, A 444 (B 472).
21 KrV, A 444–446 (B 472–474).
22 KrV, A 446 (B 474).
23 Prol. §53, A 152f. – Sowohl für das Verständnis als auch für die Kritik der Auflösung der ersten dynamischen Antinomie durch Kant ist es von großer Wichtigkeit zu beachten, dass der im Kontext dieser Antinomie auftretende Begriff der Freiheit (oder Spontaneität) kein moralischer, sondern ein kosmologischer Begriff ist. Kant erinnert denn auch im §91 der *Kritik*

von Kant geforderte Verschiedenheit zwischen Erscheinung und Ding an sich beruht auf einer Verschiedenheit von Beziehungen *ein und desselben Dinges.* Man soll sich gewissermaßen ein dem Ding an sich und der Erscheinung gemeinsam »zum Grunde liegendes« Substrat vorstellen: etwas Drittes, das selbst ein Ding ist (so wie der Mond stets ein und derselbe Gegenstand ist, gleichgültig in Bezug auf welche Koordinatensysteme wir ihn betrachten). Betrachtet man dieses Dritte als Ding an sich, so legt man ihm in dieser Beziehung Bestimmungen bei, die ihm nur als Ding an sich, nicht aber als Erscheinung zukommen. Und *vice versa.*

Nun lässt sich leicht zeigen, dass die von Kant geforderte Beziehungsverschiedenheit zwischen Dingen an sich und Erscheinungen den von Kant angeführten Mondvergleich nicht wirklich aushält. Dem Mond Eigendrehung oder Nichteigendrehung beilegen, heißt: den natürlichen Erdsatelliten in verschiedenen Beziehungen betrachten. Erst aus diesen äußerlichen Beziehungen ergibt sich die Eigendrehung oder Nichteigendrehung des Mondes. Nicht sinnvoll wäre es zu sagen, die Eigendrehung oder die Nichteigendrehung komme dem Mond für sich genommen zu. Die Dinge als Dinge an sich nehmen, heißt dagegen: die Bestimmungen, die wir den Dingen beilegen, als Bestimmungen der Dinge selbst ansehen; die Bestimmungen so ansehen, dass sie den Dingen nicht phänomenal, sondern an sich, also auch unabhängig von jeder Beziehung auf uns zukommen. Wenn Kant daher Spontaneität für eine Bestimmung hält,

---

der Urteilskraft (A 461, B 467) daran, dass die Idee der Freiheit »der einzige Begriff des Übersinnlichen ist, welcher seine objektive Realität (vermittelst der Kausalität, die in ihm gedacht wird) an der Natur, durch ihre in derselben mögliche Wirkung, beweiset«. Der kosmologische Gegensatz von Freiheit und Notwendigkeit taucht im Kontext der *Kritik der teleologischen Urteilskraft* in veränderter Gestalt wieder auf als Gegensatz von Teleologie und Mechanismus (vgl. die »Antinomie der Urteilskraft« §§ 69 und 70). Den Gegensatz von Teleologie und Mechanismus, als Gegensatz einander ausschließender Ursachenverknüpfungen, »löst« Kant (im § 70 der KU) in den Gegensatz zweier Forschungsmaximen »auf«, die sich allerdings ihrerseits wieder kontradiktorisch zueinander verhalten, wie Hegel kritisch bemerkt hat (L. II, 158. 27–29).

79

die man den Dingen als Dingen an sich beilegen muss, so bedeutet das, dass das von Kant erwähnte, den Erscheinungen »zum Grunde liegende« Substrat *als solches*, d. h. unabhängig von irgendwelchen Beziehungen auf uns (und insofern an sich) etwas Spontanwirkendes ist.

Kants Auflösung des Widerspruchs in den beiden Urteilen über die Monddrehung beruht darauf, dass ein und demselben Gegenstand, sofern er in verschiedenen Beziehungen betrachtet wird, ein und dasselbe Prädikat sowohl abgesprochen als auch beigelegt werden darf, ohne dass dadurch falsche Urteile entstehen. Kants Auflösung der hier vorgeführten subkonträren Antinomie dagegen beruht darauf, dass einem Gegenstand, der einem zweiten Gegenstand »zum Grunde liegt«, ein Prädikat beigelegt wird, das dem zweiten abgesprochen wird. Es ist leicht zu sehen, dass es von unserem Verständnis des mehrdeutigen Ausdrucks »zum Grunde liegen« abhängt, in welchem Sinne wir den Widerspruch der Antinomie für »scheinbar« halten. Nach Kant ist dieser Widerspruch »scheinbar« im selben, nur subjektiven Sinne, wie der Widerspruch in den Urteilen über die Monddrehung »scheinbar« ist.

Kant selbst scheint anzunehmen, dass der Gegenstand, der »zum Grunde liegt«, nicht identisch ist mit dem Gegenstand, dem er »zum Grunde liegt«. Nur so erscheint es als möglich, auch die phänomenalen und nichtphänomenalen Dinge, sofern sie in dieser Beziehung des »Zum-Grunde-Liegens« stehen, gleichwohl als verschiedene Gegenstände anzusehen, denen ein und dasselbe Prädikat (die »Spontaneität«) zu- und abgesprochen werden kann, ohne dass darin irgendein Widerspruch liegt.

Legt man dagegen Wert darauf, dass mit der Beziehung des »Zum-Grunde-Liegens« die Identität eines Substrats vorausgesetzt wird, so lassen sich die phänomenalen und die nichtphänomenalen Dinge nicht so reinlich als verschiedene Gegenstände auseinanderhalten, wie Kant möchte. Wenn wir ein Substrat voraussetzen sollen, das als Ding an sich und *auch* als Erscheinung genommen werden darf, so haben wir damit einen Gegenstand vorausgesetzt, dem Widersprüchliches zukommt. Wir erlauben uns nämlich auf diese Weise (weil das Substrat vom Ding an sich schlechterdings nicht zu unterscheiden ist), ein Ding an sich als das zu nehmen, was es gerade *nicht* ist: als Erscheinung. Wir setzen mit anderen Worten voraus, dass die nichtphänomenalen Dinge phänomenale Dinge sind. Wir fallen damit unvermeidlich zurück auf einen Standpunkt, den Kant in seiner *Kritik der reinen Vernunft* gerade als den Grundfehler aller Metaphysik bekämpfen wollte.

Kants Auflösung der genannten subkonträren Antinomie ist, wenn man sie nach diesen kritischen Gesichtspunkten betrachtet, nur der äußeren Form nach vergleichbar mit der Auflösung scheinbarer Widersprüche in subkonträren Urteilen, z. B. in den von Kant herangezogenen Urteilen über die Monddrehung. Dem Inhalt nach würde diese Auflösung den Vergleich nur aushalten, wenn beispielsweise die subkonträren Urteile über die Monddrehung wie folgt lauten dürften:»Der Mond dreht sich an sich (unabhängig von jeder Beziehung auf irgendein Koordinatensystem) um seine eigene Achse« und »Der Mond dreht sich für uns (in Bezug auf die Erdoberfläche betrachtet) nicht um seine eigene Achse«. Auch zwischen diesen Urteilen wäre der ursprünglich vorhandene Widerspruch der logischen Form nach aufgelöst. Aber dem Inhalt nach bliebe es berechtigt zu sagen, dass die Erscheinung des Mondes (seine Nichteigendrehung) objektiv im Widerspruch steht zu seinem nichtphänomenalen Wesen (zu seiner an sich stattfindenden Eigendrehung).

Viertes Kapitel

Die reale Opposition

I. Kants Programm

Die reale Opposition hat mit dem logischen Widerstreit weit weniger zu tun als die dialektische Opposition, die doch wenigstens ein scheinbarer Widerspruch ist.[1] In realen Oppositionen treten nicht einmal der Form nach logische Verneinungen auf. Es handelt sich um Paare affirmativer Subjekt-Prädikat-Urteile oder um Paare von Bestimmungen, die einem Gegenstand durch solche affirmativen Subjekt-Prädikat-Urteile beigelegt werden. Trotz des affirmativen Charakters dieser Urteile sind jedoch diese Bestimmungen einander entgegengesetzt. Diese Entgegensetzungen resultieren aber nicht aus einer logischen Negation, sondern aus einem Negativitätsverhältnis besonderer Art. Vorbild des hier verwendeten Negativitätsbegriffs ist der mathematische Begriff des Negativen. Die Einführung des mathematischen Negativitätsbegriffs in die Weltweisheit bereits durch den vorkritischen Kant (1763)[2] ist für Kants spätere Philosophie sowie für die

---

1 Kant behandelt die reale Entgegensetzung im Rahmen der *Kritik der reinen Vernunft* denn auch gar nicht im selben Kontext wie die beiden anderen Oppositionsbegriffe. Während diese erst im Zusammenhang der »transzendentalen Dialektik« vorkommen, spielt der Begriff der realen Entgegensetzung im Rahmen der »transzendentalen Analytik«, nämlich im Anhangskapitel »Von der Amphibolie der Reflexionsbegriffe« eine Rolle.

2 Vgl. Kants *Versuch, den Begriff der negativen Größen in die Weltweisheit einzuführen* von 1763. Erste Ansätze zur Einführung des Negativitätsbegriffs in die Philosophie findet man bereits in *Der einzig mögliche Beweisgrund zu einer Demonstration des Daseins Gottes* von 1763 (s. »3. Betrachtung: Von

nachkantische Dialektik (insbesondere Hegels und des dialektischen Materialismus) von großer (aber bisher nur wenig beachteter) Bedeutung geblieben. Der Ausdruck »Negativität« als Substantivierung des Adjektivs »negativ« ist allerdings anscheinend erst seit Fichte, Schelling und Hegel philosophischer Sprachgebrauch. Was ist Negativsein? Was ist Negativität?

Es kommt für uns darauf an zu beachten, dass Negativität nicht das Geringste mit den verschiedenen logischen Formen innerer und äußerer Negation oder überhaupt mit aussagen- oder prädikatenlogischen Funktionen zu tun hat.³ Kant verdankt seinen Begriff des Negativen⁴ einer bestimmten Unterscheidungsweise zwischen »negativen« und »positiven Größen«, die im 18. Jahrhundert, als Folge der wissenschaftlichen Revolution durch Newton, möglich geworden und in Anwendung gekommen war. Die mathematische Unterscheidung zwischen »negativ« und »positiv« war zwar bereits mit der Einführung von *Minus-* und *Plus*-Zeichen für algebraische Operationen in vor-Newtonischer Zeit üblich geworden. Dabei hatte diese Unterscheidung zwischen Größen mit positivem (*nomen adfirmatum*) und negativem Vorzeichen (*nomen negativum*) in sprachlicher Anlehnung an den logischen Unterschied zwischen Affirmation und Negation stattgefunden.⁵ Newton selbst hatte in seinen *Opticks*⁶ von der neuartigen Unterscheidung zwischen »affirmativen« (*affirmative Quantities*)

---

dem schlechterdings notwendigen Dasein«) und in der *Nova dilucidatio* von 1755 (s. Sectio II, Propositio VII).

3 Es ist gerade Kants Absicht, das mathematisch Negative vom logisch Negativen deutlicher, als es in der traditionellen Logik und Mathematik üblich war, zu trennen.

4 Ich gebrauche im Folgenden, wenn nichts anderes gesagt wird, die Ausdrücke »negativ« und »das Negative« immer im mathematischen Sinne, den Ausdruck »negatorisch« dagegen im Sinne der logischen Verneinung.

5 Vgl. zu diesem frühen mathematischen Sprachgebrauch z. B. François Viète, *In artem analyticem isagoge*, Tours 1591, Cap. IV, Regel III, abgedruckt in: D. Struik, *A Source Book in Mathematics, 1200–1800*, Cambridge, Mass. 1969, S. 79.

6 Book Three, Part I. Quest. 31. Vgl. Dover edition, New York 1952, S. 395 f.

und »negativen Größen« (negative Quantities) Gebrauch gemacht. Aber Newton hatte dies in neuartiger Weise getan und damit bis in die zweite Hälfte des 18. Jahrhunderts hinein bei Philosophen und Logikern Anstoß erregt. Newton schlug z. B. vor, die physikalischen Größen der Attraktion und Repulsion – also z. B. die Gravitation und die Zurückstoßung der sich nähernden Körper im Raum – in ein Verhältnis zu bringen, das dem Verhältnis zwischen Zahlen einer Reihe entspricht, die bei Null aus positiven in negative Zahlen übergeht. Das Umschlagen der Attraktion in Repulsion in einem bestimmten Punkt der Annäherung zwischen Körpern sollte mit dem Übergang der positiven in negative Zahlen bei Null verglichen werden. Newton glaubte mit dieser Erläuterung einen Schlüssel zur Deutung einer großen Masse von Phänomenen gefunden zu haben; Phänomene wie das Rätsel, dass die Welt, trotz Gravitation, nicht in sich zusammenstürzt, dass Körper sich mechanisch stoßen können, die Reflexion des Lichts und die chemische Wechselwirkung, und schließlich das Phänomen, dass »Fliegen übers Wasser laufen können, ohne sich die Füße nass zu machen«, sollten als Resultate zusammenwirkender positiver und negativer Größen in der Natur verstanden werden. Logiker, darunter der von Kant deshalb kritisierte Christian August Crusius[7], erklärten die Deutung der Repulsion als negativer Größe für absurd, indem sie den Begriff der negativen Größe ohne weiteres als Begriff einer logisch negierten Größe ansahen. Eine Bewegung von »verneinter« Größe wäre nach diesem Verständnis eine Bewegung, die gar keine Größe hat; sie wäre gleich der Ruhe – ein Verständnis, das der Intention Newtons natürlich zuwiderläuft.

Kant unternimmt es, den Newton'schen Begriff der Negativität zu retten, indem er den Unterschied zwischen logischer Negation und mathematischer Negativität herausstellt.[8] Dabei versteht

---

7   Vgl. C. A. Crusius, *Anleitung, über natürliche Begebenheiten ordentlich und vorsichtig nachzudenken*, Leipzig 1749, 1. T., § 295.

8   »Wenn es z. E. dem berühmten Herren D. Crusius beliebt hätte, sich den Sinn der Mathematiker bei diesem Begriffe bekannt zu machen, so würde er die Vergleichung des Newton nicht bis zur Verwunderung falsch ge-

er seine Bemühung nicht bloß als Verteidigung Newtons. Vielmehr misst er dem Begriff der Negativität für die Philosophie generell große Relevanz bei. In der Tat sind die Grundgedanken in Kants *Versuch, den Begriff der negativen Größen in die Weltweisheit einzuführen* die theoretische Grundlage für Kants Leibnizkritik, wie sie sich später in ihrer vollendeten Gestalt im Kapitel über die »Amphibolie der Reflexionsbegriffe« in der ersten und zweiten Auflage der *Kritik der reinen Vernunft* von 1781 und 1787 niedergeschlagen hat.

Nun ist der mathematische Begriff der Negativität keineswegs ohne Tücken, so dass es Kant keinesfalls möglich ist, auf einen allgemein akzeptierten Inhalt dieses Begriffs zu verweisen. Kant selbst betont[9], dass die gewöhnlich gegebenen Erläuterungen dieses mathematischen Begriffs »wunderlich und widersprechend« seien, obgleich bei seiner Anwendung auf mathematische Operationen durchaus richtige Resultate erzielt würden. Kant spricht damit das seit der zweiten Hälfte des 18. Jahrhunderts innerhalb der Mathematik allmählich wachsende Bewusstsein darüber aus, dass die traditionellen Erklärungen negativer Zahlen und ihrer Operationsregeln unzureichend sind, ja zu Paradoxien führen. Cajori[10] hat von dieser Situation, wie sie bis ins 19. Jahrhundert hinein in der Mathematik fortbestand, ein eindrucksvolles Bild gezeichnet. In den Lehrbüchern dieser Zeit gehört es zum allgemeinen Verfahren, »die Zeichen + und − in der Al-

---

funden haben, da die anziehende Kraft, welche in vermehrter Weite, doch nahe bei den Körpern nach und nach in eine zurückstoßende ausartet, mit den Reihen vergleicht, in denen da, wo die positive Größen aufhören, die negative anfangen. Denn es sind die negative Größen nicht Negationen von Größen, wie die Ähnlichkeit des Ausdrucks ihn hat vermuten lassen, sondern etwas an sich selbst wahrhaftig Positives, nur was dem andern entgegengesetzt ist. Und so ist die negative Anziehung nicht die Ruhe, wie er davor hält, sondern die wahre Zurückstoßung.« (NG, A VI.)

9   NG, A 1.

10   Florian Cajori, *Arithmetik, Algebra, Zahlentheorie*, in: Moritz Cantor (Hrsg.), *Vorlesungen über Geschichte der Mathematik*, Vierter Band, Reprint der 1. Aufl. von 1908, New York-Stuttgart 1965, S. 79–89. – Ein zeitgenössisches Dokument dieser Situation ist insbesondere d'Alemberts Enzyklopädie-Artikel »Négatif«.

gebra immer nur als Operationszeichen ausdrücklich zu erklären, und sie hernach ohne zulängliche Auseinandersetzungen auch zur Bezeichnung positiver und negativer Zahlen zu gebrauchen«[11]. Es gibt nur wenige Schriften, die »die zweifache Bedeutung von + und −«[12], einmal als Bezeichnung einer Operation (Rechenzeichen), das andre Mal als Bezeichnung entgegengesetzter Zahlen (Vorzeichen), sorgfältig auseinanderhalten. So kommt es, dass die Mathematiker dieser Zeit gewöhnlich den Begriff des mathematisch Negativen vollständig auf den Begriff der Subtraktion zu reduzieren versuchen. Das führt zu Paradoxien, durch die man sich wiederum veranlasst sieht, gewisse Operationsverbote zu erlassen. So führt z. B. die Erklärung negativer Zahlen als Zahlen, die von positiven abgezogen werden, dazu, entweder die Subtraktion einer Zahl von Null zu verbieten, oder aber zu akzeptieren, dass die daraus entstehenden Zahlen »kleiner als Null« sind. Tut man Letzteres, erscheint die Proportion »$-a : b = a : -b$« als merkwürdige Paradoxie, da $-a$ (als Zahl »kleiner als Null« und deshalb kleiner als b) sich zu einer größeren Zahl verhält wie eine größere zur kleineren. In ähnlicher Weise kommt man bei der Begründung der Vorzeichenregeln in Schwierigkeiten, gemäß denen zwei negative Zahlen miteinander multipliziert gleich einer positiven Zahl sind. Leonhard Euler[13], der übrigens vorschlägt, die negativen Zahlen für größer als ∞ anzusehen, argumentiert: $(-a) \cdot (-b)$ sei gleich $+ab$, weil das Produkt entweder gleich $+ab$ oder $-ab$ sein müsse, und weil, da $a \cdot (-b)$ gleich $-ab$ sei, $(-a) \cdot (-b)$ nicht gleich $-ab$ sein könne.[14] Cajori bemerkt dazu: »Euler hätte beinahe ebenso gut behaupten können, das Produkt sei $-ab$, weil es eben nicht das geben kann,

---

11 F. Cajori, a. a. O., S. 82.
12 Ebd., S. 82.
13 L. Euler, *Vollständige Anleitung zur Algebra* (1770), Art. 33.
14 F. Cajori, a. a. O., S. 83; sowie Morris Kline, *Mathematical Thought from Ancient to Modern Times*, New York 1973, S. 593.

was + *a* mit + *b* gibt; ein Schluss, den wir später bei Daniel Porro wirklich vorfinden.«[15] Von den Verwirrungen über den Begriff des mathematisch Negativen, in denen selbst die größten Mathematiker des 18. Jahrhunderts befangen waren, sind auch Kants Überlegungen nicht frei. Ganz im Gegensatz zu Hegel, der, wie wir noch sehen werden, auf Resultaten eines fortgeschritteneren Forschungsstandes der Theorie des Zahlensystems aufbauend, in der *Wissenschaft der Logik* das Negativsein von Größen oder Zahlen nicht allgemein als Subtraktionsrelation zu positiven Größen deutet, folgt Kant noch traditionellen Bahnen. Kant schließt sich in seiner angeführten Schrift von 1763 ausdrücklich dem Vorbild des Mathematikers Abraham Gotthelf Kästner an. Dieser hatte in seinen *Anfangsgründen der Arithmetik* von 1758, einer Schrift, die wegen ihres Vordringens zu einer »wirklichen Erweiterung des Zahlbegriffs«[16] von Mathematikhistorikern gelobt wird, Folgendes erklärt: »Entgegengesetzte Größen heißen Größen von einer Art, die unter solchen Bedingungen betrachtet werden, daß die eine die andere vermindert« (Cap. I, Art. 90). »Man kann die verneinende Größe als etwas, das von der bejahenden abgezogen werden muß, ansehen, und also mit dem Zeichen − bezeichnen, wenn die bejahende + hat« (Art. 92). Kästner erklärt also das Negativsein von Größen aus dem Subtraktionsverhältnis mit positiven Größen. Ganz ähnlich schreibt Kant: »Einander entgegengesetzt ist, wovon Eines dasjenige aufhebt, was durch das Andere gesetzt ist. Diese Entgegensetzung ist zweifach; entweder logisch durch den Widerspruch, oder real, d. i. ohne Widerspruch.«[17]

---

15 F. Cajori, a. a. O., S. 83. Eine ähnliche Kritik an Eulers Begründung der Vorzeichenregel entwickelt Hegel in der Anmerkung zum Abschnitt »Der Gegensatz« im Zweiten Buch der *Wissenschaft der Logik* (L. I, 277), ohne allerdings die Konsequenzen Daniel Porros zu ziehen. Porro verwirft die Multiplikationsregel und entwirft stattdessen mit den Vorzeichenregeln »+ · + = +« und »− · − = −« zwei gleichberechtigte Kalkülsorten.
16 F. Cajori, a. a. O., S. 80.
17 NG, A 3.

Allerdings geht Kant doch in zweierlei Hinsicht über Kästner hinaus. Erstens, was die Erläuterung der *Minus*- und *Plus*-Zeichen angeht, spricht er sich für die Relativität der Bedeutung dieser Zeichen aus: »Da die Subtraction ein Aufheben ist, welches geschieht, wenn entgegengesetzte Größen zusammengenommen werden, so ist klar, daß das – eigentlich nicht ein Zeichen der Subtraction sein könne, wie es gemeiniglich vorgestellt wird, sondern das + und – zusammen nur erst eine Abziehung bezeichnen. Daher $-4 - 5 = -9$ gar keine Subtraction war, sondern eine wirkliche Vermehrung und Zusammenthuung von Größen einerlei Art. Aber $+9 - 5 = 4$ bedeutet eine Abziehung, indem die Zeichen der Entgegensetzung andeuten, daß die eine in der anderen, soviel ihr gleich ist, aufhebe.«[18] Mit anderen Worten: Der Gebrauch des Minus-Zeichens deutet an sich weder eine Subtraktionsoperation noch das Vorliegen einer negativen Größe an. Subtraktionen setzen immer das Vorliegen einer positiven Größe, *von der* abgezogen wird, voraus. Ebenso sind Größen nur dann negativ, wenn auch positive Größen vorliegen, *in Bezug auf die* Negativität allein möglich ist. Weil aber negative Größen und Subtraktionen (nach dem hier entwickelten Verständnis) immer nur zusammen mit positiven Größen vorkommen können, bilden Größen mit gleichen Vorzeichen eine positive Summe, auch wenn die Vorzeichen negativ sind. Kommen dagegen auf einer Seite der Gleichung zwei verschiedene Vorzeichen vor, so ist es gleichgültig, welches der beiden Zeichen Negativität anzeigt. Kant geht noch einen weiteren Schritt (der aber mit dem ersten zusammenhängt) über Kästner hinaus. Während dieser nämlich ausdrücklich zulässt: »Die verneinende Größe kann die bejahende übertreffen« (Art. 93), und damit Subtraktionen mit negativen Resultaten erlaubt, schließt Kant solche Subtraktionen als ungültig aus. Den Fall, dass eine Größe von Null abgezogen wird, erklärt Kant für »im philosophischen Verstande unmöglich; denn von nichts kann was Positives nimmermehr weggenommen werden. Wenn in der Mathematik dieser Ausdruck in der Anwendung richtig ist, so kommt

---
18 Ebd., A 7, 8.

es daher, weil das Zero weder die Vermehrung noch Verminderung durch andere Größen im geringsten etwas ändert. $A + 0 - A$ ist noch immer $A - A$, und daher das Zero ganz müßig ist. Der Gedanke, welcher davon entlehnt worden, als wenn negative Größen weniger wie nichts wären, ist daher nichtig und ungereimt.«[19]

Kant versucht also einen Begriff mathematischer Negativität zu entwickeln, der vollständig relational ist. Das Negativsein ist demnach keine Eigenschaft von Größen; in Wirklichkeit ist es ein bestimmtes Verhältnis, und zwar ein Verhältnis der Entgegensetzung zwischen Gliedern eines Paares, die für sich genommen nicht negativ, sondern positiv sind. Nur im Verhältnis zum anderen kann man jeweils eins der beiden positiven Glieder »negativ« nennen. Es steht uns dabei frei, welches von beiden wir negativ in Relation zum anderen nennen wollen. So sind auch Attraktion und Repulsion zwei positive Prädikate, d. h. Prädikate, die wir von ein und demselben Ding ohne Widerspruch affirmativ aussagen können, die sich aber relativ zueinander negativ verhalten, gleichgültig, welches von beiden wir als negativ bezeichnen wollen. Die hier in Rede stehende Negativität hat mit dem logischen Verneinen (und dem Widerspruch) zwar gemein, dass sie ein bestimmtes »Aufheben« zur Folge hat. Aber *was* aufgehoben wird, ist nicht die Wahrheit der prädikativen Urteile; das Aufgehobene ist auch nicht das Ding, von dem das Prädikat ausgesagt wird. Wenn – um ein kantisches Beispiel zu gebrauchen – etwas durch eine Kraft in einer bestimmten Richtung und zugleich von einer anderen Kraft mit derselben Stärke in entgegengesetzter Richtung bewegt wird, so heben sich die Folgen der Kräfte auf und es kommt nicht zur Bewegung, sondern zur Ruhe (d. h. zu einer Bewegung gleich Null). Oder – ein anderes Beispiel Kants – wenn jemand ein Kapital von 100 Talern hat und zugleich eine Passivschuld von 100 Talern, so wirken diese »Gründe« gleich großer Einnahmen und Ausgaben so zusammen, dass diese sich gegenseitig aufheben und gleich Null werden. Der Weg, den ein Schiff auf seiner Reise von Portugal nach Brasilien

---

19   Ebd., A 15/16.

mit dem Ostwind zurücklegt, hat ebenso eine positive Größe, wie der mit dem Westwind zurückgelegte Weg, mit dem sich das Schiff von seinem Ziel wieder entfernt. Aber insofern, und nur insofern die Fahrt nach Osten die Fahrt nach Westen wieder aufhebt, verhält sich die Größe ihres Weges negativ zu der des entgegengesetzten Weges.

Mit diesen und ähnlichen Beispielen erläutert Kant seinen Gedanken, dass Negativität keine innere Beschaffenheit von Gegenständen, sondern das Bestehen einer Relation ist. Die Beispiele sollen zugleich erläutern, dass die Relation, von welcher die Negativität abhängt, zwar dargestellt werden kann in der Form einer mathematischen Beziehung, der Subtraktion; aber zugleich soll gelten, dass die so dargestellte Relation – jedenfalls wenn sie die beiden von Kant gegen Kästner aufgestellten Bedingungen erfüllt – keineswegs immer nur zwischen reinen (positiven und negativen) Zahlen, sondern auch zwischen »Realem« – zwischen den »realen« Bestimmungen eines Gegenstandes – bestehen kann. Diese nicht nur rein mathematische Relation ist es, die Kant »reale Opposition« nennt. Demgemäß ist der mathematische Begriff der Negativität fähig, auch außerhalb der reinen Mathematik Anwendung zu finden: Wenn etwas einem Anderen real entgegengesetzt ist, so kann es als das Negative des Anderen aufgefasst werden.

Kant ist davon überzeugt, dass in allen Wissenschaften – in den Naturwissenschaften, in der Psychologie, in der Ökonomie und anderswo – reale Entgegensetzungen des Positiven und Negativen entdeckt werden können und sollen. Nicht nur die attrahierenden und repellierenden Kräfte der Newton'schen Mechanik, auch Erscheinungen des Magnetismus und der Elektrizität sollen nach Kant entsprechend gedeutet werden, und es sei auch zu vermuten, »daß die Verschiedenheit der Pole und die Entgegensetzung der positiven und negativen Wirksamkeit durch eine geschickte Behandlung ebensowohl bei den Erscheinungen der Wärme dürften bemerkt werden«.[20] Reale Oppositionen gibt es nach Ansicht Kants in allem Naturgesche-

---
20   Ebd., A 38, 39.

hen und in allen menschlichen Handlungen:»Man kann die Verabscheuung eine negative Begierde, den Haß eine negative Liebe, die Häßlichkeit eine negative Schönheit nennen; Nehmen ist negatives Geben, Widerlegung ist ein negativer Beweis, Irrtum negative Wahrheit, Laster negative Tugend, Verbot negatives Gebot, Tadel negativer Ruhm, Strafe negative Belohnung.«[21] Darüber hinaus erwartet Kant von der künftigen Wissenschaft die Entdeckung »allgemeiner Gesetze« der realen Entgegensetzung: »Die schiefe Fläche des Galilei, der Perpendikel des Huygens, die Quecksilberröhre des Torricelli, die Luftpumpe des Otto Guericke, und das gläserne Prisma des Newton haben uns den Schlüssel zu großen Naturgeheimnissen gegeben. Die negative und positive Wirksamkeit der Materien, vornehmlich bei der Elektrizität, verbergen allem Ansehen nach wichtige Einsichten und eine glücklichere Nachkommenschaft, in deren schöne Tage wir hinaussehen, wird hoffentlich davon allgemeine Gesetze erkennen, was uns vorjetzt in einer noch zweideutigen Zusammenstimmung erscheint.«[22]

II. Analyse des Begriffs der realen Opposition

Worin die Beziehung eigentlich besteht, die Kant »reale Opposition« nennt, möchte ich nun genauer untersuchen. Betrachten wir zunächst den schon erwähnten Hinweis darauf, dass die reale Opposition eine Entgegensetzung »ohne Widerspruch« ist, dass darin also der wesentliche Unterschied gegenüber den anderen Oppositionen liegt. Wir sahen, dass logische und dialektische Oppositionen einen echten oder scheinbaren Widerspruch deshalb enthalten, weil sie beide ein Verhältnis zwischen Prädikationen voraussetzen, von denen eine, wenigstens der sprachlichen Form nach, eine (logische) Negation enthält. Durch die Negation wird einem Ding ein Prädikat

---
21 Ebd. (zweiter Abschnitt), A 19–39.
22 Ebd., A 39.

abgesprochen, das ihm durch die affirmative Prädikation beigelegt wird. Die logische und dialektische Opposition sind in diesem Sinne eine Beziehung zwischen Prädikationen in Bezug auf ein und dasselbe Ding. Nun findet man zunächst, dass nach Kants Auffassung auch die reale Opposition eine Beziehung zwischen Prädikaten ein und desselben Dinges ist. Kant definiert auch die reale Opposition als »diejenige: da zwei Prädikate eines Dinges entgegengesetzt seien«, und er fügt nur einschränkend hinzu: »aber nicht durch den Satz des Widerspruchs.«[23] Gemeint ist hier eine Entgegensetzung nicht nur der sogenannten »logischen« Prädikate, (von denen keines, wenn sie real Entgegengesetztes bedeuten sollen, der Form nach negatorisch ist), sondern auch der »realen« Prädikate: Real entgegengesetzt sind die »Bestimmungen« des Dinges. Über diese real entgegengesetzten Bestimmungen stellt Kant vier Thesen auf: »Die einander widerstreitenden Bestimmungen müssen *erstlich* in eben demselben Subjekte angetroffen werden.« »*Zweitens*, es kann eins der opponierten Bestimmungen bei einer Realentgegensetzung nicht das kontradiktorische Gegenteil des andern sein.« »*Drittens*, es kann eine Bestimmung nicht etwas anders verneinen, als was durch die andre gesetzt ist.« »*Viertens*, [...] müssen in jeder Realentgegensetzung die Prädikate alle beide positiv sein.«[24]

Von diesen vier Thesen enthält die erste einen Gesichtspunkt, der für reale und logische Oppositionen gleichermaßen gilt. Die folgenden Thesen zielen dagegen auf spezifizierende Unterschiede ab, wobei die zweite nur noch einmal den bereits ausgesprochenen Gedanken präzisiert, dass der reale Gegensatz ein Gegensatz »ohne Widerspruch« ist. Mit dieser zweiten These kontrastiert dann die dritte, die den Gedanken ausspricht, dass real entgegengesetzte Bestimmungen, *obwohl* sie einander nicht widersprechen, ein Negationsverhältnis besonderer Art voraussetzen.

---

23 Ebd., A 3, 4.
24 Ebd., A 13, 14.

Dieses (nicht-logische) Negationsverhältnis nennt Kant »Beraubung« (*privatio*).[25] Die Privation hat mit dem logischen Verneinen gemein, dass sie ein bestimmtes »Aufheben« zur Folge hat. In Kants Terminologie gilt sowohl für die reale als auch für die logische Entgegensetzung: »Einander entgegengesetzt ist, wovon eines dasjenige aufhebt, was durch das andere gesetzt ist. Diese Entgegensetzung ist zwiefach: entweder logisch durch den Widerspruch, oder real, d. i. ohne Widerspruch.«[26] Die hier von Kant gebrauchte Metapher »Aufhebung« bedeutet aber für die logische Verneinung etwas Anderes als für die Privation. Genauer gesagt: Was »aufgehoben« wird, ist in beiden Arten der Entgegensetzung etwas ganz Verschiedenes. Bei logisch entgegengesetzten Subjekt-Prädikat-Urteilen heben die Prädikate, die ein und demselben Gegenstand beigelegt werden, einander auf. Die Bestimmung, die das eine Prädikat dem Gegenstand beilegt (Kant: »am Gegenstand setzt«), hebt das andere Prädikat wieder auf. Aber außerdem wird auch der vorausgesetzte Gegenstand infolge des Widerspruchs selbst aufgehoben: Er ist ein »*nihil negativum*«, da ein durch logisch entgegengesetzte Prädikate bestimmter Gegenstand, wie Kant sagt, »gar nichts ist«.[27] Bei real entgegengesetzten Subjekt-Prädikat-Urteilen heben weder die beiden Prädikate einander auf (sie sind beide »positiv«: beide »setzen« sie am Gegenstand eine reale Bestimmung); noch wird der vorausgesetzte Gegenstand aufgehoben (er ist nicht nichts, sondern ein Etwas, das durch zwei positive Bestimmungen bestimmt ist). Aufgehoben werden nur die »Folgen« der real entgegengesetzten Bestimmungen. Jede Bestimmung eines Gegenstandes kann als »(realer) Grund« anderer Bestimmungen angesehen werden. Durch Subjekt-Prädikat-Urteile legen wir einem Gegenstand nicht nur Bestimmungen bei. Wir legen ihm, sofern es sie gibt, implizit auch noch Folgebestimmungen bei. Nur wenn die »po-

---

25 Ebd., A 17–18.
26 Ebd., A 3.
27 Ebd., A 3.

sitiv« genannten Bestimmungen »Gründe« solcher Folgebestimmungen sind, und nur wenn diese Folgebestimmungen »aufgehoben« werden, sind die »positiv« genannten Bestimmungen eines Gegenstands »real entgegengesetzt« zu nennen (und eine dieser Bestimmungen kann im Verhältnis zur anderen »negativ« heißen). Die Aufhebung der Folgen real entgegengesetzter Bestimmungen führt nicht zu einem »*nihil negativum*«, sondern zu einem »*nihil privativum*«[28]; die Aufhebung der Folgen bedeutet ja nicht, dass die positiven Bestimmungen nun »gar nichts« zur Folge haben. Zur Folge haben sie vielmehr etwas, nämlich: dass die jeweiligen Folgebestimmungen gleich Null (»Zero = 0«[29]) sind. Kant gibt dem mathematischen Begriff der Null die Deutung eines *nihil privativum*: Die Null ist die Folge einer realen Entgegensetzung positiver Bestimmungen, sofern diese sich ihrer besonderen Folgen gänzlich »berauben«. Der Ausdruck »Beraubung« bringt zum Ausdruck, dass die Folgen nicht selbst einander »aufheben«. Vielmehr wird eine Folge durch den Grund einer anderen Folge aufgehoben: Wenn *a* die Folge der Bestimmung *A*, und *b* die Folge von *B* ist, wenn ferner *A* der Bestimmung *B* real entgegengesetzt ist, so wird *A* von *B* seiner Folge *a* beraubt (und *B* von *A* seiner Folge *b*).

Kant deutet den realen Gegensatz als eine Art *dynamischer* Beziehung, indem er sich, zur Beschreibung des Beraubungsvorgangs, der Begriffe »Kraft«, »Tendenz«, »Grund« und »Folge« bedient: Die real entgegengesetzten Bestimmungen werden als Kräfte (oder Gründe) interpretiert, die sich wechselseitig ihrer Folgen berauben. So formuliert Kant folgenden Satz als eine »Grundregel«[30]: »Die Realrepugnanz [gemeint ist die reale Entgegensetzung] findet nur statt, insoferne zwei Dinge [gemeint sind zwei Bestimmungen eines Dinges] als positive Gründe eins die Folge des anderen aufhebt.« Als Paradigma für diese Grundregel führt Kant den mechanischen Bewegungsvorgang (in Newton'scher Deutung) an: »Es sei Bewegkraft ein

---
28 Ebd., A 4.
29 Ebd., A 4.
30 Ebd., A 14.

positiver Grund: so kann ein realer Widerstreit nur stattfinden, insoferne eine andere Bewegkraft mit ihr in Verknüpfung sich gegenseitig die Folge aufheben.«[31] Analog werden, in den erwähnten Beispielen, Aktiv- und Passivschuld als Gründe (»Vermögen«) verstanden, die nicht etwa gegenseitig einander, sondern nur jeweils die Folgen des anderen aufheben, z. B. die Folge, eine bestimmte Geldmenge einzunehmen oder auszugeben.[32] Ebenso sind die Bewegungen des Schiffes nach Ost und West Gründe, die einander ihrer Folgen (nämlich bestimmte Wegstrecken in bestimmten Richtungen zurückzulegen) wechselseitig berauben.[33] Kant gibt für die Negativität generell eine dynamische Erklärung. Negativität setzt ein Verhältnis von »Vermögen«, »Kräften« oder »Gründen« voraus.

Für die kritische Beurteilung des kantischen Begriffs der realen Opposition und der Negativität ist zweierlei wichtig zu beachten. Erstens enthält Kants Begriff der realen Opposition eine ausschließlich *relationale* Deutung der Negativitätsbeziehung. Dies muss wenigstens innerhalb der (reinen und angewandten) Mathematik zu Schwierigkeiten führen und veranlasst denn auch Kant, wie wir gesehen haben, zur Diskreditierung bestimmter mathematischer Operationen und zur Leugnung der Zahlen, die »negativ« im Sinne von »kleiner als Null« sind. Ein Unterschied zwischen negativen und subtraktiven Zahlen wird von Kant gänzlich geleugnet.

Zweitens lässt sich zeigen, dass die *dynamische* Deutung der Negativität nicht wirklich konsistent ist. Kants Begriff der Negativität und der realen Opposition setzt nämlich voraus, dass stets nur die wechselseitig einander beraubenden »Gründe«, niemals dagegen die dadurch aufgehobenen »Folgen« einander entgegengesetzt sind und als negativ aufgefasst werden können. Diese Voraussetzung ist nicht gut vereinbar mit der Erläuterung, die Kant bei seinem *Versuch, den Begriff der negativen Größen in die Weltweisheit einzuführen*, diesem

---

31   Ebd., A 14.
32   Ebd., A 5, 6.
33   Ebd., A 15.

Begriff gerade geben möchte. Nach Kant hat es die Mathematik stets (wenigstens virtuell) mit realen Entgegensetzungen zu tun, wenn sie es mit negativen Größen zu tun hat. Die Mathematiker »bedienen sich der Begriffe dieser realen Entgegensetzung bei ihren Größen, und, um solche anzuzeigen, bezeichnen sie dieselbe mit + und – «.[34] Dieser Erläuterung zufolge sind die algebraischen Zeichen für *Plus* und *Minus* Zeichen für reale Entgegensetzungen der so bezeichneten Größen. »Da eine jede solche Entgegensetzung«, schreibt Kant[35], »gegenseitig ist, so siehet man leicht, daß eine die andere entweder ganz oder zum Teil aufhebe, ohne daß desfalls diejenige vor denen + stehet von denen vor die – steht unterschieden sein. Ein Schiff reise von Portugal aus nach Brasilien. Man bezeichne alle die Strecken, die es mit dem Morgenwinde tut, mit + und die, so es durch den Abendwind zurücklegt, mit –. Die Zahlen selbst sollen Meilen bedeuten. So ist die Fahrt in sieben Tagen + 12 + 7 – 3 – 5 + 8 = 19 Meilen, die es nach Westen gekommen ist.« Betrachtet man dieses von Kant gegebene Beispiel der Schiffsreise genauer, so fragt sich, ob durch die Zeichen »+ 12«, »+ 7«, »– 3« etc. »Gründe« oder »Folgen« bezeichnet werden. Insofern reale Entgegensetzungen vorliegen sollen, dürfte es sich nur um Gründe, nicht um Folgen handeln. Kant selbst schreibt jedoch an anderer Stelle[36] ausdrücklich, dass die »durch die Fahrten zurückgelegten Wege« (also die »Folgen« der Fahrten) es sind, was »einander ganz oder zum Teil aufhebt« und was in der Summe (= 19) zusammengefasst wird; dass dagegen die Gründe dieser Folgen, die jeweiligen »Fahrten« des Schiffes (gleichgültig in welche Richtung sie gehen) »positiv« seien. Es zeigt sich hier, dass gerade das Umgekehrte dessen zu gelten scheint, was Kant möchte: Zwischen den »Gründen« findet keine Entgegensetzung statt (sie verhalten sich als »positive Größen« zueinander additiv), wohl aber zwischen den Folgen (sie sind der Gegenstand der Additionen *und* Subtraktionen).

---

34 Ebd., A 6.
35 Ebd., A 6–7.
36 Ebd., A 15.

Ganz deutlich kommt die Inkonsistenz der dynamischen Deutung der Negativität an der Stelle zum Ausdruck, wo Kant den Grundsatz aufstellt, »daß die Aufhebung der Folge eines positiven Grundes jederzeit auch einen positiven Grund erheische«[37]. Zur Begründung führt Kant das Argument an: Gegeben sei »ein beliebiger Grund zu einer Folge b, so kann niemals die Folge 0 sein, als insoferne ein Grund zu $-b$, d. i. zu etwas wahrhaftig Positivem da ist, welches dem ersten entgegengesetzt ist: $b - b = 0$.« Klarerweise werden hier Folgen voneinander subtrahiert; und das bedeutet nach Kants eigener Lehre: sie werden als real Entgegengesetztes verstanden. Selbst wenn es plausibler erscheinen mag, Gründe verschiedener Folgen als real entgegengesetzt zu sehen, so wird doch nirgendwo von Kant überzeugend ausgeschlossen, dass stets auch die Folgen selbst als entgegengesetzt anzusehen sind. Wenn dies auch mit der Erklärung, die Kant dem Begriff der realen Opposition gibt, nicht zu vereinbaren ist, so würde im Übrigen diese Ansicht dem üblichen Sprachgebrauch besser entsprechen. Nehmen wir z. B. an, dass Aktiv- und Passivschuld einander entgegengesetzt sind, so nennen wir nichtsdestoweniger auch deren Folgen: Geldeinnahme und Geldausgabe, »entgegengesetzt«. Denken wir uns der Richtung nach entgegengesetzte »Bewegkräfte« (woraus immer sie bestehen mögen) als Gründe verschiedener Bewegungen eines Körpers, so werden nichtsdestoweniger auch diese Bewegungen selbst »entgegengesetzt« genannt.

Obgleich Kants dynamische, privative Deutung der Negativität schwerwiegende mathematische und philosophische Mängel aufweist, hat Kant sich das Verdienst erworben, den Begriff des Negativen zur Metaphysikkritik fruchtbar gemacht zu haben. Ansätze zu dieser Kritik finden wir bereits in der Schrift von 1763. Systematisch ausgearbeitet hat Kant sie in seinem Hauptwerk, der *Kritik der reinen Vernunft*. Dort – vor allem im Umkreis des Kapitels »Von der Amphibolie der Reflexionsbegriffe« – begegnen wir den Begriffen der realen Opposition, des *nihil negativum* und des *nihil*

---
37 Ebd., A 17.

privativum wieder. An der dynamischen Erklärung der realen Opposition hält Kant in der *Kritik der reinen Vernunft* (sowie auch in allen seinen späteren Werken) unbeirrt fest. »Der reale Widerstreit«, so lesen wir dort[38], »findet allerwärts statt, wo *A – B =* 0 ist, d. i. wo eine Realität mit der anderen, in einem Subjekt verbunden, eine die Wirkung der anderen aufhebt, welches alle Hindernisse und Gegenwirkungen in der Natur unaufhörlich vor Augen legen.« Was die genauere Bedeutung der Lehre von den realen Oppositionen für Kants Metaphysikkritik angeht, so betrifft sie zum einen die Kritik der Leibniz-Wolff'schen Ontologie, zum anderen die Kritik der mechanistischen Kosmologie. Ich möchte von beiden Kritikfeldern hier eine kurze Skizze geben. Denn erstens wird man ohne die Würdigung dieser Konsequenzen der kantischen Lehre von den realen Oppositionen nicht wirklich gerecht. Zweitens scheint es mir wichtig, zu sehen, inwiefern Hegels Kritik an der Lehre von der realen Opposition nicht etwa eine Restauration der von Kant kritisierten Metaphysik, sondern eine Fortführung der kantischen Kritik sein wird.

Die vorkantische, insbesondere die Leibniz-Wolff'sche Ontologie nahm an, dass die in zwei kontradiktorischen Urteilen aussagbaren logischen Prädikate nicht beide eine (reale) Bestimmung zum Inhalt haben, sondern eines der beiden Prädikate stets einen Mangel an Bestimmung anzeigt. Auch bei Kant finden wir noch Reste dieses Gedankens, wenn er etwa in seiner Schrift über die negativen Größen von 1763 annimmt, dass von zwei logisch entgegengesetzten Prädikaten das eine »wahrhaftig bejahend (*realitas*)«, das andere »wahrhaftig verneinend (*negatio*)« sei.[39] Wir stoßen hier auf eine dritte Negationsart, die der logischen und privativen Negation noch hinzugefügt wird, und die Kant als Negation »im metaphysischen Verstande«[40] auffasst. Wenn wir zwei logisch entgegengesetzte Prädikate, z. B. »finster« und »nicht finster« betrachten, so enthält eins von bei-

---

38 KrV, A 273 (B 330). Vgl. auch ebd., A 265 (B 320–321).
39 NG, A 5.
40 Ebd., A 5.

den, in diesem Fall das Wort »nicht finster«, eine logische Negation. Aber das negatorische Prädikat ist nicht notwendig auch dasjenige, welches, wenn es einem Gegenstand beigelegt wird, den Mangel einer realen Bestimmung (einen Mangel an »Realität«) ausdrückt. Das affirmative Prädikat »finster« hält Kant im Gegenteil für das Beispiel einer Negation »im metaphysischen Verstande« (und in diesem Sinne für »wahrhaftig verneinend«); Nicht-Finsternis dagegen sei »Realität«.

»Metaphysisch« heißt die dritte Negationsart deshalb, weil es für die Metaphysik (im Unterschied zur Logik) nicht gleichgültig sei, welches von zwei logisch entgegengesetzten Prädikaten einem Gegenstand eine reale Bestimmung beilegt, welches ihm andererseits nur einen Bestimmungsmangel beilegt.

Die Gesamtheit aller möglichen Bestimmungen von Gegenständen macht nach Auffassung der traditionellen Metaphysik den sogenannten »Inbegriff der Realität« aus, während jeder Mangel an Bestimmung als »Schranke der Realität« aufgefasst wird. Man stellt sich den »Inbegriff der Realität« sozusagen als großen metaphysischen Kuchen vor, von dem die Dinge als Bestimmungsträger mehr oder weniger große Portionen abkriegen. Die Beschränkungen dieser Portionen sind die Schranken der Realität. Alle wahren Verneinungen, die man von diesen Dingen aussagt, haben diese Schranken oder haben ein absolutes Nichtsein zum Inhalt. Kant hat mit den begrifflichen Mitteln seiner Negativitätstheorie einen Angriff auf den metaphysischen Kuchen der Leibniz-Wolff'schen Schule gestartet. Bereits der vorkritische Kant, erst recht aber der Autor der *Kritik der reinen Vernunft*, hat darauf hingewiesen, dass nicht notwendig »Schranken der Realität«, sondern auch Privationen (die kein Mangel, sondern eine mögliche Folge realer Bestimmungen sind) »wahrhaftige« Negationen ausmachen können: Die Tatsache, dass ein Körper nicht bewegt wird, beruht zwar in einigen Fällen auf einem bloßen Mangel an Kräften oder Bewegungsursachen, in allen anderen Fällen aber beruht sie darauf, dass Negativität von Kräften im Spiel ist. Wahrhafte (»metaphysische«) Verneinungen beruhen also mindestens in einigen Fällen nicht auf den sogenannten Schranken der Realität, sondern darauf, dass das Ding, von dem etwas verneint wird, Bestimmungen hat, die im Verhältnis realer Entgegensetzung stehen. Kant hat auf diese Weise begonnen, die metaphysische Alternative zwischen »Realität« und »Schranken der Realität« als unzulänglich zu erweisen. Später, in der *Kritik der reinen Vernunft*, hat Kant allerdings den Standpunkt bezogen, dass diese metaphysische Alternative nur für den Gegenstandsbereich der Erscheinungen, nicht aber für den Gegenstandsbereich der »Dinge an sich« ungültig sei. Den »Dingen an sich« kommen nämlich nach Meinung des »kritischen« Kant keine Privationen, also auch keine negativen Bestimmungen zu. Wohl aber kommt ihnen entweder Realität im Sinne der »transzendentalen Bejahung« oder Verneinung im Sinne einer »transzendentalen Verneinung« (eines »transzendentalen Nichtseins«) zu. Alle bloß empirischen Bestimmungen, insofern sie den »Dingen an sich« nicht zukommen, müssen als Bestimmungen der »Dinge an sich« in Wahrheit verneint werden. Der »kritische« Kant lässt, für den Bereich der »Dinge an sich«, den »Inbegriff der Realität« wieder auferstehen im Begriff des »transzendentalen Ideals«. Dieses ist der Inbegriff aller transzendentalen Bejahungen. Das »transzendentale Ideal« ist sozusagen der aufgehobene metaphysische Kuchen, aufgehoben in der Speisekammer der »Dinge an sich«.[41]

---

41 Zur Lehre von den »transzendentalen« Bejahungen und Verneinungen vgl. vor allem das Kapitel »Von dem transzendentalen Ideal« (KrV, A 571–583 (B 599–611)). – Dass nach Kant den Dingen an sich Privationen nicht zukommen können, belegt vor allem das Kapitel »Von der Amphibolie der Reflexionsbegriffe« (besonders A 273–274, B 329–330). Welche Gründe Kant für seine Auffassung hatte, wird allerdings auch in diesem Kapitel nicht recht deutlich. Der Dynamismus in Kants Deutung der Negativität scheint indessen zu diesen Gründen zu zählen. Kant schreibt (A 274, B 329): »der reale Widerstreit findet allerwärts statt, wo $A - B = 0$ ist, d. i. wo eine Realität mit der anderen, in einem Subjekt verbunden, eine die Wirkung der anderen aufhebt, welches alle Hindernisse und Gegenwirkungen in der Natur unaufhörlich vor Augen legen, die gleichwohl, *da sie auf Kräften beruhen, realitates phaenomena* genannt werden müssen« (Hervorhebungen von mir).

Die andere metaphysikkritische Konsequenz, die Kant aus seiner Lehre von den realen Oppositionen gezogen hat, betrifft die Kritik der mechanistischen Kosmologie. Kant hat an dieser Kritik zeitlebens gearbeitet bis in sein Spätwerk, bis ins *Opus postumum* hinein. Ansätze zu dieser Kritik finden sich schon beim frühen Kant und, was die Anwendung des Begriffs der realen Entgegensetzung angeht, in der Schrift über die negativen Größen von 1763. Ich möchte mich hier darauf beschränken, die in dieser Schrift vorgetragene Grundidee wiederzugeben.

Diese Grundidee besteht in dem Gedanken, dass man erklären müsse, wie trotz der Geltung mechanischer Erhaltungssätze (wie z. B. des Trägheitsgesetzes oder des Impulserhaltungssatzes[42]) der »Zustand der Welt« sich dergestalt ändern könne, dass »dasjenige, was da ist, aufhört zu sein«[43] oder etwas, »was nicht war, gesetzt« wird.[44] Dass mechanische Erhaltungssätze gültig sind, bringt nach Kant zwar möglicherweise zum Ausdruck, dass die »Summe der Realität« (d. h.: die Summe aller realen, positiven Bestimmungen) stets konstant ist, also weder vermehrt noch vermindert werden kann. Aber auch wenn diese Konstanz angenommen wird, so muss deshalb nicht folgen, dass »die Vollkommenheit der Welt gar nicht wachsen könnte«[45]. Anders als die traditionelle Metaphysik sich vorgestellt hat, ist die »Summe der Realität« nicht mit der »Größe der Vollkommenheit« gleichzusetzen. Diese Gleichsetzung ist nach Kant nicht etwa deshalb fragwürdig, weil Privationen entgegengesetzter Bestimmungen der Größe der Vollkommenheit Abbruch tun könnten. Im Gegenteil »besteht« nach Kant gerade »in diesem Conflictus der entgegengesetzten Realgründe gar sehr die Vollkommenheit der Welt überhaupt,

---

42 Beide erwähnt Kant NG, A 53.
43 Ebd., A 40.
44 Ebd., A 51.
45 Ebd., A 59.

gleich wie der materiale Teil derselben ganz offenbar bloß durch den Streit der Kräfte in einem regelmäßigen Laufe erhalten wird.«[46] Kants Empfehlung für die Kosmologie, sowie für alle Wissenschaften, die nichtmechanische Veränderungen aus natürlichen Ursachen zu erklären haben, besteht darin, sorgfältig zu untersuchen, inwiefern diese Veränderungen aus Privationen und Negativitätsbeziehungen erklärt werden können. Kant stellt das Postulat auf, dass überall da, wo etwas zugrunde geht und aufhört zu sein, »Aufhebung« infolge von Privation stattfinden müsse. Wo dagegen aus irgendeinem Nullzustand der Welt eine »Position A« entspringe, da müsse auch eine »Position −A« entspringen.[47]

Dieses Erklärungspostulat des frühen Kant ist bloß spekulativ. Inwiefern es geeignet sein konnte, den im 18. Jahrhundert aufstrebenden nichtmechanischen Wissenschaften Orientierungshilfen zu geben, ist schwer zu beurteilen. In Anbetracht der Tatsache, dass Wissenschaften wie die Elektrizitätslehre oder die Chemie begannen, sich den Begriff der Negativität zu eigen zu machen, kann aber zumindest nicht geleugnet werden, dass Kants Überlegungen Ansätze zur begrifflichen Klärung teils vorhandener, teils eben entstehender nichtmechanischer Erklärungsmodelle enthielten. Interessant wäre es deshalb sicherlich, konkrete Einflüsse zu untersuchen, die Kants naturwissenschaftliche und naturphilosophische Empfehlungen auf nichtmechanische Disziplinen in concreto ausgeübt haben. *Dass* es solche Einflüsse gegeben hat, ist nachweislich der Fall. Als einziges Beispiel erwähne ich die historischen Anfänge der mathematischen Chemie, deren wohl bedeutendster Inaugurator der Kant-Schüler Jeremias Benjamin Richter gewesen ist. Dessen »Anfangsgründe der Stöchyometrie oder Meßkunst chemischer Elemente« (Breslau 1792–1793) waren deutlich von der kantischen Theorie der Negativität inspiriert. Sie enthielten in den §§ 69–75 einen axiomatisch gegliederten Abriss einiger Teile der Arithmetik, die für den Aufbau einer mathe-

---

46 Ebd., A 58.
47 Ebd., A 51.

matischen Chemie, besonders der chemischen Verwandtschaftslehre relevant gewesen sind. Dass dieser Abriss von Kants Erläuterung des Begriffs der negativen Größe ausgiebig Gebrauch macht, ist nicht zu übersehen.

Nicht weniger interessant und wichtig wären Untersuchungen zur Rezeption der kantischen Negativitätstheorie im Rahmen des antimechanistischen Programms der deutschen Naturphilosophie, vor allem auch des frühen Schelling und der Romantik. Zur Entstehung dieser Naturphilosophie hat zweifellos beigetragen, dass Kants Theorie mindestens ebenso neue Probleme hervorgerufen hat, wie sie die Lösung alter Probleme versprach. Nicht nur galt es, die oben erwähnten Inkonsistenzen zu beseitigen, die mit der dynamischen Deutung der Negativität und der realen Entgegensetzung verbunden waren. Darüber hinaus enthielt diese Deutung in ihrer metaphorischen Vorstellung von »aufhebenden« Kräften Hilfskonstruktionen, die einer begrifflichen Klärung erst noch bedurften. Kant selbst war sich, wie das Ende seiner Schrift von 1763 zeigt, dieses Mangels vollständig bewusst. »Man versuche nun«, so schließt Kant seine Abhandlung, »ob man die Realentgegensetzung überhaupt erklären und deutlich könne zu erkennen geben, *wie darum weil etwas ist etwas anders aufgehoben werde*, und ob man etwas mehr sagen könne, als was ich davon sagte, nämlich, lediglich daß es nicht durch den Satz des Widerspruchs geschehe. Ich habe über die Natur unseres Erkenntnisses in Ansehung unserer Urteile von Gründen und Folgen nachgedacht, und ich werde das Resultat dieser Betrachtungen dereinst ausführlich darlegen.«[48] Kants hier vorgebrachtes Versprechen gilt in der moderneren Kantliteratur als *crux interpretatorum*. Man hat einerseits gute Gründe zur Vermutung, dass Kant hier (ohne sich schon über die Konsequenzen seines Tuns völlig im Klaren zu sein) den eigenen Aufbruch in Richtung »Erkenntniskritik« ankündigt. Andererseits hat man es schwer, in Kants späterer Erkenntniskritik die Lösung der Probleme zu finden, die der vierzigjährige Kant hier aufwirft.

---

48   Ebd., A 72. Hervorhebungen im Original.

/ Zweiter Teil

Hegel

Vorbemerkung

Hegels Lehre vom Widerspruch ist eine teils direkte, teils indirekte Kritik an Kants Oppositionslehre in allen ihren drei Teilstücken. Um diese Kritik darzustellen, möchte ich Hegels Lehre in ihrer ausgereiftesten Gestalt betrachten, wie sie hauptsächlich im Zweiten Buch des Ersten Bandes der *Wissenschaft der Logik* von 1813 und in der *Encyklopädie* von 1830 vorliegt. Fragen, die mehr biographisch-entwicklungsgeschichtlicher Art sind, möchte ich dabei weitgehend beiseite lassen. Das gilt vor allem bezüglich der Frage nach Stufen der Entwicklung in Hegels Kantkritik, deren Beantwortung nicht nur Hegels eigene schriftliche Hinterlassenschaft zu berücksichtigen hätte, sondern auch die einer Reihe anderer zeitgenössischer Autoren, soweit Hegel von ihnen gelernt hat. Das gilt aber auch bezüglich der Frage, inwiefern Hegels Kritik an Kant nur indirekter Art ist. Weitgehend nur indirekt scheint z. B. der Bezug auf Kants Lehre von der realen Opposition zu sein. Kants *Versuch, den Begriff der negativen Größen in die Weltweisheit einzuführen* war Hegel möglicherweise nicht als Text bekannt; dieser Text wird jedenfalls nach keiner seiner Auflagen von Hegel irgendwo, soweit ich sehe, angeführt. Andererseits ist anzunehmen, dass Hegel die in diesem Text entwickelte Lehre mindestens in ihren Grundzügen bestens bekannt war. Für diese Bekanntschaft bestanden mehrere Gelegenheiten. Neben der Tatsache, dass Kant selbst die Grundzüge seiner Lehre von den realen Oppositionen auch in Kontexten, die Hegel wohlbekannt waren, wiederholt dargestellt hat, verweise ich auf zwei andere Quellen, aus denen Hegel schöpfen konnte. Ich meine erstens die ziemlich verbreitete Rezeption des kantischen Negativitätsbegriffs in der deutschen Philosophie des ausgehenden 18. Jahrhunderts, nicht zuletzt in der Philosophie

Fichtes und Schellings; zweitens die Rezeption der kantischen Lehre in der mathematisch-wissenschaftlichen Literatur des ausgehenden 18. Jahrhunderts, soweit Hegel mit ihr vertraut war.[1] Von einer Darstellung der Hegel'schen Kritik an Kants Oppositionslehre könnte man erwarten, dass sie sich ihrerseits gliedert nach den drei Teilstücken der kantischen Lehre. Aber auch das soll hier nicht geschehen. Insbesondere werde ich mir erlauben, Hegels Kritik der kantischen Antinomienlehre (die gesondert darzustellen meines Erachtens ein Desiderat der Hegelliteratur ist) nur insoweit zu berühren, als es für Hegels systematisch ausgereifte Theorie des Widerspruchs notwendig erscheint.

Die folgende Darstellung folgt der von Hegel entwickelten Systematik insofern, als zunächst einmal, bevor der Widerspruchsbegriff selbst betrachtet wird, Hegels Untersuchung des Begriffs des Gegensatzes analysiert wird. Was ein Gegensatz ist, ist die von Hegel zuerst untersuchte Frage. Erst auf der Basis der Untersuchung dieses Begriffs, der der Sache nach den von Kant klassifizierten Entgegensetzungen zugrunde liegt, möchte Hegel zeigen, was ein Widerspruch ist.

Von Hegels systematischer Anordnung werde ich nur insofern abweichen, als ich den Einstieg in Hegels Untersuchung der Begriffe »Gegensatz« und »Widerspruch« auf einem historischen Umweg suche. Dieser Umweg ist nicht willkürlich gewählt, sondern motiviert durch eine vier Seiten lange »Anmerkung«, die Hegel in der *Wissenschaft der Logik* dem Kapitel über den Gegensatzbegriff anfügt. Gegenstand dieser Anmerkung ist der Begriff entgegengesetzter Größen in Algebra und Arithmetik, ein Gegenstand also, welcher der Ausgangspunkt auch zu Kants Untersuchung des Negativitätsbegriffs und zu Kants Lehre von der realen Entgegensetzung gewesen war. Der Begriff der Negativität ist für Hegels Philosophie insgesamt, be-

---

1   Als Beispiel nenne ich die bereits erwähnten und Hegel wohlbekannten *Anfangsgründe der Stöchyometrie oder Meßkunst chemischer Elemente* (Breslau 1792–1793) von Jeremias Benjamin Richter.

sonders aber für seine Lehre vom Gegensatz und vom Widerspruch grundlegend. Für Kants dynamische Erklärung der realen Opposition und für Kants privative Deutung der Negativität ist in Hegels Theorie allerdings kein Raum. Somit setzt sich Hegel nicht derjenigen Kritik aus, die gegen Kants Oppositionslehre auch vom Standpunkt der Mathematik aus erhoben werden kann. Im Gegenteil: Hegel befindet sich mit seiner Analyse der mathematischen Begriffe des Negativen und Positiven sowie des Begriffs entgegengesetzter Größen sozusagen auf dem »neuesten Stand« seiner Zeit. Ich möchte daher zunächst skizzieren, worin dieser damals »neueste Stand« der Mathematik besteht und auf welche Weise Hegels Logik (die *auch* eine Philosophie der Mathematik ist) diesem Stand gerecht zu werden versucht.

Fünftes Kapitel

Die mathematischen »Formen« des Positiven und Negativen in Hegels Analyse

Hegel gibt keine ausdrücklichen Hinweise darauf, dass sich seine Überlegungen zum Zahlensystem auf Resultate beziehen lassen, die in der zeitgenössischen mathematischen Fachliteratur diskutiert worden sind. Die einzige Bemerkung Hegels zur mathematischen Fachliteratur bezieht sich auf »die Lehrbücher«[1]: Hegel wirft den Lehrbüchern vor, den Begriff der »entgegengesetzten Größe« ganz undifferenziert zu gebrauchen und sich dadurch in den »Beweisen« für die Geltung der Vorzeichenregeln in verschiedenen Rechenarten in Widersprüche zu verwickeln. Die Zeichen für *Plus* und *Minus* außerhalb der Operationen von Addition und Subtraktion werden, so meint Hegel, ganz unzulänglich erklärt, wenn man sie auf ein »bloßes Verhältnis des Mehrens und Minderns« zurückführe.

Aus dieser Bemerkung Hegels darf man nicht den Schluss ziehen, seit den Tagen Kants und Kästners habe sich in der Mathematik, hinsichtlich der Lehre von den »entgegengesetzten Größen«, nichts Wesentliches geändert oder Hegel habe von solchen Änderungen keine Kenntnis. Eine den Hegel'schen Vorwürfen verblüffend ähnliche Kritik an »allen Lehrbüchern« der Mathematik lesen wir in dem zu Hegels Zeit bekannten, zu Beginn des 19. Jahrhunderts herausgegebenen »Mathematischen Wörterbuch« des Kästner-Schülers Georg Simon Klügel. Dieses Wörterbuch, das als Standardwerk von Fachgelehrten geschätzt wurde, weshalb es noch bis tief ins 19. Jahr-

---
1   L. I, 277. 36.

hundert hinein fortgesetzt wurde[2], konnte Hegel gut bekannt sein, obwohl es keine direkten Belege dafür zu geben scheint. Der im zweiten Band dieses Wörterbuchs (in der ursprünglichen Ausgabe von 1805) enthaltene Artikel »Entgegengesetzte Größen« vermerkt kritisch, dass »alle Lehrbücher« fälschlicherweise nur eine Art der Entgegensetzung von Größen berücksichtigen[3] und infolgedessen in Schwierigkeiten geraten, wenn das Rechnen (z. B. die Multiplikation) mit entgegengesetzten Größen begründet werden soll. Den Hauptmangel der üblichen Auffassung der »Entgegensetzung« von Größen sieht Klügel, Hegels Kritik vorwegnehmend, in der »Erklärung, daß entgegengesetzte Größen solche seyen, die unter der Bedingung betrachtet werden, daß sie sich einander vermindern«. Klügel, der bereits 1795 mit einem Aufsatz »Über die Lehre von den entgegengesetzten Größen« hervorgetreten war, gilt in der Mathematikgeschichte als einer derjenigen, die zur Erweiterung des Zahlbegriffs und zur uneingeschränkten Subtraktion, zum Rechnen mit negativen Zahlen maßgebliche Festsetzungen getroffen haben.[4] Damit war ein Weg beschritten, den andere bedeutende Mathematiker des 19. Jahrhun-

---

2 Vgl. S. Günther, *Geschichte der Mathematik*, in: M. Cantor (Hrsg.), *Vorlesungen über Geschichte der Mathematik*, Vierter Band, Nachdruck der Aufl. von 1909, Stuttgart 1965, S. 16.

3 G. S. Klügel, *Mathematisches Wörterbuch*, Erste Abtheilung, Zweyter Theil, Leipzig 1805, S. 105f.

4 Vgl. J. Tropfke, *Geschichte der Elementar-Mathematik*, 2. Bd., Berlin und Leipzig, ²1921, S. 78. – Der zitierte Artikel »Entgegengesetzte Größen« von 1805 enthält Gedanken, die Klügel bereits 1795 in einer Abhandlung »Über die Lehre von den entgegengesetzten Größen« (im »Hindenburgischen Archiv der Mathematik«, I, Leipzig, S. 309–319, 470–481) veröffentlicht hatte. – Wenn Gauss in den »Göttingischen Gelehrten Anzeigen« 1831 schreibt, man sei »nun freilich seit langer Zeit im Klaren« darüber, dass »die Realität der negativen Zahlen [...] hinreichend gerechtfertigt« ist, »da sie in unzähligen [...] Fällen ein adäquates Substrat finden« (C. F. Gauss, *Werke* II, Nachdruck Hildesheim-New York 1973, S. 175), so scheint er sich dabei (außer auf Carnot) auf Klügels Arbeiten zu beziehen.

derts (vor allem H. Grassmann[5] und H. Hankel[6]) erfolgreich fortgesetzt haben. Klügels »Theorie des Verfahrens der Anwendung entgegengesetzter Größen«[7] (eine »Theorie«, die noch alle Mängel einer kaum systematisierten, weitgehend exemplarischen Darstellung hat) möchte ich hier nicht im Einzelnen wiedergeben. Nur die Hauptgedanken Klügels seien erwähnt:

Es gibt nach Klügels Theorie nicht nur eine, sondern »zweierlei Art« der Entgegensetzung von Größen. Die erste Art der Entgegensetzung ist die (in »allen Lehrbüchern« ausschließlich betrachtete) Beziehung zwischen »additiven« und »subtraktiven Größen«. Diese sind nicht »für sich allein genommen positiv oder negativ.« Positiv und negativ sind sie aber auch nicht aufgrund ihrer bloßen Beziehung zueinander; erst aufgrund der Beziehung auf etwas Drittes ist die eine Größe positiv, die andere negativ. Betrachtet man z. B. eine Differenz von Größen: $A = +a - b$, so heißen darin die Größen $+a$ und $-b$ in Beziehung zueinander »positiv« und »negativ« nur aufgrund ihrer Beziehung auf den »Wert«, den man der Differenz A beilegt. Eine Größe, von der subtrahiert wird, nennt man »positiv« nur insofern, als man von ihr zuvor voraussetzt, dass der Wert der Differenz »gleichnamig« mit ihr ist. Eine zu subtrahierende Größe dagegen nennt man »negativ« infolge einer entsprechenden vorausgesetzten Ungleichnamigkeit. Die Voraussetzung kann aber falsch sein. Übertrifft nämlich »die Quantität« der subtraktiven Größe diejenige der additiven Größe, so ist die Differenz selbst »negativ«. Dass wir in diesem Fall der Differenz einen negativen Wert beilegen, besagt nur, dass die Voraussetzung nicht erfüllt (der Wert der Differenz mithin nicht positiv) ist. Setzen wir dagegen von Anfang an voraus, dass

---

5 Vgl. H. Grassmann, *Stücke aus dem Lehrbuche der Arithmetik*, Berlin 1861, in: *Gesammelte mathematische und physikalische Werke*, 2. Bd., 1. Teil, Leipzig 1904.
6 Vgl. H. Hankel, *Theorie der complexen Zahlensysteme*, Leipzig 1867.
7 Vgl. Art. »Entgegensetzte Größen«, a. a. O., S. 114.

die subtraktive Größe gleichnamig mit der Differenz ist,»so ist, was vorher negativ war, positiv«[8]. Mit dieser Erläuterung der »Entgegensetzung« additiver und subtraktiver Größen sind Operationen zugelassen, die zu negativen Differenzen führen. Diese Art der Entgegensetzung von Größen muss jedoch von einer zweiten Art scharf unterschieden werden. Diese ist sogar, wie Klügel findet, die »eigentlich wichtige«[9]. Klügel erläutert die zweite Art der Entgegensetzung an folgendem Beispiel. Betrachten wir die Potenzen von $+a + b$ und von $+a - b$, so unterscheiden sich diese »bloß darin, daß b entgegengesetzte Werte hat, daher die ungeraden Potenzen von b in den Formeln für beide entgegengesetzte Vorzeichen enthalten«[10].»Entgegengesetzt« heißt hier der Wert von b nicht in Bezug auf die mit b verbundene Größe $+a$.»Entgegengesetzt« heißt der Wert von b innerhalb der einen »Verbindung« ($+a - b$) nur in Bezug auf den Wert von b innerhalb der anderen »Verbindung« ($+a + b$). Um es mit den Worten Klügels allgemeiner zu formulieren: Man kann nicht nur additive Größen subtraktiven Größen entgegensetzen und *vice versa*; man kann vielmehr »auch die Größen in einer Verbindung den ihnen gleichartigen in einer anderen ähnlichen Verbindung entgegensetzen«[11]. Was »ähnliche« Verbindungen sind, wird von Klügel anhand mehrerer Beispiele erläutert. Gemeint ist, dass wir zu jeder Verbindung (welche eine oder mehrere Größen mit negativen Vorzeichen enthält und welche potenziert, multipliziert oder dividiert wird) eine andere Verbindung bilden können, die dieselben Größen, aber ohne negative Vorzeichen enthält. Klügel schlägt vor, diese Verbindung jeder entsprechenden Potenz-, Multiplikations- und Divisionsrechnung

---

8   Art.»Entgegengesetzte Größen«, a. a. O., S. 104.»Wer sein bares Vermögen berechnete, und fände, daß seine Schulden mehr betragen als Kassenvorrat und Forderungen, der hätte ein negatives Vermögen. Hätte er aber das Resultat gleich als Schuld vorausgesetzt, so fand er es positiv.«
9   Ebd., S. 106.
10 Ebd., S. 107.
11 Ebd., S. 106.

als den sogenannten »Normalfall« »zum Grunde zu legen«[12]. Im »Normalfall« sind alle Größen als positiv zu betrachten. »Positiv« heißen sie hier nur in Beziehung »auf andere Fälle« (d. h. in Beziehung auf Größen in den sogenannten »ähnlichen Verbindungen«). Dagegen: »diejenigen Größen, welche in einer mit dem zum Grunde der Rechnung gelegten Fälle, dem Normalfalle, verwandten Verbindung ihre Beziehung ändern, sind negativ, nicht in Rücksicht auf die mit ihnen verbundenen Größen, sondern in Rücksicht auf die mit ihnen gleichnamigen in jenem ersten Falle«[13]. Mit anderen Worten: »Positiv« heißen Größen, für die es gleichgültig ist, ob der Normalfall vorliegt oder nicht, »negativ« heißen dagegen die, für die es nicht gleichgültig ist.

Klügel fügt der Unterscheidung der beiden Entgegensetzungsarten noch folgende kritische, für bisherige Mathematiker- und Philosophengenerationen ketzerische Bemerkung hinzu: »Man gebraucht für negative Größen bisweilen den paradoxen Ausdruck, weniger oder kleiner als Nichts. In der zweiten vorher erklärten Bedeutung negativer Größen läßt sich dieser Ausdruck nicht anwenden: allein bei den Gliedern einer Reihe, die durch fortgesetzte Verminderung Null, und dann negativ werden, hat er einen guten Sinn. So wie man ganz richtig sagt, $a - b$ ist kleiner als a, wenn $b < a$ ist, so sagt man auch analogisch richtig, $a - (a + b)$ oder $-b$, ist kleiner als a, wenn auch der Unterschied $-b$ absolut genommen größer ist als a. So ist auch beziehungsweise $-(a + b)$ kleiner als $-a$. Dieser Sprachgebrauch verhilft zu allgemein ausgedrückten Sätzen und erspart die Aufzählung aller einzelnen Fälle. Die Hinzusetzung von $+a$ gibt Größeres, die Hinzusetzung von $-a$ oder Abziehung von $+a$ gibt Kleineres, wenngleich der Quantität nach das umgekehrte erfolgt, nämlich in dem Falle, wenn die Hinzusetzung zu einer negativen Größe geschieht.«[14] Auf den ersten Blick scheint Klügel hier den Ausdrücken »positiv« und »negativ« noch eine dritte Bedeutung zu geben. Der

---

12 Ebd., S. 108 f.
13 Ebd., S. 109.
14 Ebd., S. 113.

Sache nach aber ist die hier betrachtete Beziehung zwischen $+a$ und $(a+b)$ (oder die Beziehung zwischen $+a$ und $-b$ für $a<b$) schon in der ersten Art der Größenentgegensetzung berücksichtigt. Der Sprachgebrauch, nach dem $(a+b)$ »weniger oder kleiner als Nichts« sein kann, soll in bestimmten Hinsichten nur zweckmäßiger sein. Diesem Sprachgebrauch entspricht die vereinfachende Vorstellung, dass alle entgegengesetzten Größen Glieder einer Reihe sind, die bei Null aus positiven in negative Glieder übergehen. Es handelt sich hier nicht um eine dritte Art der Entgegensetzung positiver und negativer Größen, sondern nur um eine bestimmte Betrachtungsweise der nach der ersten Art einander entgegengesetzten Größen; eine Betrachtungsweise, der die Anordnung dieser Größen auf entgegengesetzten Seiten einer Zahlengeraden entspricht.

Wie unbeholfen dem heutigen Leser die Klügel'sche Erläuterung der mathematischen Begriffe des Positiven und Negativen im Einzelnen auch erscheinen mag, so ist in ihr der Sache nach doch schon ein entscheidender Durchbruch zur Erweiterung des Zahlbegriffs um die negativen Zahlen getan und eine klare Unterscheidung zwischen den Operationszeichen für *Minus* und *Plus* einerseits und den Vorzeichen positiver und negativer Zahlen andererseits getroffen.

Man findet in Hegels *Wissenschaft der Logik* die von Klügel getroffene Unterscheidung zweier Arten der Entgegensetzung von Größen ziemlich genau wieder. Die Unterscheidung der »beyden Formen des Positiven und Negativen«[15] macht sogar den eigentlichen Kerngedanken der »Anmerkung« zum Gegensatzkapitel aus. Originell erweist sich Hegel jedoch vor allem in zwei Hinsichten. Erstens möchte er in den »beiden Formen des Positiven und Negativen«, wie sie in der Arithmetik vorkommen, die »beyden *realen* Bestimmungen des Positiven und Negativen«[16] wiedererkennen, wie sie Gegenstand der »Logik« sind und als solche im Kontext des Gegensatzkapitels von Hegel untersucht werden. Im Ausdruck »reale« Bestimmungen

---
15   L. I, 276. 4–5.
16   L. I, 275. 29.

des Positiven und Negativen klingt Kants Begriff der realen Entgegensetzung an. Anscheinend möchte auch Hegel die Beziehungen des Positiven und Negativen, die in mathematischen Kontexten Größen beigelegt werden, als Beziehungen ansehen, die den Dingen zukommen, insofern wir sie im Zusammenhang von Entgegensetzungen betrachten.

Zweitens schränkt Hegel, wie es im späteren 19. Jahrhundert üblich geworden ist[17], den Begriff der entgegengesetzten Größen auf diejenigen Größen ein, deren absoluter Betrag – um es in moderner Terminologie zu formulieren – gleich ist. Durch diesen Kunstgriff (der in Hegels Logik allerdings, wie wir noch sehen werden, bedingt ist durch die systematische Fassung des Gegensatzbegriffs) gelingt es Hegel, die Erläuterung der »beiden Formen des Positiven und Negativen« erheblich zu vereinfachen und ihren inneren Zusammenhang aufzuzeigen.

Hegel teilt die beiden in der Arithmetik vorkommenden »Formen des Positiven und Negativen« auf folgende Weise ein:

1. »Positiv« und »negativ« heißen Größen dann, wenn sie »einerseits bloß entgegengesetzte überhaupt, andererseits reale oder

---

17 Vgl. z. B. H. Grassmann (*Stücke aus dem Lehrbuche der Arithmetik* (1861), a. a. O., S. 314): »Wenn *a* eine positive Zahl ist, so heißen die Zahlen *a* und *– a* einander entgegengesetzt, und heißt *a* der positive Werth von *– a*.« R. Grassmann (*Die Zahlenlehre oder Arithmetik*, S. 12, in: *Die Formenlehre oder Mathematik*, Nachdruck der Ausgabe Stettin 1872, Hildesheim 1966): »Entgegengesetzt heißen zwei Zahlgrößen, wenn sie ungleichartig und zugleich gleichwertig sind.« – Ähnlich auch L. Hoffmann, *Mathematisches Wörterbuch*, Berlin 1861, Bd. III, S. 54. Für die Brüder Grassmann ist ein direkter Einfluss Hegels (dem sie nichtsdestoweniger kritisch gegenüberstanden) nachweisbar. Über das Hegelstudium der Brüder Hermann und Robert Grassmann Mitte der 40er Jahre berichtet F. Engel, *Grassmanns Leben*, in H. Grassmann, *Gesammelte mathematische und physikalische Werke*, 3. Band, 2. Teil, Leipzig 1911, S. 132. In den Werken Robert Grassmanns findet man viel Polemik gegen und wenig ausdrückliche Zustimmung zu Hegels Logik. Allerdings lässt sich umso mehr an den Details seiner Überlegungen zur Begründung der Arithmetik die Nachwirkung der Hegel'schen Philosophie nachweisen.

gleichgültige« sind.[18]

2. »Positiv« und »negativ« heißen Größen auch, wenn sie »an sich positiv« und »an sich negativ« sind.[19]

Die Terminologie, die Hegel hier verwendet, ist natürlich bedingt durch die Überlegungen, die im Haupttext der *Wissenschaft der Logik* angestellt werden. Diese werden wir später kennenlernen. Betrachten wir zunächst die beiden Formen entgegengesetzter Größen gesondert.

I. Die erste Form des Positiven und Negativen in der Mathematik

Nach Hegels Auffassung kann die erste »Form« des Positiven und Negativen von zwei verschiedenen »Seiten«[20] aus betrachtet werden: Größen sind »einerseits bloß entgegengesetzte überhaupt, andererseits reale oder gleichgültige«.

Hegel schreibt: Nach der »ersten Seite ist $+y - y = 0$; oder in $-8 + 3$, sind die 3 positiven negative in 8. Die Entgegengesetzten heben sich in ihrer Verbindung auf. Eine Stunde Wegs nach Osten gemacht und ebensoviel zurück nach Westen hebt den erstgemachten Weg auf; so viel Schulden, um so viel weniger Vermögen, und so viel Vermögen vorhanden ist, so viel hebt sich von den Schulden auf. Die Stunde Wegs nach Osten ist zugleich nicht der positive Weg an sich, noch der nach Westen der negative Weg; sondern diese Richtungen sind gleichgültig gegen diese Bestimmtheit des Gegensatzes; nur eine dritte außer ihnen fallende Rücksicht macht die eine zur positiven, die andere zur negativen. So auch die Schulden sind nicht an und für sich das Negative; sie sind es nur in Beziehung auf den Schuldner; für den Gläubiger sind sie sein positives Vermögen; sie sind eine Summe Geld, oder was es sey von einem gewissen Werth,

---

18 L. I, 277. 19–20.
19 L. I, 277. 20–22.
20 L. I, 276. 18.

das nach außerhalb seiner fallenden Rücksichten Schulden oder Vermögen ist.

Die Entgegengesetzten heben sich zwar in ihrer Beziehung auf, so dass das Resultat gleich Null ist; aber es ist in ihnen auch *ihre identische Beziehung* vorhanden, die gegen den Gegensatz selbst gleichgültig ist; so machen sie *Eines* aus. Wie soeben von der Summe Geld erinnert worden, die nur Eine ist, oder das *a*, das nur Ein *a* ist in + *a* und − *a*; auch der Weg, der nur Ein Stück Wegs ist, nicht zwey Wege, deren einer nach Osten, der andere nach Westen ginge. So auch eine Ordinate *y*, die dasselbe ist, auf dieser oder jener Seite der Achse genommen; insofern ist + *y* − *y* = *y*; sie ist nur *die* Ordinate, es ist nur Eine Bestimmung und Gesetz derselben.«[21]

»Ferner aber« − und nun führt Hegel die zweite der beiden Seiten an −»sind die Entgegengesetzten nicht nur Ein Gleichgültiges, sondern auch zwey Gleichgültige. Sie [...] bestehen so als Verschiedene.

So sind in − 8 + 3 überhaupt eilf Einheiten vorhanden; + *y*, − *y*, sind Ordinaten auf der entgegengesetzten Seite der Achse, wo jede ein gegen diese Grenze und gegen ihren Gegensatz gleichgültiges Dasein ist; so ist + *y* − *y* = 2 *y*. − Auch der nach Osten und Westen zurückgelegte Weg ist die Summe einer zweyfachen Bemühung oder die Summe von zwey Zeitperioden. Ebenso ist in der Staatsökonomie ein Quantum an Geld oder von Werth nicht nur diß Eine Quantum als Mittel der Subsistenz, sondern es ist ein verdoppeltes; es ist Mittel der Subsistenz sowohl für den Gläubiger als den Schuldner. Das Staatsvermögen berechnet sich nicht bloß als Summe des baaren Gelds und des sonstigen Werts von den Immobilien und Mobilien, der im Staate vorhanden ist, noch weniger aber als Summe, die übrig bliebe nach Abzug des passiven Vermögens zum aktiven, sondern das Kapital, wenn seine acktive und passive Bestimmung sich auch zur Null reduzierten, bleibt erstens positives Kapital als + *a* − *a* = *a*; aber

---

[21] L. I, 276. 18−39. Vgl. zu dieser Stelle Heraklit (Diels/Kranz 22 B 60) »Der Weg hinauf und hinab [oder: hin und her] ist ein und derselbe.«

zweytens, indem es auf vielfältige Weise passives, verliehenes und wiederverliehenes ist, ist es dadurch ein sehr vervielfältigtes Mittel.«[22] Wir sehen in diesen Bemerkungen, dass Hegel unter zwei verschiedenen Gesichtspunkten ein und dieselbe Beziehung von Größen betrachtet: diejenige Entgegensetzung, die der Rechenoperation der Subtraktion zugrunde liegt. In beiden Fällen haben wir es mit Größen (Zahlengrößen, Ordinatenabschnitten, Weglängen, Geldmengen etc.) zu tun, die, insofern sie entgegengesetzt sind, sich in ihrer Beziehung »aufheben« und »zur Null reduzieren«?[23]

Wir können die beiden Gesichtspunkte, die Hegel hervorhebt, gut vergleichen mit den beiden unterschiedlichen Betrachtungsweisen, denen Klügel die »erste Art der Entgegensetzung« unterworfen hatte. Wir können zwei Größen $+a$ und $-a$, die voneinander zu subtrahieren sind (z. B. zwei Geldsummen, die als Schulden und Vermögen miteinander zu verrechnen sind), auf zweierlei Weisen betrachten: Wir können sie, um es vereinfacht zu sagen, entweder auf *denselben* oder auf *verschiedenen* Abschnitten der Zahlengeraden abtragen.

Einerseits gilt: Unter der *Voraussetzung*, dass die Größe $+a$, *von* der $-a$ zu subtrahieren ist, eine positive Größe ist, ist $-a$ negativ. Diese Voraussetzung kann indessen aufgegeben werden und, wenn sie aufgegeben wird, muss das Gegenteil gelten: Was positiv war, wird negativ und *vice versa*. Die jeweilige Voraussetzung legt sozusagen nur fest, *welche* der beiden entgegengesetzten Seiten der Zahlengeraden als positiv auszuzeichnen ist. Aber *beide* Größen lassen sich auf dieser *positiven* Seite abtragen und fallen zusammen. *Negativ* verhalten sich dann beide in Beziehung zueinander.

Andererseits lassen sich die beiden entgegengesetzten Größen $+a$ und $-a$ auch als verschiedene Glieder einer Reihe betrachten, die bei Null in negative Glieder übergehen. Nach dieser Betrachtungsweise ist die Subtraktion eine Addition negativer Grö-

---

22   L. I, 277. 1–18.
23   Auch in $-8 + 3$, wo »die 3 positiven negative im 8« enthalten sind (in: »$-8 = -3 - 5$«), wird -3 und $+3$ »aufgehoben«, so dass -5 übrig bleibt.

ßen. Auch nach dieser Vorstellung ist die Größe +a nicht als solche positiv, und −a nicht als solche negativ. Es ist nämlich gleichgültig, ob wir +a < −a oder −a < +a voraussetzen. Aber welche von beiden Möglichkeiten auch immer vorausgesetzt wird, so sind doch nach dieser Betrachtungsweise das Positive und das (als »kleiner« oder »weniger« betrachtete) Negative stets etwas, das *als* Positives und Negatives voneinander zu unterscheiden ist. (Sie sind auf entgegengesetzten Seiten der Zahlengeraden abzutragen.)

Auch heute noch kommen in mathematischen Lehrbüchern diese beiden Weisen der Betrachtung entgegengesetzter Größen in modifizierter Gestalt vor. Die erste Betrachtungsweise ist üblich im Rahmen der Einführung der elementaren Rechenoperationen *vor* Einführung der negativen Zahlen. Die zweite ist üblich *nach* Einführung dieser Zahlen.[24]

Der Sache nach handelt es sich um diese beiden (auf die erste »Form des Positiven und Negativen« bezogenen) Betrachtungsweisen, wenn Hegel sagt, die positiven und negativen Größen seien als solche »einerseits bloß entgegengesetzte überhaupt, andererseits reale oder gleichgültige«. Was die Ausdrücke »entgegengesetzte überhaupt« und »reale oder gleichgültige« heißen sollen, erläutert Hegel mit folgenden Worten.

»Das +a und −a sind zuerst *entgegengesetzte Größen überhaupt*; a ist die beiden zum Grunde liegende *an sich seyende Einheit*, das gegen die Entgegensetzung selbst Gleichgültige, das hier ohne weiteren Begriff als tote Grundlage dient. Das −a ist zwar als das Negative, das +a als das Positive bezeichnet, aber *das eine* ist so gut ein *entgegengesetztes als das andere*.

Ferner ist a nicht nur die einfache zum Grunde liegende Einheit, sondern als +a und −a ist sie die Reflexion dieser Entgegengesetzten in sich; es sind *zwey verschiedene a* vorhanden, und es ist gleichgültig, welches von beiden man als das positive oder negative

---

24 Vgl. z. B. F. Klein, *Elementarmathematik vom höheren Standpunkt aus* (1921–23), Bd. I.

bezeichnen will; beyde haben ein besonderes Bestehen und sind positiv.«[25]

Hegel bedient sich bei dieser knappen Erläuterung der ersten in der Arithmetik vorkommenden »Form des Positiven und Negativen« und ihrer beiden Betrachtungsweisen eines geschickten Kunstgriffs. Außer den Symbolen »+a« und »−a« gebraucht Hegel das vorzeichenlose Symbol »a«, das, wie Hegel es nennt, die »todte Grundlage« der entgegengesetzten Größen überhaupt bezeichnet. Diese »Grundlage« a ist in Hegels Worten die den entgegengesetzten Größen +a und −a »zum Grunde liegende an sich seiende Einheit, das gegen die Entgegensetzung selbst Gleichgültige«. Der Sache nach ist mit dieser Grundlage a dasselbe gemeint, was Klügel die »Quantität«[26] entgegengesetzter Größen genannt hat und was seit etwa der Mitte des 19. Jahrhunderts der »(positive) Wert«[27] oder der »(absolute) Betrag«[28] positiver und negativer Zahlen oder Größen genannt wird. In Anlehnung an die heute in der Algebra gebräuchliche Symbolik möchte ich anstelle des Hegel'schen Zeichens »a« das eindeutigere Zeichen »|a|« verwenden.

Hegel behauptet also: wenn +a und −a als »entgegengesetzte Größen überhaupt« verstanden werden, dann liegt beiden Größen

---

25 L. I, 276. 7–17.

26 Entgegengesetzte Größen sind solche, bei welchen außer ihrer Quantität noch eine entgegengesetzte Beziehung, in Absicht auf Addition und Subtraktion, betrachtet wird.« G. S. Klügel, Art. »Entgegengesetzte Größen«, a. a. O., S. 104.

27 Diesen Ausdruck verwendet H. Grassmann: »Wenn a eine positive Zahl ist, so heißen die Zahlen a und −a einander entgegengesetzt, und heißt a der positive Werth von −a.« (Vgl. *Stücke aus dem Lehrbuche der Arithmetik*, Berlin 1861, §4, 54. Erklärung, a. a. O., S. 314). Ähnlich formuliert R. Grassmann: »Unter dem Werthe einer Zahlgröße wird die gleichwertige Plusgröße verstanden.« (*Die Zahlenlehre oder Arithmetik*, a. a. O., S. 12.)

28 Der Begriff des absoluten Betrages ist von K. Weierstraß für die Theorie der komplexen Zahlen gebildet worden und wurde zunächst nur im Rahmen dieser Theorie verwendet. Weierstraß benutzte für $\sqrt{a^2 + b^2}$ das Symbol »|a + bi|«. In Analogie zu dieser Symbolik hat man dann auch den absoluten Betrag entgegengesetzter Größen, Vektoren oder Zahlen +a und −a durch »|a|« (als Abkürzung für »$\sqrt{a^2}$«) dargestellt.

erstens ein (und »nur Ein«[29]) |a| zugrunde; und zweitens ist dieses |a| selbst keine entgegensetzte Größe überhaupt. |a| ist in diesem Sinne weder positiv noch negativ, sondern vielmehr etwas »gegen die Entgegensetzung Gleichgültiges«.

Hegel behauptet ferner: Obgleich |a| selbst keine »entgegengesetzte Größe überhaupt« ist, kann |a| dennoch als positiv angesehen werden. (Zum Beispiel kann |a| mit anderen Beträgen |a| zusammengenommen eine Summe, ein Vielfaches von |a| bilden.) Ein solches Vielfaches von |a| ergibt sich für Hegel schon daraus, dass wir $+a$ und $-a$ als *zwei* Größen ansehen können. Mit diesen Größen sind dann aber auch »zwei verschiedene« Beträge |a| »vorhanden«. – Wir können diese beiden Beträge |a| angemessen – und in Übereinstimmung mit der heute üblichen Symbolik – durch »|a|« und »|–a|« bezeichnen. – Auch diesen beiden Beträgen |+a| und |–a| kommt es nicht zu, »entgegengesetzt überhaupt« zu sein: $+a$ und $-a$ *bloß nach ihren Beträgen betrachtet* »sind positiv«.

Beide Behauptungen Hegels bieten dem Verständnis Schwierigkeiten. Die erste Behauptung enthält den Gedanken, dass zwei »entgegengesetzten Größen überhaupt« ein und nur ein Betrag |a| zugrunde liegt. Für diesen Gedanken braucht man eine Begründung. Die zweite Behauptung macht anscheinend einen zweideutigen Gebrauch vom Ausdruck »positiv«. Diese zweite Schwierigkeit wird sich dadurch auflösen lassen, dass die für |a| bzw. |+a| und |–a| behauptete Eigenschaft, »positiv« zu sein, bereits eine Vorwegnahme der zweiten »Form des Positiven und Negativen« enthält, auf die wir zurückkommen werden.

Was die erste Schwierigkeit angeht, so lässt auch diese sich auflösen. Solange nämlich $+a$ und $-a$ nur als »entgegengesetzt überhaupt« betrachtet werden (so dass ihre Bezeichnungen als

---

29 L. I, 277. 1. Der Ausdruck »Ein« (mit großem Anfangsbuchstaben) bedeutet in den Texten der deutschen philosophischen Literatur des 18. und frühen 19. Jahrhunderts in der Regel so viel wie »ein einfacher« oder »ein einfaches« bzw. »ein einziger« oder »ein einziges«.

»positiv« und »negativ« der Eigenschaft des Entgegengesetztseins nichts hinzufügen), so lange sind sie als Größen gar nicht *zweierlei* Größen, sondern »machen«, wie Hegel sagt, »*Eines* aus«[30]; sie sind mithin etwas, dem nur ein |a| zugrunde liegen kann. Diesem Gedanken Hegels liegt folgende Überlegung zugrunde: +a und −a als »entgegengesetzte Größen überhaupt« unterscheiden sich von ihrer »toten Grundlage« (dem ihnen zugrundeliegenden Betrag |a|) nur darin, dass sie »entgegengesetzt überhaupt« sind. Dieses einzige Unterscheidungsmerkmal des »Entgegengesetztseins« ist aber etwas, was *beiden* entgegengesetzten Größen +a und −a zukommt. Insofern sind +a und −a voneinander nicht verschieden: Die beiden scheinbar verschiedenen Beziehungen, das Entgegengesetztsein gegen Positives und das Entgegengesetztsein gegen Negatives, sind voneinander ununterscheidbar, solange »Positives« und »Negatives« nur austauschbare Namen sind für Relate des Entgegengesetztseins. Nach Hegels Ausdrucksweise ergibt sich der Gedanke, dass zwei »entgegengesetzte Größen überhaupt« »Eines ausmachen«, daraus, dass in ihnen »ihre identische Beziehung vorhanden« ist[31]. Diese identische Beziehung besteht eben darin, dass (unbeschadet des Gegensatzes der Größen gegeneinander) deren Positivität und Negativität ununterscheidbar sind.

Die Pointe dieses Gedankens besteht darin: Hegel versucht begreiflich zu machen, dass beide Betrachtungsweisen, nach denen entgegengesetzte (einander »aufhebende«) Größen entweder als Größen eines einfachen oder als Größen eines mehrfachen Betrags genommen werden, auf gleiche Weise voraussetzen, dass die Prädikate »positiv« und »negativ« für die Träger dieser Prädikate gleichgültig sind. Nehmen wir an, dass den Größen +a und −a nur ein einfacher Betrag |a| zugrunde liegt, so werden +a und −a identifiziert und so auch *als* Positives *und* Negatives vollkommen ununterscheidbar.

---

30   L. I, 276. 33f. Siehe dazu das obige Zitat: L. I, 276. 18–39, auf S. 88.
31   L. I, 276. 31–34. Vgl. das Zitat oben, S. 88, sowie das dort angeführte Heraklit-Fragment.

Nehmen wir an, dass den Größen $+a$ und $-a$ zwei Beträge $|+a|$ und $|-a|$ zugrunde liegen, so können die Prädikate »positiv« und »negativ«, die wir den beiden entgegengesetzten Größen beilegen, beliebig *vertauscht* werden, ohne ihre Bedeutung zu ändern. Wir haben damit die nach Hegels Auffassung wesentlichen Züge der ersten »Form des Positiven und Negativen« beschrieben.

Hegels Analyse dieser Form umfasst ihrem Gegenstand nach dasselbe, was Kant unter dem Titel des »Begriffs der negativen Größen« untersucht hatte. Auch Kant hatte Wert darauf gelegt, dass negative Größen ebensogut als positiv, und dass positive Größen in ihrer Beziehung auf andere Größen auch als negativ angesehen werden können. Aber da Kant über den Begriff des absoluten Betrages noch nicht verfügt hatte, fehlten ihm präzisere Antworten auf die Frage, worin die »Gleichgültigkeit« der Prädikate »positiv« und »negativ« eigentlich besteht.

Aber auch in Hegels Analyse bleibt noch ein Problem offen: Wie deutet Hegel dasjenige, was Kant die »Aufhebung« real entgegengesetzter Größen genannt hatte? Was setzt Hegel an die Stelle der kantischen Auffassung, nach der diese »Aufhebung« auf eine wechselseitige »Privation«, auf eine dynamische Beziehung zwischen real entgegengesetzten Größen zurückzuführen sei? Im Text der vorliegenden »Anmerkung« zum Gegensatzkapitel findet man nur eine knappe, lakonische Bemerkung Hegels zu diesem Thema: »Die Entgegengesetzten heben sich zwar in ihrer Beziehung auf, so daß das Resultat gleich Null ist; aber [etc.].«[32] Zur Frage, wie Hegel die »Aufhebung« und »das Resultat gleich Null« verstanden wissen möchte, erhalten wir an dieser Stelle keinen Aufschluss.

Dennoch umgeht Hegel dieses Problem nicht. Der Begriff »Null« ist nämlich Gegenstand zwar nicht des Anmerkungs-, sondern des Haupttexts der *Wissenschaft der Logik*, genauer des Kapitels über den Widerspruch. Den Begriff der Null erklärt Hegel in diesem Kontext als Begriff einer »Einheit, welche durch den Widerspruch

---

32   L. I, 276. 31 ff. Vgl. das obige Zitat S. 88.

zustandekommt«[33]. Was Hegel mit dieser Bemerkung im Sinne hat, möchte ich erst dann genauer erläutern, wenn wir Hegels Erläuterung des Widerspruchsbegriffs selbst betrachten. Doch scheinen mir schon jetzt einige wenige Andeutungen angebracht zu sein.

Die Null ist nach Hegel kein *nihil privativum*; und insofern ergibt sich das Resultat der »Aufhebung« entgegengesetzter Größen auch nicht daraus, dass Kräfte sich ihrer Folgen wechselseitig berauben. Das, was wir verrechnen, wenn wir Wegstrecken, Geldsummen etc. in der Form »$+a - a = 0$« miteinander verrechnen, ist weder als Grund noch als Gegenstand einer »Privation« zu denken. Die zu verrechnenden Größen sind vielmehr (*trotz* des Resultats gleich Null und *trotz* der wechselseitigen Aufhebung) stets »als reale oder gleichgültige«[34] Größen vorhanden, das heißt: ihnen liegen stets (einfache oder mehrfache) absolute Beträge zugrunde. Das Resultat, das durch die Metapher der »Aufhebung« umschrieben und durch den Begriff der Null erfasst werden soll, kann nur in der *Beziehung* liegen, die zwischen den absoluten Beträgen einerseits und den (ihnen nur »gleichgültig« zukommenden) Prädikaten »positiv« und »negativ« andererseits besteht. Diese Beziehung ist aber, wie wir sehen werden, eben das, was Hegel »Widerspruch« nennt.[35]

---
33   L. I, 280. 38.
34   L. I, 277. 20.
35   Um vorläufig ein an dieser Stelle mögliches Missverständnis auszuschließen: Hegel sagt der Mathematik keine Widersprüche nach. Er erblickt keinen Widerspruch darin, dass in der Mathematik Ausdrücke vorkommen wie »$+a - a = 0$«. Die Beziehung zwischen zwei Größen $+a$ und $-a$, von der wir annehmen, dass durch sie ein Resultat »$= 0$« zustande kommt, *ist* in Hegels Augen ein Widerspruch. Der Ausdruck »$+a - a = 0$« besagt nach Hegel dann aber: Die zwischen $+a$ und $-a$ bestehende Beziehung *ist* ein Widerspruch und hat *insofern* ein Resultat gleich Null. Während die *Wissenschaft der Logik* untersucht, wie beschaffen diese Beziehung ist, wird in der Mathematik von dieser Beschaffenheit abstrahiert: Es ist keine Frage der Mathematik, welche Beziehung zwischen $+a$ und $-a$ besteht, die macht, dass $+a - a = 0$ ist. Ebensowenig ist es eine Frage der Mathematik, welche Beziehung eigentlich an Dingen (wie Geldvermögen, Wegstrecken etc.) vorliegen muss, damit wir (in der Physik, in der Ökonomie etc.) von diesen Dingen in der Form »$+a - a = 0$« reden können. – Der Sache nach treffen sich Hegels

II. Die zweite Form des Positiven und Negativen in der Mathematik

Wir sahen bereits, dass nach Hegel das Prädikat »positiv« nicht nur von den »entgegengesetzten Größen überhaupt«, sondern auch von den absoluten Beträgen dieser Größen ausgesagt werden kann. Insofern darf man sagen, dass die zweite mathematische »Form« des Positiven und Negativen durch die erste Form vorbereitet ist. Die absoluten Beträge sind nach Hegel zwar (im Sinne der ersten Gegensatzform) *weder* positiv *noch* negativ. Aber sie sind dasjenige, was Hegel (im Sinne der zweiten Gegensatzform) »das an sich Positive« nennt. Das »an sich Positive« nennt Hegel daher auch »das Nichtentgegengesetzte«[36], »das [U]nbestimmte«[37] oder das »[G]leichgültige

---

Überlegungen an dieser Stelle mit Versuchen des 18. Jahrhunderts, in Befolgung des Leibniz'schen Programms einer mathematischen Logik den Satz des Widerspruchs zu algebraisieren. So finden wir z. B. bei Joachim Georg Darjes die Behauptung: »Wenn der Mathematiker sagt: $a - a = 0$ so ist dieß der Ausdruck von Nichts und eben das, was der Satz des Widerspruchs.« (J. G. Darjes, *Weg zur Wahrheit*, Frankfurt/Oder 1776, §217). Denn der Satz des Widerspruchs ist nach Darjes wie folgt zu erläutern: »Wenn wir das, was wir positivisch genommen haben, auch verneinend nehmen und beyde zusammensetzen, so ist diese Zusammensetzung nichts. Folglich ist dieser Ausdruck: Es ist nicht möglich, daß etwas zugleich seyn, und auch nicht seyn kann, welchen man den Satz des Widerspruchs nennet, ein Ausdruck von nichts.« Ähnlich wie bei Hegel (und im Gegensatz zu Kant) finden wir bei Darjes die Annahme, dass zwei Größen $+a$ (*res positiva*) und $-a$ (*res negativa*) ein Substrat a (*res absoluta*) zugrunde liegt. (J. G. Darjes, *Introductio in artem inveniendi*, Jena 1742, S. 15). Die *res absoluta* wird hier als dasjenige Etwas vorgestellt, von dem die Größen $+a$ und $-a$ als (kontradiktorische) Prädikate ausgesagt werden. Mit einer mathematischen Klassenlogik hat diese algebraisierte Logik des 18. Jahrhunderts nicht viel zu tun, »weil das Allgemeine nicht durch das quantitative Enthalten einer Menge von Individuen, sondern durch die nur unvollständige qualitative Individuation definiert ist« (W. Risse, *Die Logik der Neuzeit*, 2. Band, Stuttgart 1970, S. 645). Hegel macht den Versuch, diese Logik als »Reflexionslogik« weiterzuentwickeln. – Zu Kants Kritik an Darjes' Algebraisierung des Satzes vom Widerspruch vgl. *Nova dilucidatio* (1755), Sectio 1, Prop. II, Scholion, WW I, S. 417.

36 L. I, 277, 34.
37 L. I, 278. 29f.

überhaupt«[38]. Man kann Hegels Gedanken auf folgende Formel bringen: $|a| = |+a| = |-a| = +|a|$.

Dass absolute Beträge in diesem zweiten Sinne positiv sind, könnte zunächst einmal bedeuten, dass wir mit absoluten Beträgen so rechnen können wie mit additiven Größen. Das ist, wie wir sahen, insofern auch der Fall, als das Vielfache eines absoluten Betrags durch Addition gebildet werden kann. Der Ausdruck »an sich positiv« ist aber nicht gleichbedeutend mit »additiv«. Der Sinn dieses Ausdrucks liegt vielmehr darin, dass dem »an sich Positiven« etwas »an sich Negatives« *entgegengesetzt* ist. Die gleichgültigen Größen sind demnach an sich positiv nur insofern, als es etwas den gleichgültigen Größen Entgegengesetztes gibt. Worin dieses Entgegengesetzte besteht, ist leicht zu sagen. Insofern nämlich das an sich Positive das Nichtentgegengesetzte, Gleichgültige ist, insofern ist das an sich Negative eben das Gegenteil davon: es ist eben das Entgegengesetzte, Nichtgleichgültige. Anders gesagt: Dem (an sich positiven) absoluten Betrag $+|a|$ ist diejenige Größe entgegengesetzt, die kein (an sich positiver) absoluter Betrag ist. Ich bezeichne diese »an sich negative« Größe als $-|a|$[39]. Hegel nennt das an sich Negative auch schlicht »das Entgegengesetzte«[40].

Hegels Konstruktion, nach der es zu den absoluten Beträgen entgegengesetzter Größen noch einmal etwas Entgegengesetztes gibt, ist keineswegs willkürlich, sondern ergibt sich ziemlich bruchlos aus der Analyse der ersten »Form des Positiven und Negativen«. Als Gegenstand der Analyse dieser Form kommt nämlich genaugenommen nicht nur das »an sich Positive« (in Gestalt des absoluten Betrages) vor. Auch »das an sich Negative« war bereits implizit Gegenstand dieser Analyse: Es war dasjenige, *wovon* die

---

38 L. I, 278. 30.
39 Das Symbol »$-|a|$« ist eine Abkürzung des Ausdrucks »$-\sqrt{a^2}$«: Für alle Wurzeln von a^2 bildet $-\sqrt{a^2}$ das negative Gegenstück. Ebenso bildet $-|a|$ das negative Gegenstück des Betrags $|a|$.
40 L. II, 47.

»gleichgültige« Größe »Grundlage« oder »zugrundeliegende ansichseiende Einheit« war; es war mit anderen Worten dasjenige, wovon ein absoluter Betrag |a| Betrag ist. An sich negativ, genauer: den Beträgen |+a| und |−a| entgegengesetzt sind demnach die entgegengesetzten Größen +a und −a, insofern sie nicht Beträge, sondern entgegengesetzte Größen sind. Insofern von diesen Größen »das eine so gut ein Entgegengesetztes als das andere«[41] ist (oder: insofern diese Größen als »entgegengesetzte überhaupt« ununterscheidbar sind), sind sie *beide* das negative Gegenstück einer positiven Größe des Betrages |a|. So sind, wie wir sahen, +a und −a als »entgegengesetzte Größen überhaupt« miteinander schlechthin identisch: sie »machen Eines aus«. Wir können diese Identität durch folgende Formel zum Ausdruck bringen: $+a = -|a| = -a$.

Von demjenigen Standpunkt aus, den man bei der Betrachtung der zweiten »Form des Positiven und Negativen« einnimmt, erscheinen die beiden Betrachtungsweisen (oder »Seiten«) der ersten Form als implizite Anwendungen der Begriffe des »an sich Negativen« und des »an sich Positiven«. Die erste Betrachtungsweise der ersten Form nimmt die »entgegengesetzten Größen überhaupt« von derjenigen »Seite«, von der aus sie das Negative sind, dem ein bestimmter einfacher Betrag (wie Hegel sagt: »ohne weiteren Begriff«[42]) als Substrat zugrunde liegt. Die zweite Betrachtungsweise der ersten Form nimmt dieselben »entgegengesetzten Größen überhaupt« von der anderen »Seite«, von der aus sie etwas Positives, ein additives Vielfaches von Beträgen sind.

Hegels Erörterung der zweiten Form des Positiven und Negativen hat aber keineswegs nur die Funktion, die Analyse der ersten Form von einem höheren Standpunkt aus zu beurteilen. Hegel meint darüber hinaus, dass erst unter Berücksichtigung des an sich Positiven und an sich Negativen die Paradoxien auflösbar sind, die in der traditionellen Arithmetik mit den herkömmlichen Begründungsversu-

---
41   L. I, 276. 11–12. Vgl. das zu Fußnote 25 gehörige Zitat oben, S. 123.
42   L. I, 276. 9.

chen der Vorzeichenregeln immer verbunden gewesen sind. Hegel weist vor allem darauf hin, dass der Gebrauch algebraischer Vorzeichen in höherstufigen Rechenoperationen, wie der Multiplikation oder Division, nur dann konsistent gemacht werden kann, wenn man diese Operationen als Rechnen mit dem Positiven und Negativen der zweiten Form begreift.

In diesen für Hegels Zeit richtungweisenden Bemerkungen[43] sind der Sache nach folgende Überlegungen enthalten: In Ausdrücken wie »$(-a) \cdot (+a)$«, »$(+a) \cdot (-a)$« oder »$(-a) \cdot (-a)$« bezeichnet das »$+a$« eine an sich positive (»gleichgültige«, »nicht entgegengesetzte«) Größe $+|a| = |a|$; »$-a$« dagegen bezeichnet eine an sich negative (nicht »gleichgültige«, sondern »entgegengesetzte«) Größe $-|a|$. Hegels Gedanke ist hierbei folgender: Der Betrag eines Produkts zweier Faktoren ist das Produkt aus den Beträgen der Faktoren. Das Vorzeichen des Produkts richtet sich nach dem Vorzeichen des Multiplikanden; allerdings ist dieses Vorzeichen »auf die ihm entgegengesetzte Weise zu nehmen«, wenn der Multiplikator an sich negativ ist.

---

[43] Man vergleiche Hegels Bemerkungen (L. I, 277. 33–278. 21) etwa mit Grassmanns Theorie der Multiplikation mit negativen Zahlen, die ohne den Begriff des positiven Werts der negativen Zahl nicht auskommt (H. Grassmann, *Stücke aus dem Lehrbuche der Arithmetik*, Berlin 1861, §4, a. a. O., S. 313 ff.). Hegels Überlegungen besonders nahe verwandt und wahrscheinlich direkt von Hegel beeinflusst ist R. Grassmanns Begründung der Regeln des »zweiten Zählgrads« (der Multiplikation). Vgl. dazu R. Grassmann, *Die Zahlenlehre oder Arithmetik*, a. a. O., S. 19. Man vergleiche Hegels Bemerkungen auch mit neueren Begründungen, z. B. mit E. Landaus Begründung der Regeln für Multiplikationen mit negativen Zahlen (*Grundlagen der Analysis*, Darmstadt 1970, reprographischer Nachdruck der Ausgabe von 1930, S. 84–88). Landau definiert das Produkt aus zwei Faktoren (für den Fall, dass beide eine reelle Zahl und mindestens einer von ihnen negativ ist) als Produkt aus den absoluten Beträgen dieser Faktoren. Dieses Produkt ist, wenn nicht = 0, entweder positiv oder negativ und selbst ein (positiver oder negativer) absoluter Betrag. Ich habe bereits auf die Ähnlichkeit zwischen dem Begriff des absoluten Betrages und Hegels Begriff der »gleichgültigen Größe« hingewiesen. Welche Ähnlichkeit zwischen dem Begriff des negativen absoluten Betrages und dem Begriff der »nicht gleichgültigen Größe« besteht, müsste besonders untersucht werden.

Hegel selbst legt diesen Gedanken nicht in dieser ausdrücklichen Weise dar. Doch kann er aus Hegels Argumentation erschlossen werden. Hegels Argumente für diese Auffassung enthalten eine indirekte Beweisführung. Zunächst einmal begründet Hegel die Ansicht, dass die Vorzeichen der Faktoren eines Produkts nicht »ein bloßes Verhältnis des Mehrens und Minderns« anzeigen wie beim »Addiren oder Subtrahiren«.[44] Zur Begründung gibt Hegel nur einen äußerst knapp gehaltenen Hinweis. Er bemerkt[45], dass beim Multiplizieren »das Verhältnis der Faktoren, Einheit und Anzahl gegeneinander zu sein« kein bloß quantitatives, sondern ein »qualitatives« Verhältnis sei. Das habe zur Folge, dass »auch Plus und Minus die qualitative Bedeutung des Positiven und Negativen« erhalten. Hegel macht hiermit auf folgenden Sachverhalt aufmerksam: Die Multiplikation kann zwar teilweise, aber auch *nur* teilweise als Operation zur Abkürzung wiederholter Addition gleicher Summanden angesehen werden: die Operation »3 · 7« kürzt die Operation »7 + 7 + 7« ab. So betrachtet hat es die Multiplikation als eine Sonderform der Addition mit Verhältnissen des »Mehrens« zu tun. Im Ausdruck »a · b« bezeichnet gewöhnlich die erstgenannte Zahl *a* die Anzahl der zu addierenden Summanden (den Multiplikator), die zweitgenannte Zahl *b* die Einheit dieser Summanden (den Multiplikanden). Stellen wir dem Multiplikanden ein *Minus* voran, so können wir den Multiplikationsausdruck immer noch in einen Additionsausdruck gewissermaßen zurückverwandeln; z. B. »(+3) · (−7)« in »(−7) + (−7) + (−7)«. Ist nun aber der Multiplikator negativ, wie in »(−7) · (+3)«, so kann man nicht mehr in eine Addition umformen. Multiplikator und Multiplikand können also nicht in allen Fällen als Anzahl und Einheit von *Summanden* verstanden werden. Die Multiplikation ist insofern nicht, wie das Addieren und Subtrahieren, »ein bloßes Verhältnis des Mehrens und Minderns«. Dennoch können die Begriffe von Anzahl und Einheit beibehalten werden: Der Multiplikand nennt die Einheit, dessen Vielfaches das Produkt ist;

---

44 L. I, 278. 4–6.
45 L. I, 278. 4–6.

der Multiplikator nennt die Anzahl der Einheiten, die im Produkt enthalten sind. Das Verhältnis von Anzahl und Einheit ist dabei nie ein bloß quantitatives Verhältnis. So steht die Anzahl der Summanden im Ausdruck »(−7) + (−7) + (−7)« nicht in einem bloß quantitativen Verhältnis zur Einheit der Summanden; 3 (betrachtet als Anzahl der Summanden) ist nicht einfach größer oder kleiner als −7 (betrachtet als *Einheit* der Summanden). Daher können das *Minus* und *Plus*, als Vorzeichen einer Einheit oder als Vorzeichen einer Anzahl, auch kein bloßes »Verhältnis des Mehrens oder Minderns« anzeigen. Das *Minus* als Vorzeichen des Multiplikators zeigt an, dass das Vielfache der Einheit im Produkt *nicht* dasselbe, sondern das entgegengesetzte Vorzeichen hat wie die Einheit. Das *Minus* als Vorzeichen des Multiplikanden zeigt an, dass die Einheit, deren Vielfaches das Produkt ist, *nicht* positiv, sondern negativ ist. Die eigentümliche Bedeutung des *Plus* zeigt sich darin, dass es in beiden Stellungen vernachlässigt werden kann. So betrachtet erscheint es sinnvoll zu sagen: *Plus* und *Minus* erhalten eine Bedeutung, die sich von der Bedeutung des »Mehr« und »Minder« »qualitativ« unterscheidet. Die weitere Argumentation Hegels zielt darauf ab zu zeigen, dass die mit *Plus* und *Minus* bezeichneten Faktoren eines Produkts positiv und negativ sind, dies aber nicht im Sinne »entgegengesetzter Größen überhaupt«, sondern im Sinne des »an sich Positiven« und »an sich Negativen«. Hegel schreibt: »Ohne diese Bestimmung und bloß aus dem Begriffe entgegengesetzter Größen kann leicht die schiefe Folgerung gezogen werden, daß wenn $-a \cdot +a = -a^2$ ist, umgekehrt $+a \cdot -a = +a^2$ gebe. Indem der eine Faktor die Anzahl und der andere die Einheit, und zwar die erstere wie gewöhnlich der voranstehende bedeutet, so unterscheiden sich die beiden Ausdrücke $-a \cdot +a$ und $+a \cdot -a$ dadurch, daß im erstern $+a$ die Einheit und $-a$ die Anzahl, und im anderen es umgekehrt ist. Es pflegt nun beim ersteren gesagt zu werden, wenn ich $+a$ nehmen soll $-a$ mal, so nehme ich $+a$ nicht bloß a mal, sondern zugleich auf die ihm entgegengesetzte Weise, $+a$ mal $-a$; also da es Plus ist, so habe ich es negativ zu nehmen, und das Produkt ist $-a^2$. Wenn aber im zweiten Falle $-a$ zu nehmen ist $+a$ mal, so soll $-a$ gleichfalls nicht $-a$ mal genommen werden, sondern in der ihm entgegengesetzten Bestimmung, nämlich $+a$ mal. Nach dem Räsonnement des ersten Falles folgt also, daß das Produkt $+a^2$ sein müsse. Ebenso bey der Division.«[46] »So ist denn auch $-a \cdot -a = +a^2$, darum weil das negative a nicht bloß auf die entgegengesetzte Weise (so würde es zu nehmen sein, mit $-a$ multipliziert), sondern weil es negativ genommen werden soll. Die Negation der Negation aber ist das Positive.«[47] Hegel liefert hier indirekte Argumente für die Behauptung, dass nur ein qualifizierter Begriff der Entgegensetzung geeignet ist zu erklären, erstens: warum nicht jeder Multiplikand aufgrund eines entgegengesetzten Multiplikators ein entgegengesetztes Produkt bildet, sondern nur ein positiver Multiplikand; zweitens: warum Faktoren

---

[46] L. I, 278. 8–21. Die »schiefe Folgerung«, die Hegel hier konstruiert, darf man vielleicht als direkten Einwand gegen L. Eulers Begründung der Vorzeichenregeln in der Multiplikation ansehen. Eulers *Vollständige Anleitung zur niedern und höhern Algebra* (Berlin 1770), die diese Begründung versucht, besaß Hegel in seiner Bibliothek. In »Artikel 32« dieser Anleitung schreibt der – so Hegel (L. II, 47. 3–5) – »große, in dem Auffassen und Kombinieren der tiefern Verhältnisse der algebraischen Größen unendlich fruchtbare und scharfsinnige Euler«: »Wir wollen erstlich $-a$ mit 3 oder $+3$ multiplizieren; weil nun $-a$ als eine Schuld angesehen werden kann, so ist offenbar, daß wenn diese Schuld 3mal genommen wird, dieselbe auch 3mal größer werden müsse, folglich wird das gesuchte Product $-3a$ seyn.« Und Euler fügt hinzu, dass »wann eine positive Größe mit einer negativen multipliziert werden soll, das Product negativ werde«, ohne dass der Fall, wo $+a$ mit $-b$ zu multiplizieren ist, von Euler diskutiert wird. Vgl. zu Eulers Begründung der Vorzeichenregeln auch F. Cajori, *Arithmetik, Algebra, Zahlentheorie,* a. a. O., S. 82f. Bereits G. S. Klügel hatte in seinem Artikel »Entgegengesetzte Größen« (a. a. O., S. 106) das Verfahren kritisiert, sich Faktoren mit entgegengesetzten Vorzeichen als Schulden und Vermögen oder anhand anderer Beispiele vorzustellen, die nur zur Erläuterung der ersten Art der Entgegensetzung von Größen tauglich seien. Die »schiefe Folgerung«, die man aus Eulers Argument ziehen kann, wäre (in Anlehnung an Hegels Einwand) etwa folgende: »Wir wollen $+a$ mit -3 multiplizieren; weil nun $+a$ als ein Vermögen angesehen werden kann, so ist offenbar, daß wenn dieses Vermögen -3mal genommen wird, dasselbe auch -3mal kleiner werden müsse, folglich wird das gesuchte Produkt $+3a$ seyn.«

[47] L. I, 278. 33–36.

gleichen Vorzeichens nicht immer Produkte desselben Vorzeichens bilden, sondern nur dann, wenn die Faktoren positiv sind.

Was immer man von allen hier dargestellten Vorschlägen Hegels zur Klärung der mathematischen Begriffe des Positiven und Negativen halten mag, sicherlich stellen sie einen nicht uninteressanten Beitrag zur Überwindung der Schwierigkeiten dar, in die sich die älteren, insbesondere auch die kantischen Theorien über die entgegengesetzten Größen und die mathematische Negativität verwickelt hatten. Wenn Hegels Theorie der mathematischen Gegensatzformen uns heute unmodern erscheint, so vor allem deshalb, weil die moderne Mathematik auf den Begriff der Entgegensetzung und auf eine »Erklärung« der Vorzeichenregeln verzichtet. L. Carnot folgend führt man die Entgegensetzung von positiven und negativen Zahlen auf ein Verhältnis von (direkten) Relationen zu inversen Relationen zurück. Diese Entgegensetzung »findet«, so formuliert Gauss[48], »nur da statt, wo nicht Substanzen (für sich denkbare Gegenstände), sondern Relationen zwischen je zwei Gegenständen das Gezählte sind.« Betrachten wir einen a km langen Weg R von x nach y als Relation $xRy = a$, so ist der umgekehrte Weg die inverse Relation $xR^{-1}y = -a$. Führt man in dieser Weise die negativen Zahlen auf inverse Relationen zurück, so liegt dann ebenso wie nach Hegels Auffassung dem Verhältnis des Positiven und Negativen kein Verhältnis des »Mehrens« und »Minderns« mehr zugrunde. Dieses spielt in mathematischen Operationen nur so lange eine Rolle, wie diese Operationen auf ein Zählen von »Substanzen« zurückführbar sind. Was die Vorzeichenregeln betrifft, so werden sie seit Hankel nicht mehr »erklärt« oder »bewiesen«, sondern *festgesetzt*. Bewiesen wird nur noch, dass aufgrund dieser Festsetzungen die kommutativen, assoziativen und distributiven Gesetze der Arithmetik erhalten bleiben. –

Nun muss man beachten, dass Hegels Vorschläge zur Lösung der Probleme der Mathematik nur illustrativen Charakter ha-

---

[48] C. F. Gauss, *Werke* II, a. a. O., S. 176. Zur Einführung des Begriffs des Inversen vgl. L. N. M. Carnot, *Géometrie de Position*, Paris 1803.

ben. Sie sollen an einem Beispiel zeigen, dass die Gedanken, die im eigentlichen Haupttext der *Wissenschaft der Logik* zum Begriff des Gegensatzes entwickelt werden, innerhalb der Mathematik fruchtbar gemacht werden können. Während es der Anmerkungstext nur mit Gegensatzformen zwischen *Größen* zu tun hat, behandelt der Haupttext Gegensatzformen als solche. Der Haupttext behandelt die Frage, was eigentlich ein Gegensatz ist.

Sechstes Kapitel

Reflexionslogische Negativität

Hegel unterscheidet im Haupttext der *Wissenschaft der Logik* innerhalb des Kapitels »Der Gegensatz« drei Stufen (oder Arten) des Gegensatzes:

1. Das Verhältnis zwischen Positivem und Negativem als Verhältnis »gegen einander negativer« Relate (»Entgegengesetzte überhaupt«[1]),
2. das Verhältnis zwischen Positivem und Negativem als Verhältnis miteinander verwechselbarer (amphibolischer) Relate (das Positive und Negative als »gleichgültig«[2]),
3. das Verhältnis zwischen dem an sich Positiven und dem an sich Negativen (das Positive und das Negative als jeweils »selbständige Reflexionsbestimmungen«[3]).

Man kann diesen drei Gegensatzstufen oder -arten die beiden von Hegel analysierten Formen mathematischer Entgegensetzung leicht zuordnen. Man muss dazu nur berücksichtigen, dass die beiden ersten der hier aufgezählten drei Stufen von Hegel als »Seiten« der ersten mathematischen Entgegensetzungsform gezählt werden. Hegels Intention dürfte es entsprechen, das in der Arithmetik vorkommende Positive und Negative als Beispiele oder Anwendungsarten der drei im Haupttext der »Logik« entwickelten Gegensatzbegriffe anzusehen.

---

1 L. I, 273. 37–39.
2 L. I, 274. 7.
3 L. I, 274. 21 und 27; 279. 7–8.

I. Entgegensetzung als reflexionslogische Beziehung

Als »entgegengesetzt« gelten aber nicht nur Größen (Zahlengrößen, Ordinatenabschnitte, Soll und Haben, Bewegungsbahnen etc.). Als »entgegengesetzt« gelten gewöhnlich alle diejenigen Bestimmungen, die einem Gegenstand durch Prädikate beigelegt werden, die innerhalb der traditionellen Schullogik teils »konträre«, teils »kontradiktorische Begriffe« heißen[4]. »Konträr« heißen nach dem Sprachgebrauch der traditionellen Logik Begriffe dann, wenn sie einander ausschließen, und zwar in der Weise, dass »zwischen« ihnen ein *Tertium*, das heißt mindestens ein »mittlerer«, dritter Begriff möglich ist. »Kontradiktorisch« heißen sie dagegen dann, wenn sie einander ausschließen, ohne dass ein solcher mittlerer Begriff möglich ist.[5] Nach dieser Unterscheidung soll z. B., wenn wir einen Begriff »blau« haben, »gelb« ein konträrer Begriff sein (weil es noch andere, »mittlere« Farbbegriffe außer »blau« und »gelb« gibt). »Nichtblau« dagegen soll der kontradiktorische Begriff sein (denn mit »blau« und »nichtblau« haben wir alle Farbbegriffe erfasst). Nun lehnt Hegel die Unterscheidung konträrer und kontradiktorischer Begriffe insofern ab, als mit ihr die Existenz »zweier besonderer Arten« von Begriffen unterstellt werde, die es als solche gar nicht gibt.[6] Diese Ablehnung Hegels hat ihren

---

4 Die Lehre von den konträren und kontradiktorischen Begriffen geht auf Aristoteles (Cat. 10 b – 11 b) zurück.

5 So sagt bereits Aristoteles: »Widerspruch ist ein Gegensatz, der an sich kein Mittleres zulässt« (An. post. 72 a 12).

6 L. II, 45f. »Sie [sc. die konträren und kontradiktorischen Begriffe] werden als zwei besondere *Arten* angesehen, d. h. jeder als fest für sich und gleichgültig gegen den anderen ohne allen Gedanken der Dialektik und der inneren Nichtigkeit dieser Unterschiede, – als ob das, was *contrār* ist, nicht ebensosehr als *contradictorisch* bestimmt werden müßte.« Und Hegel fügt mit Hinweis auf das Gegensatz- und Widerspruchskapitel seiner *Wissenschaft der Logik* hinzu: »Die Natur und der wesentliche Übergang der Reflexionsformen, die sie [sc. die beiden Begriffsarten] ausdrücken, ist an ihrer Stelle betrachtet worden.« Die Ablehnung der Lehre von den kontradiktorischen Begriffen bringt Hegel in einer Anmerkung zur Begriffslogik (L. I, 46. 13–18), nicht dagegen im Kontext der erwähnten Kapitel der Reflexionslogik

guten Grund darin, dass es weder am Inhalt noch an der logischen Form der Begriffe (oder genauer desjenigen, was in der traditionellen Schullogik »Begriff« genannt wird) liegen kann, ob diese Begriffe ein *Tertium* zulassen oder nicht. Wir haben bereits im Zusammenhang von Kants Theorie dialektischer Oppositionen Beispiele dafür kennengelernt, dass der Form nach kontradiktorische Urteile konträr sein können. Kants Antinomien, aber auch trivialere Urteilspaare (wie z. B. die Urteile über wohl- und nicht wohlriechende Körper) waren ein Beleg dafür. Eben diese Urteilspaare belegen zugleich, dass die in ihnen vorkommenden Prädikate, für sich genommen, genausogut als konträre wie als kontradiktorische Begriffe gelten können. Ob sich die Begriffe »wohlriechend« und »nicht wohlriechend« zueinander kontradiktorisch verhalten, ob sich die Begriffe »wohlriechend« und »übelriechend« zueinander konträr verhalten, hängt allein davon ab, auf welches Satzsubjekt (auf einen wie bestimmten Gegenstand) sie als Prädikate bezogen werden.

Auch die mathematische Entgegensetzung lässt sich nicht auf ein Verhältnis konträrer Begriffe reduzieren. Das hat Hegels Analyse dieser Entgegensetzung, insbesondere der Hinweis auf die Voraussetzung eines den entgegengesetzten Größen zugrundeliegenden absoluten Betrags gezeigt. Der Begriff »Weg in Richtung Westen« verhält sich zum Begriff »Weg in Richtung Osten« konträr oder kontradiktorisch, je nachdem ein wie bestimmter Gegenstand unter diese Begriffe fallen soll. Ist dieser Gegenstand ein Weg, der einen bestimmten westlichen mit einem bestimmten östlichen Ort verbindet, so verhalten sich beide Begriffe kontradiktorisch; meinen wir dagegen einen Weg, der auch südliche Orte verbinden könnte, dann konträr. Anders ausgedrückt: Es hängt von der Lage des absoluten Vektorbetrags ab, den wir einer Bewegungsbahn zuschreiben, ob die Prädikate »Weg in Richtung Osten« und »Weg in Richtung Westen«,

---

zum Ausdruck. Einen kurzen Hinweis auf diese Ablehnung findet man aber in den entsprechenden Passagen (im § 119 der Kurzfassung der Reflexionslogik) der *Encyklopädie* von 1830.

die wir dieser Bahn beilegen, konträr oder kontradiktorisch sind. Ganz Entsprechendes ergibt sich auch für andere, benannte und unbenannte positive und negative Größen.

Der Unterschied »konträrer« und »kontradiktorischer« Begriffe erweist sich überall als kontextabhängig und daher als wenig sinnvolles Einteilungsprinzip für Begriffe oder Prädikate.[7] Die Kontextabhängigkeit dieses Unterschieds besteht, um es genauer zu sagen, darin: Dadurch, dass man zwei vorliegende Begriffe in Beziehung aufeinander als entweder konträr oder kontradiktorisch deutet, deutet man sie implizit bereits als Prädikate verschieden bestimmter Gegenstände. Die konträren und kontradiktorischen Begriffsverhältnisse beruhen insofern gar nicht allein auf den Inhalten der sogenannten konträren und kontradiktorischen Begriffe, sondern auf komplexeren Beziehungen.

Ganz anders – und noch unerschüttert durch die Entdeckungen der kantischen Dialektik – ist die Auffassung der herkömmlichen Logik. Die Deutung der Beziehungen zwischen Begriffsinhalten heißt in der Philosophie vor Hegel, auch bei Kant[8], »(logische) Reflexion«. Die Unterscheidung zwischen konträren und kontradiktorischen Begriffen beruht nach Auffassung dieser herkömmlichen Reflexionslogik

---

7   Hegel ist sogar der Meinung, dass es nicht nur sinnlos ist, den Unterschied von konträren und kontradiktorischen Begriffen zu fixieren, sondern sogar Aufgabe der Wissenschaft, Begriffsverhältnisse, die scheinbar nur konträre sind, als *auch* kontradiktorische zu erweisen. Um hier nur ein einzelnes Beispiel zu erwähnen (es wird im Zusatz 1 zum § 119 der *Encyklopädie* aus Hegels Vorlesungen mitgeteilt): »Blau« und »Gelb« können als bloß konträre Begriffe nur so lange erscheinen, wie wir Blau und Gelb nur als zwei von mehreren Farben behandeln. Die Farbenlehre, mit ihrer Theorie der sogenannten einfachen und Ergänzungsfarben (vgl. hierzu ausführlicher die Darstellung der Farbenlehre im § 320 der *Encyklopädie*), liefert allerdings den Begriff einer Farbe, in Bezug auf welche »blau« und »gelb« sich kontradiktorisch verhalten. Vgl. unten S. 173 Anm. 9 und S. 201 Anm. 27.

8   Zu Kants Verwendung dieses auf Locke zurückgehenden Begriffs vgl. KrV, A 262, B 317–318. Statt vom »Inhalt der Begriffe« (z. B. B 318) spricht Kant auch von »Vorstellungen« (ebd.).

– und dieser Auffassung folgt zu einem gewissen Grade auch Kant[9] noch – auf einer bloßen Verschiedenheit der Beziehungen zwischen Begriffsinhalten. Sie ergibt sich mithin aus logischer Reflexion: Sind Begriffe ihrem Inhalt nach einander widerstreitend (oder entgegengesetzt), so heißen sie kontradiktorisch. Sind dagegen zwei Begriffe ihrem Inhalt nach nur verschieden, so sind sie allenfalls konträr. »Verschiedenheit« und »Gegensatz« (»Widerstreit«) werden Reflexionsbegriffe genannt. Denn durch sogenannte Reflexionsbegriffe[10] bestimmen wir die Beziehungen der Begriffsinhalte; und die Begriffe der Verschiedenheit und des Gegensatzes (des »Widerstreits«) bestimmen die Beziehungen zwischen den Inhalten konträrer und kontradiktorischer Begriffe. Ganz Ähnliches lesen wir in Hegels *Wissenschaft der Logik*: »Den *conträren* und *contradictorischen* Begriffen [...] liegt die Reflexionsbestimmung der Verschiedenheit und Entgegensetzung zu Grunde.«[11] Doch Hegel meint nicht dasselbe wie seine Vorgänger. Die Annahme, dass Begriffen »Reflexionsbestimmungen zugrunde liegen«, kann nach Hegels Ansicht nicht bedeuten, dass es die Begriffe sind, deren Beziehungen wir, für sich isoliert, zum Gegenstand logischer Reflexion machen können. Denn die (durch Reflexionsbegriffe bestimmbaren) Beziehungen zwischen Begriffsinhalten (zwischen Begriffsintensionen[12]) sind durch die Begriffe als solche gar nicht vorgegeben. Die Tatsache der Kontextabhängigkeit des Unterschieds konträrer und kontradiktorischer Begriffe und die kantische Dialektik lehren, dass es von der Bestimmtheit des Gegenstandes, auf den wir die sogenannten Begriffe als Prädikate bezie-

---

9 Vgl. dazu Kants Bemerkungen über die Aufgaben logischer Reflexion im Kapitel »Von der Amphibolie der Reflexionsbegriffe« der KrV.

10 Locke hatte den Begriff »ideas of reflection« (*An Essay concerning Human Understanding*, Book II, Chapter I, 24) in einem noch weniger spezifizierten Sinne gebraucht.

11 L. II, 46. 10–13.

12 Die Reflexionslogik ist, im Unterschied zur gewöhnlichen formalen Logik, eine Lehre von den Beziehungen nicht nur zwischen Begriffsumfängen (Extensionen), sondern auch zwischen Begriffsintensionen.

hen, abhängt, ob die Begriffsinhalte als bloß verschiedene oder als entgegengesetzte aufeinander bezogen sind. Hegel erinnert deshalb in diesem Zusammenhang[13] zu Recht daran, dass es »ohne allen Gedanken der Dialektik« (»– als ob das, was *conträr* ist, nicht ebensosehr als *contradictorisch* bestimmt werden müßte«) geschieht, wenn man den Unterschied von Reflexionsbestimmungen der Klassifikation von Begriffen zugrunde legt, die als Begriffe gar nicht unterschieden sind.

Die traditionelle Reflexionslogik setzt, so könnte man etwas vereinfacht sagen, eine naive metaphysische Trennung zwischen Gegenstand und Begriff voraus: Auf der einen Seite nimmt sie eine Sphäre für sich bestehender, vorgestellter Gegenstände an, auf der anderen Seite eine Sphäre inhaltlich bestimmter Begriffe, die wir als Prädikate von diesen Gegenständen aussagen. Die Beziehungen, welche die Begriffe aufgrund ihrer Inhalte aufeinander haben sollen und die den Gegenstand logischer Reflexion ausmachen, werden als Beziehungen nur innerhalb der Begriffssphäre (als Beziehungen von Begriffs»arten«) vorgestellt. Man lässt dabei außer acht, dass diese Beziehungen und die Bestimmtheit der Gegenstände, auf die wir die Begriffsinhalte als Bestimmungen der Gegenstände beziehen, voneinander abhängig sind.[14]

Hegel zufolge soll dagegen die Reflexionslogik gerade diesen außer acht gelassenen Sachverhalt zu ihrem eigentlichen Thema machen. Sie soll die Reflexionsformen (die Formen der Identität, der Verschiedenheit, des Gegensatzes etc.) untersuchen, also die Formen, in welchen die Bestimmungen der Gegenstände sich aufeinander beziehen. Sie soll aber zugleich danach fragen, in welcher Weise diese Beziehungen die Beziehung auf eine Gegenstandsbestimmtheit voraussetzen oder bedingen.

Es sei hier nur nebenbei bemerkt, dass mit diesem Programm Hegels der Begriff der Reflexion eine erhebliche Erweiterung erfährt.

---

13 L. II, 46. 13–16.
14 Vgl. dazu L. II, 243f.

Auch Hegel spricht gelegentlich von der logischen Reflexion. Aber sie ist für ihn stets nur »äußere« oder »subjektive« Reflexion: eine Verstandestätigkeit (ein Identifizieren, Unterscheiden, Entgegensetzen etc.), wodurch man vorgegebene Begriffsinhalte miteinander in Beziehung bringt, um aufgrund dieser hergestellten Beziehungen neue Begriffe bilden zu können. Nun bestehen Beziehungen wie die der Identität, der Verschiedenheit, des Gegensatzes etc. (also das, was Hegel »Reflexionsbestimmungen« nennt) nicht erst aufgrund unserer reflektierenden Verstandestätigkeit. So betrachtet, sind sie nicht nur Beziehungen subjektiver, sondern wie Hegel sie nennt, »objektiver« oder »absoluter« Reflexion. Andererseits sind diese Beziehungen aber auch nicht, wie wir gesehen haben, durch diejenigen Inhalte (Intensionen) unmittelbar vorgegeben, die unseren Begriffen zugrunde liegen und die wir durch subjektive Reflexion aufeinander beziehen können. Sie bestehen vielmehr in wechselseitiger Abhängigkeit von anderen Beziehungen. Alle diese voneinander abhängigen Beziehungen, sowie deren Abhängigkeit selbst, bilden einen komplexen Zusammenhang »objektiver Reflexion«. Die sogenannten Reflexionsbestimmungen werden von Hegel »reflectirte Bestimmungen«[15] genannt nicht bloß in dem Sinne, dass sie, als spezifischer Gegenstand logischer Reflexion, »reflektiert« werden, sondern auch in dem Sinne, daß sie als objektive Beziehungen durch andere objektive Beziehungen (durch Beziehungen auf bestimmte vorausgesetzte Gegenstände) reflektiert[16] werden.

II. Hegels Begriff der Negativität

Wir wollen in dieser Untersuchung die Reflexionsbestimmung des Gegensatzes und ihre drei Stufen oder Arten genauer betrachten. Hegels Untersuchung dieser Stufen oder Arten wird, wie wir sehen

---
15   L. I, 255. 7.
16   L. II, 244.

werden, in die Feststellung münden, dass der Widerspruch selbst eine Reflexionsbestimmung ist.

Die Reflexionsbestimmung des Gegensatzes wird von Hegel als »Einheit der Identität und der Verschiedenheit« bezeichnet.[17] Das hat seinen sachlichen Grund in folgendem Gedanken: Erstens ist jedes Gegensatzverhältnis ein Verhältnis der Verschiedenheit, insofern entgegengesetzte Relate *als* entgegengesetzte nicht identisch sind. Zweitens ist jedes Gegensatzverhältnis ein Verhältnis spezieller Verschiedenheit, da entgegengesetzte Relate nicht in beliebigen Hinsichten Verschiedenes sind. Entgegengesetzte Relate (Positives und Negatives) sind, wie Hegel sagt, »in Einer Identität verschiedene«[18].

Um genauer zu verstehen, worauf diese von Hegel gegebene Erläuterung des Begriffs »Gegensatz« beruht, sollten wir uns noch einmal das Verhältnis des Positiven und Negativen vor Augen führen; diesmal aber nicht als Verhältnis der Prädikate von »Größen«, sondern unter dem »reflexionslogischen« Gesichtspunkt, dass etwas Positives und etwas Negatives stets Relate eines Verhältnisses sind, das wir »Gegensatz« nennen.[19] Nach Hegels Auffassung besteht dieses Verhältnis ganz einfach darin, dass die Relate des Positiven und Negativen negatorisch durcheinander bestimmt sind: Das Positive ist bestimmt als Nichtnegatives und das Negative als Nichtpositives. »Beyde sind negativ gegen einander.«[20]

Das heißt zunächst: Positives und Negatives sind nicht bloß »verschieden« voneinander, etwa so, wie Äpfel und Birnen verschieden sind. Insofern wir z. B. Birnen nur als Früchte betrachten, die

---

17   Vgl. dazu L. I, 272. 19.

18   L. I, 272. 19f.

19   Hegel nennt Positives und Negatives unter diesem Gesichtspunkt »die Momente des Gegensatzes« (L. I, 272. 29).

20   L. I, 273. 39. »Die Bestimmungen, welche das Positive und Negative constituieren, bestehen also darin, daß das Positive und das Negative erstens absolute *Momente* des Gegensatzes sind; ihr Bestehen ist untrennbar Eine Reflexion; es ist Eine Vermittlung, in welcher jedes durch das Nichtseyn seines Anderen, damit durch sein Anderes oder sein Nichtseyn ist. – So sind [...] beide negativ gegen einander.«

nicht nur nicht Äpfel, sondern auch nicht Pflaumen, auch nicht Pfirsiche usw. sind, ist es nicht angebracht zu sagen, Äpfel und Birnen seien »entgegengesetzte« Obstsorten.

Positives und Negatives verhalten sich zueinander als Paar von Bestimmungen, die einem Gegenstand durch Prädikate beigelegt werden, die in Bezug auf diesen Gegenstand kontradiktorisch sind. Genau auf diese Weise ist nach Hegels Auffassung das Verhältnis der in der Arithmetik vorkommenden Formen des Positiven und Negativen zu bestimmen. Setzen wir in der Arithmetik als »Gegenstand« eine Größe mit einem bestimmten Betrag $|a|$ voraus, so ist diese Größe positiv genau insofern, als sie nicht die negative Größe des Betrages ist. Ebenso ist der Betrag $|a|$ selbst (»an sich«) positiv genau insofern, als er »an sich« nicht negativ ist. Ein gleiches Verhältnis liegt nach Hegels Auffassung allen anderen »entgegengesetzten« Bestimmungen zugrunde, die als Beispiele oder Anwendungsfälle arithmetischer Gegensatzformen angesehen werden können.[21] Und dieses Verhältnis hat Hegel im Sinn, wenn er das Positive und Negative beide »negativ gegeneinander« nennt.

An der Beziehung der »Negativität« entgegengesetzter Relate kann man sich genauer klarmachen, inwiefern nach Hegels Auffassung diese Relate »in Einer Identität verschiedene« sind. Wenn nämlich zwei Bestimmungen x und y als Positives und Negatives einander entgegengesetzt sind, dann muss x mit nicht-y, und y mit nicht-x in einer bestimmten Hinsicht *identisch* sein. Jede negative Größe besitzt ihr eigentümliches Gegenstück: $-a$ ist nur $+a$ entgegengesetzt, nicht jedem beliebigen $+b$ oder $-b$; $-|a|$ ist nicht $+a$ oder $-a$ entgegen-

---

21 Aber nicht nur Anwendungsfälle arithmetischer Gegensatzformen können hier in Betracht gezogen werden. Überall da, wo es einen Sinn haben soll, von »Gegensatz« zu sprechen, liegt nach Hegels Auffassung dieses Verhältnis des Positiven und Negativen vor. – Mann und Frau mögen nach mehreren Hinsichten unterschieden sein. Sie unterscheiden sich beide gegenüber Kindern und Embryos durch verschiedene Merkmale, Verhaltensweisen etc. So betrachtet, sind Mann und Frau nur verschiedene (nicht entgegengesetzte) Erscheinungsformen der Menschengattung unter anderen. Entgegengesetzt (d. h. Menschen entgegengesetzten Geschlechts) sind sie nur in *einer* Beziehung: in Beziehung auf den Geschlechtsunterschied.

gesetzt, sondern nur I a I. Dieser Sachverhalt lässt sich aber auch so wiedergeben: Jedes dieser entgegengesetzten Relate ist »identisch« mit dem eigentümlichen Gegenstück seines eigentümlichen Gegenstücks. Von zwei entgegengesetzten Relaten ist das nicht negative Relat nicht nur bestimmt als positiv, es ist sogar *identisch* mit dem, was in einer bestimmten Hinsicht das positive Relat ist.

Diese (noch näher zu bestimmende) Identität ist genau dasjenige, was Hegel in seiner *Wissenschaft der Logik* gewöhnlich als Negativität bezeichnet. Negativität ist eine reflexionslogische Beziehung, die ein der Sache nach zwar einfacher, von Hegel allerdings für fundamental gehaltener Sachverhalt ist. Gewöhnlich ist genau von dieser reflexionslogischen Beziehung die Rede, wenn Hegel von »Negativität« im Unterschied zur strukturell weniger komplexen »Negation« spricht. Auf den grundlegenden Unterschied zwischen Negation und Negativität hinweisend, legt Hegel in der ersten Auflage des Ersten Buchs seiner *Wissenschaft der Logik*[22] von 1812 seinen Sprachgebrauch fest: »Wenn fernerhin von Negativität oder negativer Natur die Rede seyn wird, so ist darunter nicht jene erste Negation, die Grenze, Schranke oder Mangel, sondern wesentlich die Negation des Andersseyns zu verstehen, die, als solche, *Beziehung auf sich selbst* ist.« Selbstbeziehung ist die Negativität aufgrund ihrer reflexionslogischen Struktur: Zwei Bestimmungen X und Y verhalten sich negativ zueinander genau dann, wenn X mit nicht-Y und Y mit nicht-X identisch ist. Diese Bedingung schließt aber ein, dass X mit nicht-nicht-X identisch ist. Diese Identität kann, wie wir noch genauer sehen werden, als Selbstbeziehung verstanden werden.[23] Sie findet vermittelt durch Negation, und zwar durch zweifache Negation statt; eine Tatsache, auf die Hegel, wie wir noch sehen werden, ebenfalls

---

22   L. I, 77. 24–27.

23   Wegen dieser Selbstbeziehung der entgegengesetzten Relate kann Hegel auch mit Hilfe des Possessivpronomens formulieren: »Jedes bezieht sich auf sich selbst, nur als sich beziehend auf sein Anderes.« (L. I, 273. 26).

großen Wert legt. Hegel kennzeichnet die Negativität terminologisch deshalb auch als »Negation der Negation«.[24] Der einfache und zugleich fundamentale Charakter der Negativität als einer Selbstbeziehung wird von Hegel in der folgenden Bemerkung zum Ausdruck gebracht: »Diese Negativität ist es, die das Einfache ist, welches als Aufheben des Andersseyns in sich zurückkehrt; die abstracte Grundlage aller philosophischen Ideen, und des speculativen Denkens überhaupt, von der man sagen muß, daß sie erst die neuere Zeit in ihrer Wahrheit aufzufassen begonnen hat.«[25] An anderer Stelle bemerkt Hegel, ohne »Erkenntnis« der »Natur« der reflexionslogischen Negativität lasse sich »eigentlich kein Schritt in der Philosophie tun.«[26] Diese Bemerkungen Hegels stehen in deutlichem Kontrast zu Kant. Auch Kant hatte gemeint, er habe die Triebkräfte entdeckt, welche die Philosophie in allen ihren historischen Gestalten hervorgebracht und umhergetrieben haben: Diese Entdeckung sei durch den Nachweis der dialektischen Struktur unserer Vernunft, insbesondere durch die Darstellung und Lösung ihrer Antinomien geschehen.[27] Hegel hält diese Ansicht Kants für nicht völlig richtig. Er rechnet zwar die Vernunftdialektik Kants und dessen Lehre von den dialektischen Oppositionen zu den wichtigsten Versuchen »der neueren Zeit«, »die abstrakte Grundlage aller philosophischen Ideen in ihrer Wahrheit aufzufassen«. Aber Hegel hält diese Versuche

---

24   Vgl. L. I, 77. 16f. Die Beziehung der Negativität liegt der Sache nach auch den Gesetzen der klassischen mathematischen Logik (»*duplex negatio affirmatio*«) zugrunde. Was für entgegengesetzte *x* und *y* gilt, wird hier nur für speziellere Fälle geltend gemacht, nämlich für entgegengesetzte affirmative und negatorische Urteile, für die implizit ein nicht-leerer Gegenstandsbereich vorausgesetzt wird. Der Unterschied zwischen klassischer mathematischer Logik und Hegels *Wissenschaft der Logik* besteht darin, dass Hegel Gesetze, deren Geltung die formale Logik nur voraussetzt, auf noch elementarere reflexionslogische Prinzipien zurückführen möchte.
25   L. I, 77. 18–22.
26   L. I, 285. 10–15.
27   Vgl. dazu das Schlusskapitel der *Kritik der reinen Vernunft*: »Die Geschichte der reinen Vernunft« (A 852–856, B 880–884).

für unzulänglich. Worauf sich Hegels Meinung vom philosophisch fundamentalen Charakter des reflexionslogischen Negativitätsbegriffs gründet, werden wir an späterer Stelle deutlicher sehen.

Zunächst ist zu betrachten, in welcher Weise Hegel für die Analyse des Gegensatzbegriffs vom Begriff der Negativität Gebrauch macht.

Siebtes Kapitel

Die beiden ersten Stufen der Gegensatzbeziehung

Es ist zunächst zu zeigen, wie sich die drei am Anfang des vorangegangenen Kapitels bereits aufgezählten Stufen des Gegensatzes als Beziehungen begreifen lassen, die durch die reflexionslogische Negativität bestimmt sind. Wir könnten zu diesem Zweck versuchen, an den bereits betrachteten »Formen« und »Seiten« des mathematisch Entgegengesetzten diese Negativität wiederzufinden. Doch sollten wir berücksichtigen, dass Hegels Begriff des Gegensatzes Beziehungen nicht bloß zwischen positiven und negativen Größen, sondern zwischen Bestimmungen überhaupt abdecken soll, die durch Prädikate Gegenständen beigelegt werden. Um das Verhältnis zwischen solchen Bestimmungen (als verschieden, entgegengesetzt etc.) zu bestimmen, orientiert sich Hegel nicht an logischen (konträren oder kontradiktorischen) *Urteils*verhältnissen oder an den Beziehungen der darin enthaltenen *Prädikate*. Hegel geht vielmehr von der Überlegung aus, dass, wenn es zu irgendeiner beliebigen Bestimmung X eine entgegengesetzte Bestimmung gibt, es dann nicht nur andere Bestimmungen Y, Z etc. gibt, die von X verschieden sind, sondern dass es zu X genau eine Bestimmung Y gibt, die sich im Sinne der reflexionslogischen Negativität zu X negativ verhält. Die traditionelle deutsche Schul-Metaphysik[1] (und in modifizierter Weise auch Kant[2])

---

1 Ich meine hier nicht nur die Schule der Wolffianer, sondern auch dieser Schule distanziert gegenüberstehende Philosophen wie Chr. A. Crusius. Vgl. dessen *Weg zur Gewißheit und Zuverlässigkeit der menschlichen Erkenntnis*, Leipzig 1747, § 156–165 (das Kapitel »von den Widrigkeiten der Begriffe«).

2 Dazu oben S. 56.

hatte sich stets an logischen Urteils- und Prädikatbeziehungen zu orientieren versucht, um von daher »reale« Prädikate zu klassifizieren und untereinander in Beziehung zu setzen. So hatte auch noch Kant, wie wir sahen, die Oppositionsbeziehung zwischen einer »realen« Bestimmung und dem »Mangel« dieser Bestimmung dem Verhältnis logischer Bejahung und Verneinung nachgebildet, um *beide* Beziehungen als »logische« Verhältnisse zu kennzeichnen. Hegel beschreitet den umgekehrten Weg: Er stellt die »objektive Logik« der *Bestimmungen* der »subjektiven Logik« der *Begriffe, Urteile und Schlüsse* voran.[3] Demgemäß werden die Beziehungen zwischen Bestimmungen untersucht, bevor Begriffsbeziehungen untersucht werden. Dieses Verfahren Hegels wird deshalb möglich, weil Hegel die von Kant (in der Lehre von den dialektischen Oppositionen) entwickelte Einsicht benutzt, dass konträre Urteilsbeziehungen die Form der Kontradiktorietät haben können. Aus dieser Einsicht folgt nämlich, wie sich noch genauer zeigen wird, der Gedanke, dass es Beziehungen zwischen *Bestimmungen* geben kann, die einem Gegenstand aufgrund kontradiktorischer Prädikationen beigelegt werden. Kontradiktorischen Prädikationen muss daher gar nicht das in der traditionellen Metaphysik stets angenommene Verhältnis zwischen Bestimmungen einerseits und deren »Mangel« andererseits zugrunde liegen. Es entspricht dem Verfahren Hegels, dass er die in der traditionellen Logik und Metaphysik sogenannten »konträren« Beziehungen gar nicht mehr als Beziehungen eines Gegensatzes (einer »Opposition«), sondern nur noch als Beziehungen einer Verschiedenheit deutet. Verhalten sich zwei Urteile »konträr« zueinander (d. h.: ist ihr logisches Verhältnis so geartet, dass beide Urteile falsch sein können), so heißt das nach Hegel nicht (wie nach der Vorstellung der traditionellen Logik), dass die Prädikate dieser Urteile »Extreme« eines Gegensatzverhältnisses

---

3 Dieses Verfahren Hegels ist schon rein äußerlich an der Systematik der *Wissenschaft der Logik* zu erkennen, deren Erster Band den Titel »Die objective Logik« trägt, während der Zweite Band »Wissenschaft der subjectiven Logik oder die Lehre vom Begriff« heißt.

bezeichnen. Nach Hegels Auffassung liegt nur der Kontradiktorietät ein »Gegensatz« zugrunde, während der Kontrarietät zweier Urteile die bloße »Verschiedenheit« zweier Bestimmungen entspricht.[4] In Anlehnung an die von Hegel selbst in den Anmerkungen zur Reflexionslogik gebrauchte Zeichensprache[5] können wir zwei entgegengesetzte Bestimmungen eines Paares durch die Symbole »+A« und »−A« bezeichnen. +A ist dann die negative Bestimmung in Bezug auf −A (dasselbe gilt *vice versa*). Es ist dabei völlig gleichgültig, welcher Teil eines Bestimmungspaares durch »+A« oder »−A« bezeichnet wird. So können wir z. B. die beiden Relate der folgenden Bestimmungspaare − vorausgesetzt, sie können als Paare entgegengesetzter Bestimmungen im reflexionslogischen Sinne angesehen werden − für die Ausdrücke »+A« und »−A« einsetzen, wobei es gleichgültig ist, welches der beiden Relate für »+A« einerseits, welches für »−A« andererseits einzusetzen ist:

wohlriechend/übelriechend
endlich/unendlich
Weg nach Westen/Weg nach Osten

---

4 L. II, 46. 10−27.
5 Vgl. vor allem L. I, 285. 36−286. 13 und *Encyklopädie* §119. Hegel gebraucht hier Buchstabensymbole in Verbindung mit algebraischen Vorzeichen zur Bezeichnung nicht nur mathematischer Größen, sondern von Bestimmungen überhaupt. Zur Rechtfertigung dieses Gebrauchs algebraischer Zeichen im logischen Kalkül vgl. Hegels Bemerkungen L. II, 47. 3−28; interessant ist in diesem Zusammenhang die Tatsache, dass Hegel, der den frühen Versuchen zur Begründung eines algebraischen Logikkalküls, wie er im 18. Jahrhundert von Autoren wie Darjes, Euler, Lambert und Ploucquet im Ausgang von Leibniz' Idee einer *characteristica universalis* entworfen worden war, ebenso wie Kant kritisch gegenüberstand (vgl. L. II, 47f.; 109f.), den Gebrauch des algebraischen Minus-Zeichens für die Bezeichnung der Kontradiktorietät von Begriffen zulässig fand (vgl. L. II, 47). Darin (aber auch vielleicht nur darin) zeigt sich die Negativitätslehre Hegels − im Gegensatz zur Ansicht Kants, der den von Darjes vorgeschlagenen Gebrauch algebraischer Zeichen für die logische Negation ausdrücklich ablehnte (vgl. *Nova dilucidatio* (1755), Sectio 1, Prop. II, Scholion, WW I, S. 417) − als offen gegenüber der Entwicklung eines Logikkalküls.

negatives Kapital/positives Kapital
Ding an sich/Erscheinung
im Zeitpunkt T am Ort L/im Zeitpunkt T nicht am Ort L
spontan wirkend/nicht spontan wirkend
blau/gelb
etc.

Ob alle diese Bestimmungen einen reflexionslogischen Gegensatz bilden können, soll an dieser Stelle nicht entschieden werden. Auch kommt es hier nicht darauf an, dass Kontexte denkbar sind, in denen keine dieser Bestimmungspaare Gegensätze darstellen. Es kommt hier nur darauf an, dass es Kontexte gibt, in denen alle oder einige der genannten Ausdrücke Bestimmungen wiedergeben, zu denen es die hier genannten oder ähnliche Gegenbestimmungen gibt.

Wenn wir die gegensätzlichen Bestimmungen durch die Ausdrücke »+A« und »−A« symbolisieren wollen, ist ferner zu beachten, dass Hegel *drei* Gegensatzstufen unterscheidet. Hegel mag daher annehmen, dass Bestimmungen, die in irgendeinem Kontext entgegengesetzt sind, sich dennoch nicht wie +A und −A zueinander verhalten. +A und −A sind nämlich zunächst nur Gegensatzrelate erster Stufe: Von ihnen wird vorerst nur angenommen, dass sie sich negativ zueinander verhalten. So betrachtet sind sie, wie Hegel terminologisch festlegt, »*entgegengesetzte* überhaupt«[6].

I. Das »Entgegengesetzte überhaupt«

Die erste Stufe des Gegensatzes (das Verhältnis »Entgegengesetzter überhaupt«) ist durch die bloße Erläuterung des Negativitätsverhältnisses zwischen +A und −A noch nicht hinreichend erklärt. Es fehlt noch die Feststellung, dass die Negativität von +A und −A von Bedingungen abhängt. Eine dieser Bedingungen kennen wir bereits.

---

6   L. I, 273. 37.

Aus der Betrachtung der möglichen Formgleichheit konträrer und kontradiktorischer Urteile (und ebenso aus Kants Theorie scheinbarer logischer Oppositionen) ergibt sich: Die Bestimmungen $+A$ und $-A$ sind (im hier vorausgesetzten Sinn) entgegengesetzt nur dann, wenn sie Bestimmungen eines *bestimmten* Gegenstandes sind. Ich möchte die Gegenstands*bestimmtheit*, von der der Gegensatz zwischen $+A$ und $-A$ abhängen mag, durch »|A|« bezeichnen.[7] |A| möge »das reflexionslogische Substrat« von $+A$ und $-A$ heißen. Wohlriechend ($+A$) und übelriechend ($-A$) sind entgegengesetzt (und nicht bloß verschieden) erst dann, wenn sie als Bestimmungen eines bestimmten Gegenstandes gedacht werden, der ein riechender Gegenstand (|A|) ist. Ebenso ist der Weg 6 Meilen nach Westen, $+\mathfrak{W}$, dem Weg 6 Meilen nach Osten, $-\mathfrak{W}$, entgegengesetzt nur insofern, als wir beide Wege als Bestimmungen eines nach Westen und Osten führenden, 6 Meilen langen Weges |𝔚| ansehen.[8] Ob wir für jedes beliebige Beispiel entgegengesetzter Bestimmungen ein reflexionslogisches Substrat[9]

---

7   Diese Symbolik lehnt sich wieder an Hegels eigenen Zeichengebrauch an, wie man aus dem Folgenden ersehen wird.

8   Dieses auf Kant (und Heraklit) zurückgehende Beispiel gebraucht Hegel nicht nur im Zusammenhang der »Anmerkung« zum Gegensatzkapitel der *Wissenschaft der Logik*, sondern auch im Kontext der Anmerkung zum § 119 der *Encyklopädie*. Hegel gebraucht noch nicht vektoralgebraische, sondern nur algebraische Symbole »+W« und »–W«. Die von H. Grassmann (und W. R. Hamilton) zuerst entwickelte Vektoralgebra existiert zu Hegels Zeit noch nicht. Anstelle von »|𝔚|« formuliert er: »6 Meilen Wegs oder Raums«, die »bleiben, was sie ohne und mit dem Gegensatz waren.«

9   Der Ausdruck »reflexionslogisches Substrat« weckt vielleicht falsche Assoziationen, indem er mit der Vorstellung eines Gegenstandes verknüpft wird, der Bestimmungen »zugrunde liegt«. Ich möchte aber ausdrücklich daran erinnern, dass das reflexionslogische Substrat nach meiner Definition keinen Gegenstand, sondern eine Gegenstandsbestimmtheit bezeichnet. Hegel legt Wert darauf, dass in der »Wissenschaft der Logik« von der gewöhnlichen Vorstellung, wonach Bestimmungen und Bestimmtheiten immer etwas an zugrundeliegenden Gegenständen sind, abgesehen wird. Was ein Gegenstand ist, soll nicht vorausgesetzt werden, sondern sich ergeben aus der Untersuchung von Bestimmungen, in denen uns so etwas wie Gegenstände überhaupt erst gegeben werden. Ich komme unten auf diesen Gedanken zurück.

finden können, von welchem ihre Entgegensetzung abhängt, muss an dieser Stelle noch offenbleiben. Es gibt nach Hegels Auffassung, wie erwähnt, Gegensatzstufen, die nicht $+A$ und $-A$ als Gegensatzrelate haben. Auch dürfte es kein allgemeines formales Verfahren geben, mit dessen Hilfe man, ausgehend von zwei als entgegengesetzt angenommenen Bestimmungen, zum reflexionslogischen Substrat dieser Bestimmungen gelangen kann. Ist eine Bestimmung $+A$ gegeben, so ist das Finden eines $-A$ und das Voraussetzen eines $|A|$ ein untrennbarer Reflexionsvorgang; das wird von Hegel ausdrücklich betont.[10] Diese Reflexion hat aber mit begriffs- und urteilslogischen Strukturen gar nichts zu tun. Ist z. B. die Bestimmung »wohlriechend« gegeben, so können wir dieser Bestimmung sowohl die Bestimmung »übelriechend« als auch die davon formal unterscheidbare Bestimmung »nicht wohlriechend« entgegensetzen. Es kommt hier auf die Inhalte, nicht auf die logische Form der Begriffe an. Dass ein Gegensatz zwischen diesen Inhalten besteht, schließt bereits ein, dass diese Inhalte als Bestimmungen eines reflexionslogischen Substrats vorausgesetzt sind.[11]

---

10 Vgl. die folgende Anmerkung 11.

11 Das »Finden« der Reflexionsbestimmungen für vorgegebene Reflexionsinhalte (Bestimmungen) und das »Voraussetzen« der damit verbundenen reflexionslogischen Substrate ist, in Hegels Terminologie, ein Vorgang »*setzender* Reflexion«: Die entgegengesetzten Bestimmungen $+A$ und $-A$ sind, *als* entgegengesetzte Bestimmungen, »reflektierte« Bestimmungen. »Reflektierte« Bestimmungen sind stets Bestimmungen von Bestimmungen. »Reflektiert« können sie deshalb heißen, weil sie sich daraus ergeben, dass Bestimmungen aufgrund ihres eigenen Inhalts in Relation zu anderen Bestimmungen bestimmt sind: als identisch, verschieden, entgegengesetzt etc. Die »Reflexion« des Bestimmungsinhalts $+A$ und $-A$ findet auf zweifache Weise statt: 1.) sind $+A$ und $-A$ als entgegengesetzte Bestimmungen dadurch bestimmt, dass beide das jeweils andere *nicht* sind (in Hegels Terminologie: als Negatives sind $+A$ und $-A$ nur durch das jeweils Andere »gesetzt«; jedes »reflektiert« nur das Andere); 2.) sind $+A$ und $-A$ als entgegengesetzte Bestimmungen dadurch bestimmt, dass beide als Bestimmungen eines $|A|$ »gesetzt« sind (in Hegels Terminologie: als Bestimmungen eines $|A|$ »reflektieren« sie sich »in sich«). »Dieses beydes ist aber die *eine* Vermittlung des Gegensatzes überhaupt, in der sie [das Positive und Negative, oder das $+A$ und das $-A$] überhaupt nur *Gesetzte* sind«. (L. I, 274. 4–5.)

Das Zeichen »IAI«, das ich für das reflexionslogische Substrat von $+A$ und $-A$ einführe, verhält sich analog zum algebraischen Zeichen des absoluten Betrages »IAI«. Dies aus zwei Gründen: Erstens lässt sich der absolute Betrag mit guten Gründen, und der Hegel'schen Meinung entsprechend, als ein Spezialfall des reflexionslogischen Substrats deuten. Zweitens lehnt sich dieser Zeichengebrauch in beiden Fällen an Hegels eigene (allerdings nur mit sparsamen Mitteln verfahrende) Zeichensprache an. Wie Hegel nämlich für den absoluten Betrag den vorzeichenlosen lateinischen Buchstaben »a« verwendet (den er seiner algebraischen Bedeutung nach von »+a« und »–a« klar unterscheidet, so gebraucht er den großen lateinischen Buchstaben ohne Vorzeichen, das Symbol »A«, als Zeichen für das, was ich das reflexionslogische Substrat von $+A$ und $-A$ genannt habe. Ein Beispiel dieses Hegel'schen Zeichengebrauchs findet man im Kontext der Hegel'schen Deutung des Satzes vom ausgeschlossenen Dritten. Diesen Satz formuliert Hegel auf verschiedene Weise. In der *Wissenschaft der Logik* heißt dieser Satz: »Etwas ist entweder *A* oder Nicht-*A*; es gibt kein Drittes.«[12] In der *Encyklopädie* formuliert Hegel: »Von zwei entgegengesetzten Prädikaten kommt dem Etwas nur das eine zu, es gibt kein Drittes.«[13] In den Deutungen, die Hegel diesem Satz sowohl in der *Wissenschaft der Logik* als auch in der *Encyklopädie* zuteil werden lässt, werden von Hegel Symbole eingeführt, die offenbar geeigneter sein sollen als die Symbole der ersten Formulierung. Das Symbol »*A*« führt Hegel anstelle des im Satz vorkommenden Ausdrucks »Etwas« ein; die Symbole »+*A*« und »–*A*« setzt er anstelle von »*A*« und »Nicht-*A*« in der ersten Formulierung, bzw. anstelle der »zwei entgegengesetzten Prädikate« in der zweiten Formulierung.[14] Hegel behauptet, der Satz vom ausgeschlossenen Dritten besage: »*A* soll entweder +*A* oder –*A*

---

12 L. I, 285. 19.
13 Enc. § 119.
14 L. I, 286. 5 ff.; Enc. § 119.

sein.«[15] Dass das Symbol »*A*« in diesem Zusammenhang das reflexionslogische Substrat der Bestimmungen +*A* und −*A* bedeutet, wird aus folgenden Überlegungen plausibel.

Hegel ist sich im Klaren darüber, dass seine Deutung des Satzes vom ausgeschlossenen Dritten der üblichen Deutung nicht entspricht. Bereits Hegels Formulierungen dieses Satzes weichen von den traditionellen Formulierungen ab.[16] Hegels Formulierungen knüpfen in gewisser Hinsicht an das aristotelische Prinzip des *tertium non datur* (Metaph. 4.7, 1011 b 23 f.) an, demgemäß jedes Prädikat einem Gegenstand entweder zukommt oder nicht zukommt. Denn auch Hegel spricht von Beziehungen, die prädikativ aussagbar sind. Wesentlich näher verwandt sind jedoch Hegels Formulierungen Kants sogenanntem »Grundsatz der durchgängigen Bestimmung«[17]. Kant deutet darin das aristotelische Prinzip des *tertium non datur* in dem Sinne, dass einem Ding »von allen möglichen Prädikaten der Dinge, sofern sie mit ihren Gegenteilen verglichen werden, eines zukommen muß.« Hegel distanziert sich von dieser kantischen Deutung ausdrücklich.[18] Nicht, dass Hegel den »Grundsatz der durchgängigen Bestimmung« für falsch halten würde. Er hält ihn nur für »nicht der Mühe wert, ihn zu sagen«[19]. Hegel legt Wert darauf, dass »das Entgegengesetzte« einer Bestimmung nicht bloß »den Mangel« dieser Bestimmung bedeutet, sondern die im Verhältnis zu ihr negative Bestimmung. Ein »wichtiger Satz« sei der Satz vom ausgeschlossenen Dritten allerdings deshalb, weil er den Gedanken enthalte, »daß Alles ein *Entgegengesetztes* ist, ein entweder als positiv oder als negativ *bestimmtes*«[20]. Und »seine Notwendigkeit« habe dieser Satz darin,

---

15   Enc. § 119.
16   Ganz zu schweigen von moderneren Fassungen des *tertium non datur*; z. B. derjenigen, wonach von den zwei Aussagen »*p*« und »nicht gilt, dass *p*« stets eine Aussage wahr ist.
17   KrV, A 571 f., B 599 f.
18   L. I, 285. 23–35. Der ausdrückliche Hinweis auf Kant fehlt allerdings.
19   L. I, 285. 25–27.
20   L. I, 285. 20 f.

»daß die Identität in Verschiedenheit und diese in Entgegensetzung übergeht.«[21] Hegel behauptet in diesen Bemerkungen der Sache nach Folgendes: Für eine gegebene (negationsfreie) Bestimmung $+A$, was immer ihr Inhalt sei, gilt nicht nur, dass sie einem Ding entweder zukommt oder nicht zukommt. Es gilt außerdem, dass sie in Beziehung zu einer (negationsfreien) Bestimmung $-A$ steht, die nicht nur von $+A$ verschieden, sondern $+A$ entgegengesetzt ist. Die Bestimmung $-A$ ist dabei wegen ihrer Negationsfreiheit nicht dasselbe wie der Mangel der Bestimmung $+A$, sie ist vielmehr das negative Gegenstück von $+A$ (das algebraische Minuszeichen dient hier als Ausdruck nicht der logischen Negation, sondern der reflexionslogischen Negativität).

Wenn nun der Satz vom ausgeschlossenen Dritten in Hegels Deutung besagen soll, einem Etwas komme entweder die Bestimmung $+A$ oder die dazu negative Bestimmung $-A$ zu, so kann mit diesem Etwas schlechterdings nicht jedes beliebige Ding gemeint sein. (Andernfalls wäre der Satz schlicht falsch.) Vielmehr kann dieses Etwas sinnvollerweise nur ein *bestimmtes* Etwas sein: das reflexionslogische Substrat |A| (oder[22] ein durch |A| bestimmter Gegenstand). Deshalb offenbar versucht Hegel das *bestimmte* Etwas, von dem hier die Rede ist, folgerichtig durch den vorzeichenlosen Ausdruck »A« zu präzisieren.[23]

Es ist klar, dass der Satz vom ausgeschlossenen Dritten durch Hegels Umdeutung den herkömmlichen (nach Hegels Meinung für die Philosophie »unbedeutenden[24], trivialen) Sinn verloren hat. Hegel ist sich darüber ganz im Klaren. Dieser Satz ist kein begriffs-

---

21 L. I, 285. 21–23.
22 Diese Alternative macht für Hegels Gedanken keinen Unterschied. Es ist gleichgültig, ob wir sagen: »Eine Bestimmtheit |A| (z. B. riechend) ist entweder $+A$ (wohlriechend) oder $-A$ (übelriechend)«; oder ob wir sagen: »Ein durch |A| bestimmter Gegenstand (etwas Riechendes) ist entweder $+A$ (wohlriechend) oder $-A$ (übelriechend)«.
23 A, als *bestimmtes* Etwas, ist ebenso ein Produkt der Reflexion von $+A$ (der sogenannten »Reflexion in sich«), wie $-A$, als das Entgegengesetzte von $+A$, Produkt der Reflexion von $+A$ ist (des sogenannten »Gesetztseins«).
24 L. I, 285. 27.

oder urteilslogischer Satz mehr, wie ehedem; er ist zu einem Satz der Reflexionslogik umgeformt. Hegel zieht für den so umgeformten Satz den Namen »Satz des Gegensatzes«[25] vor. Für diesen »Satz des Gegensatzes« gilt denn auch, wie Hegel zeigen möchte, das *tertium non datur* nicht mehr im strengen Sinne. Doch dazu später.

II. Der amphibolische Gegensatz

Zur zweiten Stufe des Gegensatzes gelangt Hegel aufgrund einer sehr einfachen Überlegung. Wir haben, gemäß der Gegensatzbeziehung erster Stufe, die Bestimmungen +A und −A auf ein reflexionslogisches Substrat |A| zurückbezogen. Vom reflexionslogischen Substrat |A| soll – gemäß dem »Satz des Gegensatzes« – gelten, dass ihm (oder einem durch |A| bestimmten Gegenstand) entweder +A oder −A als Bestimmung zukommt. Wenn wir nun +A als positive, −A als negative Bestimmung bezeichnen, dann ist der durch |A| bestimmte Gegenstand etwas »entweder als positiv oder als negativ *bestimmtes*«[26]. Durch +A bestimmt, ist er unter dieser Voraussetzung positiv; durch −A bestimmt, ist er negativ. Diese Voraussetzung ist aber insofern gleichgültig, als +A ebensogut als negativ und −A ebensogut als positiv aufgefasst werden kann. Daraus folgt aber: Wir können ein und denselben Gegenstand und ein und dieselbe Bestimmtheit als positiv oder als negativ auffassen. Beide Möglichkeiten sind gleichberechtigt: Solange wir die Reflexionsbestimmungen »positiv« und »negativ« auf ein identisches als |A| bestimmtes Etwas beziehen, so lange sind das Positive und das Negative, wie Hegel sagt, »nur« Momente[27] in der Identität jenes Etwas. »Gleichgültig«[28] nebeneinander bestehen das Positive und das Negative aber dann, wenn die

---
25 Enc. § 119.
26 L. I, 285. 20f.
27 L. I, 273. 20–32.
28 L. I, 274. 6–17.

Bestimmungen $+A$ und $-A$ als Bestimmungen *verschiedener* Substrate oder als Bestimmungen *verschiedener Bestimmtheiten* genommen werden. Nehmen wir z. B. an, $(|A|)_1$ sei die Bestimmtheit $|A|$ eines Gegenstandes, der durch $+A$ bestimmt, $(|A|)_2$ die Bestimmtheit $|A|$ eines Gegenstandes, der durch $-A$ bestimmt ist, dann können wir sagen, dass nicht nur $+A$ und $-A$, sondern auch $(|A|)_1$ und $(|A|)_2$ einander entgegengesetzt sind. Während beim Gegensatzverhältnis erster Stufe ein und dasselbe reflexionslogische Substrat $|A|$ beliebig als Bestimmtheit eines positiv oder negativ bestimmten Gegenstands aufgefasst werden kann, so sind beim Gegensatz zweiter Stufe der positiv und der negativ bestimmte Gegenstand verschiedene Gegenstände, aber sie können »verwechselt«[29] werden.

Das Mittel, durch das wir zu dieser zweiten Stufe des Gegensatzes gelangen, ist nach Hegels Ansicht[30] »äußere Reflexion«. Alle aufeinander zu beziehenden Inhalte, $+A$, $-A$, $(|A|)_1$, und $(|A|)_2$ werden als gegeben vorausgesetzt. Was dann die äußere Reflexion mit diesen Inhalten macht, ist nur dies: Aufgrund der vorausgesetzten Beziehung von $+A$ und $-A$, also aufgrund ihres Gegensatzes, bezieht die äußere Reflexion auch die Substrate $(|A|)_1$ und $(|A|)_2$ (die sozusagen unter $+A$ und $-A$ fallen) als positiv und negativ aufeinander. Um es anhand von willkürlich gewählten Beispielen zu erläutern: Die äußere Reflexion gelangt zur zweiten Stufe der Entgegensetzung dadurch, dass sie erstens den Gegensatz (erster Stufe) zwischen Bestimmungen wie wohlriechend/übelriechend, blau/gelb, etc. voraussetzt; zweitens verschiedene Gegenstände annimmt, die teils wohlriechend, teils übelriechend, teils blau, teils gelb usw. sind; und schließlich diese Gegenstände (aufgrund ihrer Bestimmtheit und aufgrund des vorausgesetzten Gegensatzes erster Stufe) zu einerseits positiv, andererseits negativ bestimmten Gegenständen erklärt: Wenn z. B. Blau und Gelb einander entgegengesetzt sind, so ist auch das Blaue dem Gelben entgegengesetzt und *vice versa*.

---

29 L. I, 274. 15f.
30 L. I, 274. 7.

Stellen wir hier die Frage, welche Arten von Bestimmungen in das Gegensatzverhältnis zweiter Stufe gebracht werden können, so beantwortet sich diese Frage gewissermaßen von selbst. »Gebracht« werden können in dieses Verhältnis beliebige Bestimmungen, sofern wir von ihnen nur voraussetzen, erstens entgegengesetzt und zweitens Bestimmungen verschiedener Gegenstände zu sein. Dieses »Gebrachtwerden« ist eben nur eine Tätigkeit äußerer Reflexion. Charakteristisch für äußere Reflexion ist, dass sie ihre Gegenstände nur »äußerlich« bestimmt.[31] Für das Gegensatzverhältnis zweiter Stufe bedeutet das: Insofern reflexionslogische Substrate entgegengesetzten Bestimmungen durch äußere Reflexion zugrunde gelegt werden, kommt ihnen diese gegensätzliche Beziehung nicht an sich (nicht als reflexionslogischen Substraten) zu. Als reflexionslogische Substrate sind sie nur verschieden, nicht entgegengesetzt.[32] In diesem Sinne kommen die Reflexionsbestimmungen des Positiven und Negativen den reflexionslogischen Substraten nur äußerlich zu.

Interessant ist Hegels Bemerkung: Die beiden Seiten des Gegensatzes der zweiten Stufe »können verwechselt werden«[33]. Die bloß äußere Reflexion des Gegensatzes hat mit anderen Worten eine unvermeidliche Amphibolie zur Folge. Diese Amphibolie hat folgenden Grund. Die Verschiedenheit reflexionslogischer Substrate ist eine Verschiedenheit besonderer Art. Sie kann nur darin bestehen, dass es Substrate zweier entgegengesetzter Bestimmungen sind. *Als* Substrate vom Typ |A| sind sich die Bestimmtheiten $(|A|)_1$ und $(|A|)_2$ völlig gleich und verwechselbar. Nur wegen dieser besonderen Art der Verschiedenheit ist es denn auch berechtigt, von einem, wenn auch nur äußeren, *Gegensatz* zwischen diesen Bestimmtheiten zu reden: $(|A|)_1$ ist dasjenige |A|, das identisch ist mit nicht $-(|A|)_2$; und *vice versa*. Dieser Gegensatz hebt die Amphibolie keineswegs auf. Er kommt den reflexionslogischen Substraten nicht innerlich zu; wenn

---

31 L. I, 253. 14f.
32 L. I, 274. 11f.
33 L. I, 274. 15f.

wir daher zwei Substrate mit entgegengesetzten Bestimmungen annehmen, so kann jedes von ihnen, wie Hegel sagt,»eben so gut als positiv wie als negativ genommen werden«[34].

Hegels Bemerkung über die unvermeidlich entstehende Amphibolie entgegengesetzter Gegenstände, als Folge »äußerer Reflexion«, ist aus folgendem Grund interessant. Sie enthält nämlich einen doppelten Angriff auf Kant und dessen Oppositionstheorie. Dieser doppelte Angriff richtet sich gegen gewisse Reste metaphysischer Voraussetzungen in Kants Theorie.

Der erste Angriff betrifft die Theorie realer Oppositionen und richtet sich dagegen, dass Kant, im Kapitel über die »Amphibolie der Reflexionsbegriffe« der *Kritik der reinen Vernunft*, aufgrund dieser Theorie eine der Grundvoraussetzungen der Leibniz-Wolff'schen Metaphysik nur modifiziert, nicht aufgegeben hat. Diese Grundvoraussetzung bestand in folgendem Grundsatz: Wenn zwei sonst vollkommen gleichen Gegenständen logisch entgegengesetzte Prädikate zukommen, so dass dem einen Gegenstand eine Bestimmung beigelegt wird, die dem anderen abgesprochen wird, so setzt dieser Gegensatz stets voraus, dass dem einen Gegenstand eine Bestimmung zukommt, die dem anderen Gegenstand mangelt. Der Inbegriff aller Bestimmungen der Dinge wird als der Inbegriff der »Realität« aufgefasst, der Inbegriff des Mangels an Bestimmungen als Inbegriff der »Schranken der Realität«. »Nach diesem Grundsatze«, schreibt Kant,»sind z. E. alle Übel nichts als Folgen von den Schranken der Geschöpfe, d. i. Negationen, weil diese das einzige Widerstreitende der Realität sind.«[35] Diese Vorstellung vom metaphysischen »Realitäts«-Kuchen, von dem jedes Einzelding in der Welt nur beschränkte Portionen zugeteilt bekommt, beruht letztlich auf einem naiven Logizismus: Man schließt aus der negatorischen Form entgegengesetzter Prädikate auf so etwas wie objektive (»metaphysische«) Negationen, die den Gegenständen an sich zukommen.

---

34 L. I, 274. 16f.
35 KrV, A 273, B 330.

Kant hat gegen diesen Logizismus eingewandt[36], dass, wenn wir verschiedenen Gegenständen *an sich* entgegengesetzte Prädikate beilegen würden, wir es eben mit Dingen an sich zu tun hätten, deren innere Bestimmungen wir also gar nicht kennen. Würden wir diese Bestimmungen kennen und wüssten wir, welche Bestimmungen einem Ding an sich *nicht* zukommen, dann wäre der Leibniz-Wolff'sche Logizismus am Platze. Für die Erscheinungen dagegen, die wir allein kennen, gilt aber nach Kants Auffassung gerade nicht, dass von zwei logisch entgegengesetzten Prädikaten das eine stets einen bloßen Mangel an Bestimmungen anzeigt. Der Leibniz-Wolff'sche Logizismus mache sich deshalb einer Amphibolie schuldig. Kant gründet diesen Amphibolievorwurf auf seine Theorie realer Oppositionen: Wenn von zwei logisch entgegengesetzten Urteilen das eine eine Bestimmung des Gegenstandes anzeigt, so muss das andere deshalb noch keine bloßen »Schranken der Realität« anzeigen. Denn an den Erscheinungen sind auch Privationen möglich. Privationen müssen aber, wie wir gesehen haben, von so etwas wie objektiven Negationen »im metaphysischen Verstande« klar unterschieden werden, da sie keinen absoluten Mangel an Bestimmungen, sondern nur reale Oppositionen von Bestimmungen voraussetzen.

Kants Begründung des Amphibolievorwurfs kann von Hegel natürlich nicht geteilt werden. Hegel hält ja, wie bereits gezeigt, Kants Theorie der realen Opposition sowie den darin enthaltenen Begriff der Privation für unhaltbar. Daraus folgt aber für Hegel noch lange keine Rücknahme des Amphibolievorwurfs gegen die von Kant angegriffene Metaphysik. Im Gegenteil. Eine Amphibolie ist nach Hegels Ansicht bereits mit der Voraussetzung zweier sonst gleicher Gegenstände als Träger entgegengesetzter Bestimmungen verbunden. Ganz unabhängig also davon, ob diese Gegenstände als Erscheinungen oder als Dinge an sich vorausgesetzt werden, sind diese Gegenstände wegen ihrer Gleichheit miteinander verwechselbar. Es ist demnach gleichgültig, welchen Gegenstand wir den negativ bestimm-

---

36 KrV, A 273 f., B 329 f.

ten, welchen wir den positiv bestimmten Gegenstand nennen. Die metaphysische Trennung zwischen »Realität« und »Schranken der Realität« lässt sich deshalb auch nicht im Hinblick auf Dinge an sich aufrechterhalten. Bereits mit der Voraussetzung gleicher Substrate ist die Tatsache verbunden, dass die Bestimmungen des Positiven und Negativen auf beide Substrate nur äußerlich, nur amphibolisch bezogen werden können. Für sich genommen verhalten sich *beide* Bestimmungen gegeneinander negativ. Angewandt auf Gegenstände lässt sich jede von ihnen ebensogut als positive wie als negative Bestimmung betrachten. Aus dieser Tatsache ergibt sich aber: Auch dann, wenn man den sogenannten Dingen an sich positive und negative Bestimmungen zukommen ließe, würden diese Bestimmungen den Dingen an sich nur äußerlich und amphibolisch zukommen.[37] Negative Bestimmungen wären insofern auch dann keine Schranken der Realität, wenn sie Dingen an sich zukommen würden. Kants Versuch, den metaphysischen Kuchen in die Speisekammer der Dinge an sich zu verbannen, um ihn dort als »transzendentales Ideal« zu retten, muss daher misslingen.[38]

Hegels zweiter Angriff bezieht sich auf Kants Lehre von den dialektischen Oppositionen und richtet sich gegen Kants Ansicht,

---

37 Sie würden den Dingen an sich also nicht, wie Kant will, im Sinne »transzendentaler Bejahung« und »transzendentaler Verneinung« (als »Nichtsein an sich«) (vgl. KrV, A 574, B 602) zukommen. Kants Begriffspaar »transzendentale Bejahung«/»transzendentale Verneinung« ist nichts anderes als ein Wiederherstellungsversuch des metaphysischen Gegensatzes von »Realität« und »Schranken der Realität« für den Geltungsbereich der Dinge an sich.

38 Die Folgen dieses Misslingens für Kants Philosophie können hier nicht im Einzelnen dargestellt werden. Sie sind meines Erachtens zahlreich und verheerend. Kant hält nämlich »das transzendentale Ideal« (vgl. dazu KrV, A 571–583, B 599–611) nicht bloß für eine Voraussetzung des oben erwähnten »Grundsatzes der durchgängigen Bestimmung«, sondern er meint auch mit guten Gründen, dass dieses Ideal »auf einer natürlichen und nicht bloß willkürlichen Idee gegründet« sei, nämlich einer Idee, die ganz »auf den Verhandlungen der transzendentalen Analytik« beruht (ebd., A 581, B 609). Die »transzendentale Analytik« ist demnach (aufgrund von modus tollens) bedroht.

Grundlage dieser dialektischen Oppositionen sei letztlich eine unvermeidliche Verwechslung der Dinge an sich mit den Erscheinungen. Kant nennt diese Verwechslung »transzendentale Amphibolie«[39]. Nach Kants Meinung haben sich nicht nur einzelne Schulen herkömmlicher Metaphysik der Amphibolie zwischen Erscheinungen und Dingen an sich schuldig gemacht; und schuld sind nicht nur ihre speziellen Lehrgebäude; vielmehr werde der Verstand selbst geplagt von dieser Amphibolie. Die Ursache dieser Plage liegt nach Kants Ansicht keineswegs in den dialektischen Oppositionen. Diese sollen nur beweisen, wie nötig es ist, die Plage zu bekämpfen. Die Ursache soll vielmehr in einer von Kant behaupteten »Zweideutigkeit« im Begriff des Gegenstandes liegen, und zwar genauer in einer »Zweideutigkeit« im Begriff desjenigen Gegenstandes, den wir als Ding an sich von den Erscheinungen notwendigerweise unterscheiden müssen.[40] Die Notwendigkeit dieser Unterscheidung ergibt sich, wie Kant zurecht feststellt, daraus, dass wir von Gegenständen, die Gegenstände unserer Erfahrung (mithin unserer sinnlichen Anschauung) sind, sagen können, sie seien Erscheinungen. Zum Begriff des Gegenstandes als eines Dinges an sich gelangen wir dadurch, dass wir den Erscheinungen Dinge an sich *entgegensetzen*: Dinge an sich sind identisch mit Gegenständen, die *nicht* Erscheinungen (nicht Objekte sinnlicher Anschauung) sind.[41] Die Beziehung zwischen den Dingen an sich und den Erscheinungen ist der Sache nach, wie Hegel sagen würde, reflexionslogische Negativität. Der Gegenstand als Ding an sich ist daher, wie Kant selbst betont, nur »negativ« bestimmt[42]. Die

---

39 Z. B. KrV, A 270, B 326.
40 KrV, B 306.
41 Wie Kant sagt, »liegt es schon in unserem Begriffe« von Gegenständen als Erscheinungen (»Phänomena«), dass wir ihnen Gegenstände als Dinge an sich (»Noumena«) »gegenüberstellen«. (KrV, B 306.) Noch deutlicher formuliert Kant in der ersten Auflage der KrV (A 252): »es folgt auch naturlicherweise aus dem Begriffe einer Erscheinung überhaupt: daß ihr etwas entsprechen müsse, was an sich nicht Erscheinung ist.«
42 »Die Lehre von der Sinnlichkeit ist nun zugleich die Lehre von den Noumenen im negativen Verstande, d. i. von Dingen, die der Verstand sich ohne

»Zweideutigkeit« im Begriff des Gegenstandes soll nun darauf beruhen, dass »der Verstand, wenn er einen Gegenstand in einer Beziehung bloß Phänomen nennt, er sich zugleich außer dieser Beziehung noch eine Vorstellung von einem Gegenstande an sich selbst macht« und deshalb sich auch »vorstellt, er könne sich von dergleichen Gegenstande Begriffe machen.«[43] Aufgrund dieser »Vorstellung« gelangt der Verstand dahin, zwei verschiedene, aber gleichartige Sorten von Gegenständen vor sich zu haben. Aus dieser bloß vorgestellten Gleichartigkeit der Gegenstände entspringt nach Kant die »transzendentale Amphibolie«. Diese ist daher nach Kant vermeidbar, wenn nur die Vorstellung der Gleichartigkeit der Gegenstände aufgegeben wird.

Hegels Angriff zielt nun darauf ab, dass der Verstand keineswegs besonderer »Vorstellungen« bedarf, um negativ gegeneinander bestimmte Gegenstände miteinander verwechseln zu können. Wir brauchen verschiedenen, nur negativ sich zueinander verhaltenden Gegenständen nicht erst gleichartige Prädikate beizulegen, um sie verwechselbar zu machen. Sie sind vielmehr schon als verschiedene reflexionslogische Substrate des Positiven und Negativen miteinander verwechselbar. Als reflexionslogische Substrate sind sie vollkommen

---

diese Beziehung auf unsere Anschauungsart, mithin nicht bloß als Erscheinungen, sondern als Dinge an sich selbst denken muß.« (KrV, B 307.) »Unser Verstand bekommt nun auf diese Weise eine negative Erweiterung, d. i. er wird nicht durch die Sinnlichkeit eingeschränkt, sondern schränkt vielmehr dieselbe ein, dadurch, daß er Dinge an sich selbst (nicht als Erscheinungen betrachtet) Noumena nennt. Aber er setzt sich auch sofort selbst Grenzen, sie durch keine Kategorien zu erkennen, mithin sie nur unter dem Namen eines unbekannten Etwas zu bedenken.« (KrV, A 256, B 312.) »Der Begriff eines Noumenon« [d. h. eines Gegenstandes, sofern er nicht Objekt sinnlicher Anschauung ist] ist »nur vom negativen Gebrauche. Er ist aber gleichwohl nicht willkürlich erdichtet, sondern hängt mit der Einschränkung der Sinnlichkeit zusammen, ohne doch etwas Positives außer dem Umfange derselben setzen zu können.« (KrV, B 311.) Vgl. zur Unterscheidung zwischen dem »Noumenon im negativen Verstande« und dem »Noumenon im positiven Verstande« das ganze 3. Hauptstück der »transzendentalen Analytik« der *Kritik der reinen Vernunft*.

43   KrV, B 306 f. 122.

gleichartig. So sind auch die Dinge an sich und die Erscheinungen schon aufgrund ihrer reflexionslogischen Negativität verwechselbar. Es genügt dazu nur, dass sie als *verschiedene* Gegenstände gedacht werden. Es ist nur Sache einer »äußeren Reflexion«, Dingen an sich und Erscheinungen reflexionslogische Substrate zu unterstellen. Zu genau dieser äußeren Reflexion fordert Kant im Kontext der Antinomienlehre sogar selbst indirekt auf. Er fordert nämlich dazu auf, die dialektischen Oppositionen des subkonträren Typs so aufzulösen, dass man die dort vorkommenden logisch entgegengesetzten Prädikate (die entgegengesetzten Bestimmungen der Spontaneität und der Nicht-Spontaneität) auf verschiedene Gegenstände bezieht. Kant schlägt vor, Erscheinungen einerseits und Dinge an sich andererseits für diese verschiedenen Gegenstände zu halten. (Vgl. oben drittes Kapitel, Abschnitt II.)

Um Missverständnisse auszuschließen: Hegels Angriff auf Kant beinhaltet keinen Amphibolievorwurf, der entfernt vergleichbar wäre mit demjenigen Amphibolievorwurf, den Kant gegen die Leibniz-Wolff'sche Metaphysik gerichtet hat. Was Kant »transzendentale Amphibolie« nennt, ist für Hegel nur ein Spezialfall einer reflexionslogischen Amphibolie. Sie muss deshalb nach Hegels Auffassung anders erklärt werden, als Kant möchte. Hegels Angriff beinhaltet, dass Kant erstens die Objekte der »transzendentalen Verwechslung« nicht korrekt angibt (nämlich nicht angibt als reflexionslogische Substrate), und dass er zweitens die verwechselnde Verstandestätigkeit nicht korrekt identifiziert (als »äußere Reflexion«). Mit diesen beiden Fehlern hängt aber drittens zusammen, dass Kant den richtigen Weg verfehlt, der aus der Verwechslungsgefahr herausführt: Kants Auflösung der dialektischen Oppositionen gelangt nicht über die Stufe der äußeren Reflexion hinaus, sondern verschafft dieser Reflexion im Gegenteil nur neuen Stoff.

Nach Hegels Meinung ist diese Stufe zu überwinden nur dadurch, dass man den Gegensatz dritter Stufe ins Auge fasst.

Achtes Kapitel

Das an sich Positive und das an sich Negative

I. Analyse der dritten Gegensatzform

Die dritte Stufe des Gegensatzes wird nicht durch »äußere Reflexion« erreicht. Aber sie tritt ins Blickfeld dadurch, dass die Gegenstände »äußerer Reflexion« mit den Inhalten »setzender Reflexion« in Beziehung gebracht werden. Dieses In-Beziehung-Bringen beruht nach Hegels Terminologie auf »bestimmender Reflexion«[1]. Bestimmende Reflexion ist dabei keine bloß subjektive Tätigkeit des Verstandes. Die bestimmende Reflexion bezieht nämlich nicht nur äußerlich, wie es für die äußere Reflexion charakteristisch ist, vorhandene (»gesetzte«) Bestimmungen auf vorausgesetzte Substrate. Vielmehr bezieht sie die Bestimmungen und die Substrate so aufeinander, wie sie an sich (d. h. *als* Bestimmung und Substrat) aufeinander bezogen sind. Aufgrund dieser objektiven Beziehung heißt diese Reflexion auch »bestimmend«: sie bestimmt die Bestimmungen und die Substrate *in* ihrer Beziehung aufeinander. (Sie bestimmt sie *als* aufeinander Bezogenes.)

Nun lässt sich – und darin liegt die eigentliche Pointe der Hegel'schen Analyse der Gegensatzbeziehung – das Verhältnis zwischen den entgegengesetzten Bestimmungen einerseits und ihren reflexionslogischen Substraten andererseits wieder nur als Gegensatzverhältnis bestimmen. Aber dieses Gegensatzverhältnis ent-

---
1 »Die bestimmende Reflexion ist überhaupt die Einheit der setzenden und der äußeren Reflexion.« (L. I, 255. 19–20.)

spricht nicht den beiden bisher betrachteten Gegensatzbeziehungen. Die Betrachtung dieses Verhältnisses gelangt daher zu einem Gegensatz dritter Stufe.

Wir wollen die verschiedenen reflexionslogischen Substrate $(IAI)_1$ und $(IAI)_2$ im Ausdruck »$(IAI)_n$« zusammenfassen: »$(IAI)_n$« möge eines der beiden Substrate $(IAI)_1$ oder $(IAI)_2$ bedeuten. Die entgegengesetzten Bestimmungen $+A$ und $-A$ sollen durch den Ausdruck »$(-IAI)_n$« bezeichnet werden: »$(-IAI)_n$« möge eine der beiden Bestimmungen $+A$ oder $-A$ bedeuten.

Das reflexionslogische Substrat $(IAI)_n$ ist nun aus folgendem Grund der Bestimmung $(-IAI)_n$ entgegengesetzt. $(IAI)_n$ verhält sich zu $(-IAI)_n$ negativ im Sinne der reflexionslogischen Negativität: $(IAI)_n$ ist etwas an sich nicht Entgegengesetztes, $(-IAI)_n$ ist dagegen etwas an sich Entgegengesetztes; $(IAI)_n$ ist identisch mit nicht-$(-IAI)_n$; $(-IAI)_n$ ist identisch mit nicht-$(IAI)_n$. – Die Substrate $(IAI)_1$ und $(IAI)_2$ waren, so ergab sich aus der Betrachtung des Gegensatzes zweiter Stufe, entgegengesetzt nur vermöge der Bestimmungen $+A$ und $-A$; aber *als* bloß reflexionslogische Substrate waren sie nicht entgegengesetzt. Demnach ist das Substrat $(IAI)_n$ dadurch bestimmt, an sich nicht entgegengesetzt zu sein. Eine andere Bestimmung des reflexionslogischen Substrats, wie es bisher vorausgesetzt worden ist, gibt es nicht: Alles was wir bisher über Substrat erfahren haben, war ja, *dass* es vorausgesetzt wird, wenn zwei Bestimmungen als entgegengesetzte Bestimmungen betrachtet werden. Von diesen entgegengesetzten Bestimmungen als solchen haben wir aber ebenfalls nicht mehr erfahren, als dass sie etwas Entgegengesetztes sind. Im Gegensatz zu den Bestimmtheiten $(IAI)_1$ und $(IAI)_2$ sind aber die Bestimmungen $+A$ und $-A$ etwas an sich Entgegengesetztes: Beide verhalten sich negativ gegeneinander. $(-IAI)_n$ ist in diesem Sinne etwas an sich Entgegengesetztes.

Der Gegensatz, der – so betrachtet – zwischen dem reflexionslogischen Substrat $(IAI)_n$ und der Bestimmung $(-IAI)_n$ besteht, erweist sich als Gegensatzverhältnis dritter Stufe. Er ist, wie es Hegel selbst formuliert[2], ein Verhältnis zwischen dem »Nichtentgegengesetzten« und dem »Entgegengesetzten«.

Das Gegensatzverhältnis dritter Stufe ermöglicht einen Gebrauch der Reflexionsbestimmungen des Positiven und Negativen, der in Bezug auf die beiden ersten Stufen nicht möglich war. Das Nichtentgegengesetzte nennt Hegel »das Positive«, das Entgegengesetzte »das Negative«[3]. Auch der Gegensatz dritter Stufe ist demnach ein Verhältnis des Positiven und Negativen; aber deren Verhältnis ist in diesem einzigen Fall nicht umkehrbar. Negativ ist das Entgegengesetzte $(-|A|)_n$ nämlich nicht *nur* in dem Sinne, dass es dem Nichtentgegengesetzten $(|A|)_n$ entgegengesetzt ist. Das ist es zwar auch. Negativ ist es auch deshalb, weil es ein »für sich bestehendes«[4] Entgegengesetztes ist. Die Bestimmungen $+A$ und $-A$ sind als »Entgegengesetzte überhaupt« geradezu dadurch definiert (und in diesem Sinne auch »für sich« genommen etwas Entgegengesetztes), dass sie beide sich negativ zur anderen Bestimmung verhalten. Ihr Verhältnis zeichnet sich durch die reflexionslogische Negativität aus. So ist das »für sich bestehende« Entgegengesetzte nicht *nur* im Verhältnis zum Nichtentgegengesetzten negativ, sondern auch unabhängig von diesem Gegensatz (dritter Stufe). Hegel nennt es aus diesem Grunde auch »das an sich« oder »an und für sich Negative«[5].

Aus ganz ähnlichen Gründen nennt Hegel das Gegenstück des an sich Negativen, also das Nichtentgegengesetzte $(|A|)_n$, »das an sich« oder »an und für sich Positive«[6]: Es ist nicht nur im Verhältnis zum »für sich bestehenden« Entgegengesetzten entgegengesetzt; dieser

---

2 L. I, 274. 27–275. 6.
3 L. I, 274. 29 und 275. 3f.
4 L. I, 275. 3f.
5 L. I, 275. 7–23. Der Ausdruck »an und für sich negativ« verweist auf die doppelte Gegensatzbeziehung, in der das »für sich bestehende« Entgegengesetzte $(-|A|)_n$ steht: 1.) die Beziehung auf das Nichtentgegengesetzte $(|A|)_n$; 2.) die Beziehung auf die relativ entgegengesetzte Bestimmung $+A$ oder $-A$.
6 L. I, 275. 7–23.

Gegensatz schließt vielmehr auch ein, dass es als das Nicht-Negative (das mit dem Positiven identisch ist) definierbar ist. Die Relation zwischen dem an sich positiven $(IAI)_n$ und dem an sich negativen $(-IAI)_n$ ist, wie Hegel hervorhebt, unter den drei Stufen des Gegensatzes, ja unter allen Reflexionsbestimmungen, die einzige Relation, die sich aus dem innerlich vorgegebenen Bestimmungsinhalt ihrer beiden Relate ergibt. Die Gegensatzrelation zwischen einem reflexionslogischen Substrat und einer der entgegengesetzten Bestimmungen dieses Substrats hängt nicht noch von anderen, auf etwas Drittes sich beziehenden Relationen ab. Sie hängt nur davon ab, dass diese beiden Relate selbständig, d. h. auch unabhängig von ihrer eigenen Relation zueinander, als positiv und negativ bestimmt sind. Hegel nennt aus diesem Grunde das an sich Positive und das an sich Negative auch »die selbständigen Reflexionsbestimmungen«[7]. Die »Selbständigkeit«[8] ihrer Relate zeichnet die dritte Stufe des Gegensatzes recht eigentlich aus. Diese Selbständigkeit ist zwar verwandt mit der von Hegel sogenannten »Gleichgültigkeit« der Relate der zweiten Stufe. Aber die gleichgültigen Relate $(IAI)_1$ und $(IAI)_2$ waren positiv und negativ nur aufgrund ihrer Relation auf Anderes (auf $+A$ und $-A$) und waren als solche verwechselbar miteinander. Die selbständigen Reflexionsbestimmungen dagegen sind unverwechselbar und bedürfen keiner Relation auf etwas »Äußerliches«, um positiv und negativ zu sein.

Die »Selbständigkeit«, von der hier die Rede ist, steht in Kontrast zur Relativität, die wir gewöhnlicherweise mit den Begriffen des Positiven und Negativen verbinden. Auf diesen Kontrast hat es Hegel allerdings gerade abgesehen. Zunächst ist zu beachten, dass die Selbständigkeit der Reflexionsbestimmungen des Positiven und Negativen ein keineswegs ungewöhnlicher Sachverhalt ist. Auch ist das, was man die »Verselbständigung« entgegengesetzter Bestimmungen gegenüber ihren reflexionslogischen Substraten (und die

---
7 L. I, 279. 7–8.
8 L. I, 279. 10–12.

»Verselbständigung« der reflexionslogischen Substrate gegenüber ihren Bestimmungen) nennen könnte, ein ganz gewöhnlicher Zug des reflektierenden Verstandes. Man kann sich das gut an Beispielen klar machen. Die gewöhnlichste und, wie es scheint, für jeden Verstand leichteste Art, zu einer bereits vorgegebenen Bestimmung die entgegengesetzte Bestimmung zu finden, besteht darin, das sogenannte kontradiktorische Gegenteil zu nennen: zu blau z. B. nicht-blau, zu wohlriechend nicht-wohlriechend, zu endlich nicht-endlich usw. Diese angeführten Gegenteile schließen die entgegengesetzten Bestimmungen im engeren, reflexionslogischen Sinne ein. Hegel legt Wert darauf, dass nur wegen dieses Einschlusses von einem echten Gegensatz gesprochen werden kann. Denn es hängt vom Kontext ab, ob es sich bei jenen »Gegenteilen« wirklich um »kontradiktorische Gegenteile« (und nicht um bloße »Verschiedenheiten«) handelt. Von dieser Kontextbedingtheit wird gewöhnlich abstrahiert. Zugleich mit dieser Abstraktion abstrahiert man aber von den reflexionslogischen Substraten, die den Gegensatz von Bestimmungen im strengen Sinne erst ermöglichen. Diese Abstraktion liegt schon deshalb in den meisten Fällen nahe, weil es (wie die genannten Beispiele[9] konkreter Gegensatzrelate zeigen dürften) elaborierter Theorien bedarf, um zu einer vorgegebenen Bestimmung das reflexionslogische Substrat und die dazugehörige entgegengesetzte Bestimmung zu finden. Die Abstraktion vom reflexionslogischen Substrat ist Ausdruck einer (wie auch immer bedingten) Verselbständigung entgegengesetzter Be-

---

9 Als besonders eindrucksvolles Beispiel erwähne ich noch einmal besonders die Farbenlehre, nach der alle Farben entgegengesetzte Farben, sogenannte Ergänzungsfarben sind. So sind die Farben Blau und Gelb nicht bloß konträre Farben, sondern als »einfache Ergänzungsfarben« auf dasselbe reflexionslogische Substrat bezogen. Vgl. oben S. 142, Anmerkung 7. So zeitbedingt und abhängig von Goethes Farbenlehre sich Hegels Ansichten hier erweisen, so zeigt doch dieses Beispiel auch, wie anwendungsorientiert die Reflexionslogik von ihrem Autor konzipiert war. Wie sehr Hegel mit dieser Reflexionslogik ein heuristisches Instrument glaubte geschaffen zu haben, dürfte die Fülle »realphilosophischer Theorien« zeigen, die Hegel selbst mit Hilfe dieses Instruments entwickelt hat.

stimmungen gegenüber ihren reflexionslogischen Substraten: die Ersteren scheinen unabhängig von den Letzteren denkbar zu sein, und zwar als entgegengesetzte Bestimmungen. Genauso selbständig und unabhängig von entgegengesetzten Bestimmungen scheinen aber auch die reflexionslogischen Substrate zu sein. Riechende Körper, Wege, die zwei Orte im Osten und Westen verbinden, Kapital, Dinge überhaupt usw. halten wir gewöhnlich für selbständige Dinge, und zwar für selbständig in dem Sinne, dass sie unabhängig von einer der auf sie bezüglichen entgegengesetzten Bestimmungen bestehen können. Obgleich diese Dinge immer schon durch eine dieser entgegengesetzten Bestimmungen bestimmt sind und obgleich diese Dinge, als diesen Bestimmungen »zugrundeliegende« Gegenstände, erst aufgrund einer besonderen Reflexion ihrer Bestimmungen ein möglicher Gegenstand unseres Nachdenkens werden, stellen wir uns vor, dass diese Dinge *selbständig* »zugrunde liegen« und die entgegengesetzten Bestimmungen nur äußerlich hinzukommen.

II. Zur Kritik des reflektierenden Verstandes

Die Vorstellung selbständiger Substrate und selbständiger Bestimmungen gehört – so stellt Hegel fest – zu denjenigen »Erzeugnissen des reflektierenden Verstandes«, die nicht nur für den gewöhnlichen Verstandesgebrauch charakteristisch sind, sondern auch, wie Hegel in der Einleitung zur Reflexionslogik in der Fassung der *Encyklopädie* feststellt[10], in der »Metaphysik« und den »Wissenschaften überhaupt« ein zählebiges Dasein fristen. Auch den metaphysischen und wissenschaftlichen Verstand kennzeichne, dass er »die Unterschiede als *selbständig* annimmt und zugleich *auch* ihre Relativität setzt, beides

---

10 Enc. § 114.

aber nur neben- oder nacheinander durch ein *Auch* verbindet und diese Gedanken nicht zusammenbringt.«[11] Diese Bemerkung Hegels ist keineswegs *nur* als Kritik des metaphysischen und wissenschaftlichen Verstandes gemeint. Wenigstens der erste Halbsatz dieser Bemerkung ist es nicht. Was die erwähnten »Wissenschaften überhaupt« angeht, so haben wir bereits in der Mathematik das Beispiel einer Wissenschaft kennengelernt, in der nach Hegels Ansicht der reflektierende Verstand nicht etwa zu viel, sondern zu wenig Geltung erlangt hat. Gerade da, wo die Mathematik es ihrem Wesen nach mit Reflexionsbestimmungen, nämlich mit dem »Begriff des Positiven und Negativen« zu tun hat, kreidet Hegel ihr mit guten Gründen an, dass sie erstens diesen Begriff »nicht in seinem bestimmten Unterschiede aufgefaßt«[12] habe und zweitens, aufgrund dieses Mangels an Unterscheidung, nicht zum Begriff des *an sich* Positiven und *an sich* Negativen gelangt sei, einem Begriff, der zum Verständnis der Rechenoperationen höherer Stufe erforderlich sei. Das an sich Positive und an sich Negative, das Hegel diesen Rechenoperationen zugrunde legt, ist aber der Sache nach so etwas wie ein Spezialfall selbständiger Reflexionsbestimmungen. Man sieht an diesem Beispiel, dass Hegel keineswegs die Absicht hat, den Wissenschaften die »Erzeugnisse des reflektierenden Verstandes« auszutreiben. Diese Absicht dürfte Hegel auch nicht gegenüber der »Metaphysik« hegen, deren »Kategorien« die Reflexionslogik nicht destruieren, sondern »enthalten« soll, wie Hegel ausdrücklich sagt.[13] Hegels Kritik an der »Metaphysik« und an den »Wissenschaften überhaupt« besteht nur in der Bemerkung, dass sie »Selbständigkeit« und »Relativität« nicht richtig in »Verbindung« bringen. Dieses »Verbinden« hält Hegel aber offenbar für kein geringeres, sondern im Gegen-

---

11 Ebd. (Sperrungen im Original.) Vgl. zu dieser Textstelle auch den ausführlichen Kommentar von M. Theunissen, *Sein und Schein*, Frankfurt am Main 1978, S. 25 ff.
12 L. I, 275. 26–27.
13 Enc. § 114.

teil für das allerschwerste Problem, mit welchem es die ganze »Logik« (und wohl auch der Leser dieser »Logik«) zu tun hat.[14] Worin dieses allerschwerste Problem besteht, lässt sich sehr gut am Beispiel der von mir schon genannten Probleme erläutern, die Kants Theorie der dialektischen Oppositionen aufgeworfen hatte. Zunächst einmal lässt sich diese Theorie als ein philosophisches Instrument charakterisieren, durch welches Kant die in der traditionellen Metaphysik der Sache nach ja immer schon gebräuchliche Unterscheidung zwischen selbständig bestehenden, innerlich bestimmten Substraten und äußerlich hinzukommenden, von den inneren Bestimmungen der Substrate unabhängigen Bestimmungen erheblich verschärft und gefestigt hat. In der herkömmlichen Metaphysik findet man diese Unterscheidung bekanntlich in zahlreichen Variationen vor, so etwa in Gestalt des Unterschieds von Substanz und Akzidenz, Wesentlichem und Unwesentlichem, Monade und Perzeption, Wesen und Schein der Dinge etc. In allen diesen Variationen wird angenommen, dass die Substrate zwar an sich irgendwie bestimmt sind, aber eben nicht durch die äußerlichen Bestimmungen. Ebenso wird auch umgekehrt angenommen, dass die äußerlichen Bestimmungen aufgrund ihrer eigenen Unterschiede gegenüber anderen Bestimmungen bestimmt sind, aber so, dass diese Bestimmtheit von der Eigenart der selbständigen Substrate völlig unabhängig sei. Diese vorgestellte wechselseitige Unabhängigkeit der selbständigen Substrate und ihrer äußerlichen Bestimmungen kontrastiert merkwürdig mit der Tatsache, dass die Ausdrücke »Substrat« und »Bestimmung«, ebenso wie die meisten ihrer metaphysischen Varianten, Relationsbegriffe sind: Substrate sind stets Substrate *von* Bestimmungen, die Bestimmungen sind stets Bestimmungen *von* Substraten. Die wechselseitige Relativität der selbständigen Substrate und ihrer äußerlichen Bestimmungen wird also schon ausdrücklich darin zur Sprache gebracht. Nur bringt man, wie Hegel findet, diese Relativität mit der angenom-

---

14 Hegel nennt daher die Reflexionslogik den »schwersten Teil der Logik«. Vgl. Enc. § 114.

menen Selbständigkeit der Relate in eine Verbindung, die über das bloße »Neben- oder Nacheinander« sprachlicher Ausdrucksmittel nicht hinauskommt. Kants Unterscheidung zwischen den Dingen an sich und den Erscheinungen, d. h. zwischen den Bestimmungen, insofern sie die Dinge an sich bestimmen, und den Bestimmungen, insofern sie diese an sich nicht bestimmen, hat in gewisser Hinsicht die älteren metaphysischen Unterscheidungen zwischen selbständigen Substraten und äußeren Bestimmungen der Substrate verdrängt. Die Verdrängung besteht vor allem darin, dass der Begriff des Dings an sich keinerlei anschaulichen oder pseudo-anschaulichen Sinn mehr hat, mithin auch die Beziehung zwischen den Dingen an sich und den Erscheinungen kein Gegenstand anschaulicher Vorstellungen mehr ist. Aber auch begrifflich soll nach Kants eigener Auskunft den Dingen an sich und ihren Beziehungen zu den Erscheinungen nicht beizukommen sein: Alles, was von ihrem Wesen gesagt werden kann, ist die negative Behauptung, dass sie Gegenstände sind, die nicht Erscheinungen sind. Den indirekten Beweis für diese Behauptung sollen die Antinomien liefern, also Kants Lehre von den dialektischen Oppositionen.[15] Denn die Antinomien sollen beweisen, dass wir uns nur deshalb in Widersprüche verwickeln, weil wir den Gegensatz zwischen den Dingen an sich und den Erscheinungen nicht beachten. Das Verhältnis zwischen Dingen an sich und Erscheinungen entzieht sich auf diese Weise jeder kategorialen Deutung. Dennoch besteht in diesem Verhältnis der Dinge an sich und der Erscheinungen, wie Kant es gefasst hat, das Verhältnis zwischen selbständigen Substraten und äußerlichen Bestimmungen in veränderter Gestalt fort. Ja dieses Verhältnis erscheint durch die Form des »Beweises«, den Kant in seiner Antinomienlehre zu führen beansprucht, sogar gefestigt. Dass die Erscheinungen nicht Dinge an sich sind, besagt nämlich zunächst einmal, dass die Bestimmungen der Gegenstände, sofern sie erscheinen, verschieden sind von den Bestimmungen der Dinge an sich. Auf

---

15 KrV, A 506, B 534.

diese Weise werden aber die Dinge an sich implizit als Substrate von Bestimmungen angesehen, nur eben von Bestimmungen, die gänzlich verschieden sind von den Bestimmungen der erscheinenden Dinge. Die Bestimmungen der erscheinenden Dinge wiederum, insofern sie diese Dinge nicht bestimmen, wie sie an sich sind, sind insofern nur »äußerliche« Bestimmungen dessen, was irgendwie »zum Grunde liegt«.[16] Das Verhältnis zwischen selbständigen Substraten und äußerlichen Bestimmungen ist auf diese Weise in Kants Konstruktion durchaus wiederzufinden, nur dass diese Konstruktion nun explizit zum Ausdruck bringt, dass die bestehende Relativität zwischen den so gefassten »zum Grunde liegenden« Substraten und den Bestimmungen kein möglicher Gegenstand theoretischer Deutung mehr ist. Auf diese Weise scheint sich aber auch die Verbindung zwischen der Relativität und der Selbständigkeit der angenommenen Relate theoretischer Deutung zu entziehen.

Was Kant betrifft, so hält er die fragliche Verbindung in der Tat weder für ein untersuchungsbedürftiges oder untersuchungsfähiges Problem, noch macht er sie sonst zum Thema. Interessant ist aber, dass ausgerechnet diejenige Theorie, die Kant als Instrument verwendet hat, um die traditionelle Kluft zwischen selbständigen Substraten und selbständigen Bestimmungen zu vergrößern und zu verfestigen – dass also ausgerechnet Kants Theorie der dialektischen Oppositionen Ansatzpunkte geliefert hat für Hegels Versuch, die genannte Verbindung zu rekonstruieren. Hegel verweist auf diese Ansatzpunkte im berühmten Methodenkapitel[17] am Schluss seiner *Wissenschaft der Logik*. Hegel rechnet dort Kants Dialektik das »unendliche Verdienst« zu, die »Aufmerksamkeit gezogen« zu haben auf eine Tatsache, die älteren Dialektikern gänzlich verborgen geblieben sei: Bestimmungen werden »in dialektische Verhältnisse und in Widerspruch gesetzt« nicht etwa dadurch, dass sie mit Gegenstän-

---

16   Siehe oben, S.78f. und Kants Formulierung in dem dort angeführten, zu Fußnote 23 gehörigen Zitat.
17   »Die absolute Idee« (L. II, 243–244).

den »äußerlich verknüpft« werden, deren eigene Beschaffenheit diese Verknüpfung aus irgendwelchen mehr oder weniger verborgenen Gründen nicht zulässt; sondern dadurch, dass diese Bestimmungen sowohl untereinander als auch mit dem Gegenstand, auf den sie bezogen werden, in einem innerlichen Verhältnis stehen. Das innerliche Verhältnis zwischen den Bestimmungen erblickt Hegel in deren »Gegensätzen«, die gewöhnlich »als fest angenommen« werden, in Wahrheit aber darin bestehen, dass die dialektisch opponierenden Bestimmungen ineinander »übergehen«. Das innerliche Verhältnis zwischen den Bestimmungen und ihrem Gegenstand sieht Hegel darin, dass dieser Gegenstand nichts anderes ist als »das Produkt der eigenen Reflexion« der entgegengesetzten Bestimmungen als entgegengesetzter Bestimmungen.[18]

Mit diesem doppelten innerlichen Verhältnis erinnert Hegel an zwei in seiner *Wissenschaft der Logik* systematisch entwickelte Sachverhalte, auf die erstmals aufmerksam gemacht zu haben das Verdienst Kants sei. Diese Würdigung Kants beruht zum Teil darauf, dass Hegel die Errungenschaften der kantischen Dialektik völlig anders bewertet, als Kant selbst es getan hatte.

Das erste innerliche Verhältnis, von welchem hier die Rede ist, braucht uns nur am Rande zu interessieren. Soweit es sich auf Kant zurückbeziehen lässt, ist mit ihm eine Bedingung gemeint, ohne welche die dialektischen Oppositionen gar nicht bestehen würden. Man ist ja zunächst nur deshalb genötigt, die beiden kontradiktorischen Urteile, die diesen Oppositionen (den Antinomien) zugrunde liegen, als bloß scheinbar kontradiktorisch anzusehen, weil zuvor gezeigt worden ist, dass beide Urteile aufgrund gleichstarker Argumente in ihr Gegenteil überführt werden können. Erst diese Überführbarkeit zwingt dazu, die Urteile als entweder beide wahr oder beide falsch anzusehen. Diese Überführbarkeit dialektisch entgegengesetzter Urteile bringt nach Hegels Auffassung zum Ausdruck, was er das »Übergehen« der entgegengesetzten Bestimmungen ineinander nennt. In

---
18 L. II, 244. 24–25.

diesem Übergehen zeigt sich nur ein innerer Zusammenhang, der zwischen den entgegengesetzten Bestimmungen besteht, von denen in dialektisch entgegengesetzten Urteilen die Rede ist.»Indem jede der beiden entgegengesetzten Seiten an ihr selbst die andere enthält und keine ohne die andere gedacht werden kann, so folgt daraus, dass keine dieser Bestimmungen, allein genommen, Wahrheit hat, sondern nur ihre Einheit.«[19] Kant selbst hatte, im Rahmen der »Antithetik der reinen Vernunft«[20], die Überführung jedes Urteils in sein Gegenteil in Gestalt eines »Beweises« für dieses Gegenteil (d. h. in Gestalt eines apogogischen Beweises) demonstriert. Hegel macht darauf aufmerksam, dass dieses Verfahren vor allem aus zwei Gründen das Ineinanderübergehen der Bestimmungen verdeckt.[21] Erstens verdeckt es die Tatsache, dass jedes Urteil auf direktem Wege in sein negatorisches Gegenteil überführt werden kann. Zweitens bedingt das Beweisziel des Verfahrens, dass ganze Subjekt-Prädikat-Urteile zum Gegenstand der Argumentation gemacht werden; das hat den Nachteil, dass die entgegengesetzten Bestimmungen immer schon »auf speziellere Substrate der Vorstellung angewendet«[22] werden, von denen das Übergehen der Bestimmungen ineinander keineswegs abhängt. So wird z. B. nicht untersucht, inwiefern in der Bestimmung des Unendlichen die Bestimmung des Endlichen »enthalten« ist, und umgekehrt; sondern der Argumentation werden spezielle kosmologische Behauptungen zugrunde gelegt über Zeit, Raum, Materie, Welt etc., obgleich es zur Überführbarkeit dieser Behauptungen in ihr Gegenteil allein darauf ankommt, dass die Bestimmungen des Endlichen und Unendlichen auf eine näher zu untersuchende Weise

---

19 L. I, 120. 7 ff. und I (1832), 187. 18 ff. (Anmerkung zur kantischen Antinomie der unendlichen Teilbarkeit der Zeit, des Raumes und der Materie).
20 KrV, A 420–462, B 448–490.
21 Vgl. dazu Hegels ausführliche Diskussion der kantischen Antinomien in L. I, 113–120 und 147–150; I (1832), 179–188 und 228–232.
22 L. I, 147. 8–10 und I (1832), 228. 19–21.

einander »enthalten«.[23] (Auch wenn sie als Prädikate anderer Gegenstände vorausgesetzt würden, wäre ihre Überführbarkeit ineinander stichhaltig nachzuweisen.) Nach Hegels Meinung stellt Kants »Antithetik der reinen Vernunft« bereits implizit das Übergehen von Bestimmungen ineinander dar. Aber erst Hegels eigene *Wissenschaft der Logik* enthält das ausdrückliche Programm, diese Darstellung von überflüssigem und entstellendem Beiwerk zu reinigen, und auf eine vollständigere Anzahl ineinander übergehender Bestimmungen zu erweitern. Das Erste Buch der *Wissenschaft der Logik*, also derjenige Teil, welcher der »Reflexionslogik« vorangeht, soll bereits die gereinigte Darstellung der Antithetik der beiden von Kant so genannten mathematischen Antinomien einschließen.[24] Die Bestimmungen, die den Inhalt dieser Antinomien ausmachen, also z. B. die Bestimmungen des Endlichen und Unendlichen, dürfen zum Arsenal der Beispiele gerechnet werden, die in der reflexionslogischen Betrachtung der Gegensatzstufen von Anfang an zugrunde gelegt werden können (als Beispiele für $+A$ und $-A$, für $(|A|)_1$ und $(-|A|)_2$ und schließlich für

---

23   Hegel schreibt, Kant habe »die Antinomie nicht in den Begriffen selbst, sondern in der schon *concreten* Form kosmologischer Bestimmungen aufgefaßt. Um die Antinomie rein zu haben und sie in ihrem einfachen Begriff zu behandeln, mußten die Denkbestimmungen nicht in ihrer Anwendung und Vermischung mit der Vorstellung der Welt, des Raumes, der Zeit, der Materie usw. genommen, sondern ohne diesen konkreten Stoff, der keine Kraft noch Gewalt dabei hat, rein für sich betrachtet werden, indem sie allein das Wesen und den Grund der Antinomien ausmachen.« (L. I, 114. 26–33; I (1832), 180. 23–29).

24   Diese Darstellung erfolgt in den Kapiteln »Die Quantität« (L. I, 111–124; I (1832), 176–192) und »Die quantitative Unendlichkeit« (L. I, 139–178; I (1832), 218–309). Die Diskussion der zweiten mathematischen Antinomie, der Antinomie der unendlichen Teilbarkeit der Materie, nimmt Hegel allerdings noch einmal innerhalb eines Zusammenhangs vor, der auf die Reflexionslogik folgt: in einer Anmerkung zum Kapitel »Das Verhältnis des Ganzen und der Teile« im Zweiten Buch der *Wissenschaft der Logik* (L. I, 358–359). Der systematische Grund dafür liegt darin, dass der Teilbarkeitsbegriff nicht nur auf quantitative (»mathematische«) Bestimmungen, sondern auch auf das Verhältnis von Teil und Ganzem bezogen werden kann. In dieser zweiten Beziehung bringt die Teilbarkeitsantinomie eine andere Art von Widerspruch zum »Ausdruck« (L. I, 358. 21) als in der ersten Beziehung.

$(-IA)_n$. Der methodische Unterschied zwischen der antithetischen Behandlung dieser Bestimmungen im Ersten Buch der *Wissenschaft der Logik* und zwischen der reflexionslogischen Behandlung des Verhältnisses dieser Bestimmungen im Zweiten Buch besteht darin, dass im Ersten Buch das Übergehen der Bestimmungen in ihre jeweilige (»einfache«) Negation dargestellt wird, während im Zweiten Buch die reflexionslogische Negativität (d. h. die von Hegel sogenannte »zweite« Negation) im (nun entwickelt vorliegenden) antithetischen Verhältnis dieser Bestimmungen zum Gegenstand gemacht wird. Was die Antithetik der sogenannten dynamischen Antinomien betrifft, so setzt sie nach Hegels Auffassung ihrem wohlverstandenen Inhalt nach die Resultate der Reflexionslogik schon voraus. Sie setzt also unter anderem die Bekanntschaft mit den Implikationen der dritten Stufe des Gegensatzes (des Verhältnisses zwischen $(IA)_n$ und $(-IA)_n$) voraus.

Die Bestimmungen der Spontaneität und Nichtspontaneität, auf deren Gegensatz sich – wie Hegel meint – die Antithetik der beiden dynamischen Antinomien reduzieren lässt[25], befinden sich nach Hegels Meinung in einem Verhältnis, das komplexer ist als das innerliche Verhältnis ineinander »übergehender« Bestimmungen. Doch darauf komme ich an späterer Stelle zurück.

Wie wir sahen, soll es nach Hegel nicht nur zwischen entgegengesetzten Bestimmungen, sondern auch zwischen diesen Bestimmungen und dem Gegenstand (dem Substrat dieser Bestimmungen) ein innerliches Verhältnis geben. Und auch auf dieses Verhältnis

---

25 Das Urteilspaar der ersten dynamischen Antinomie besteht, kurz gesagt, aus kontradiktorisch entgegengesetzten Antworten auf die Frage: »Gibt es Dinge, die spontan wirken?« Davon unterscheidet sich das Urteilspaar der zweiten dynamischen Antinomie eigentlich nur dadurch, dass es Antworten gibt auf die speziellere Frage: »Gibt es ein Ding, das so spontan wirkt, dass alles Geschehen in der Welt durch dieses Wirken verursacht wird?« Man sieht hier, dass die beiden Antinomien nur auf verschieden spezielle Bestimmungssubstrate abheben. Hegel selbst verweist auf die Reduzierbarkeit der dynamischen Antinomien aufeinander schon in früheren Schriften; vgl. z. B. die Schriften aus der Nürnberger Zeit (1810/11), WW IV, S. 192). Hegel diskutiert die erste dynamische Antinomie im Rahmen der *Wissenschaft der Logik* innerhalb des Teleologiekapitels (L. I, 157. 17–158. 39).

soll zuerst Kant in seiner Dialektik aufmerksam gemacht haben. Dieses Verhältnis beruht nach Hegels Worten, so sahen wir, nicht auf einem »Übergehen« der Bestimmungen ineinander, sondern darauf, dass der Bestimmungsgegenstand »Produkt der eigenen Reflexion« des Gegensatzverhältnisses dieser Bestimmungen sei.[26] »Reflexion«, nicht »äußerliche Verknüpfung« mit irgendeinem vorgestellten Gegenstand, soll die dialektischen Oppositionen[27] und die in ihnen enthaltenen Widersprüche hervorbringen. Versucht man diese Bemerkung, wie es Hegels Intention ist, auf die kantische Dialektik zurückzubeziehen, so müssen wir uns an eine Bedingung erinnern, die nach Kants eigenem Hinweis auch noch erfüllt sein muss, damit dialektische Oppositionen überhaupt als Widersprüche erscheinen können. Kant hatte ja gezeigt, dass Urteilspaare selbst dann, wenn sie der Form nach kontradiktorisch sind, konträr sein können. Außer der kontradiktorischen Form muss also noch eine weitere Bedingung hinzukommen, damit die Kontrarietät der Urteile ausgeschlossen werden kann. Diese Bedingung besteht darin, dass in den Urteilen bestimmte Voraussetzungen bezüglich der Bedeutung des Satzsubjekts, von dem in den Urteilen Prädikate ausgesagt werden, mindestens implizit gemacht werden. Bezogen auf die von Kant diskutierten dialektischen Oppositionen besagt diese Bedingung: Nur wenn in beiden Urteilen die Satzsubjekte Gegenstände bedeuten, die mit Dingen an sich

---

26 Es braucht uns hier nicht zu irritieren, dass Hegel an der bereits genannten Stelle (L. II, 244. 24–25) genauer vom »Produkt der eigenen Reflexion *ihres Begriffs*« [d. h. des Begriffs der »Gegensätze« der Bestimmungen] spricht. Hegel spricht hier vom Standpunkt der »Begriffslogik« aus, die schon die Resultate der vorangehenden Reflexionslogik voraussetzt. Die »Begriffslogik« erklärt aus Gründen, die uns hier nicht weiter interessieren müssen, den »Begriff« für den eigentlichen »Grund« und die »Totalität« der Kategorien und Reflexionsbestimmungen (vgl. L. II, 48. 1–3). So wie Hegel vom Standpunkt der Begriffslogik aus das »Übergehen« der Bestimmungen der »Seinslogik« als »Bewegung« versteht, deren eigentliches Subjekt »der Begriff« sei, so auch die »Reflexion« dieser Bestimmungen.

27 Hegel spricht, statt von dialektischen Oppositionen, allgemeiner von »dialektischen Verhältnissen« (L. II, 244. 14–15).

identisch sind, oder von Dingen an sich nicht unterschieden werden[28], widersprechen diese Urteile einander. Wie es eigentlich kommt, dass wir solche Voraussetzungen machen, obwohl sie doch, wie Kant beweisen möchte, in Wahrheit unzutreffend sein sollen, darüber scheint Kant keinerlei Auskunft zu geben. Er scheint diese Frage nicht zu beachten angesichts des für ihn viel wichtigeren Ziels: zu beweisen, *dass* wir diese Voraussetzungen machen. Tatsächlich ist es ja auch so, dass dieses Ziel erreicht sein muss, bevor die soeben erwähnte Frage sinnvoll aufgeworfen werden kann.

Die Frage, wie es eigentlich zu den Voraussetzungen kommt, die Kant zufolge in den dialektischen Oppositionen enthalten sein müssen, lässt sich mit den Mitteln der Hegel'schen »Reflexionslogik« einigermaßen leicht beantworten. Das ergibt sich aus folgender Überlegung. Dasjenige Etwas, das man voraussetzen muss, damit zwei verschiedene Bestimmungen als entgegengesetzt gelten können, ist das reflexionslogische Substrat dieser Bestimmungen. (Dieses Etwas ist, um mit Hegels Worten zu sprechen, das »Produkt der eigenen Reflexion« des Gegensatzes dieser Bestimmungen.) Welches Etwas auch immer für dialektisch opponierende Urteile vorausgesetzt werden muss, damit sie als widerspruchsvoll gelten können, stets kann dieses Etwas als reflexionslogisches Substrat behandelt werden. Selbst wenn man *nicht direkt* annimmt, dass das reflexionslogische Substrat etwas mit einem Ding an sich zu tun hat (wenn man vielmehr nur unterstellt, es sei irgendein Gegenstand x, so folgt dennoch, dass die entgegengesetzten Bestimmungen, von denen in den dialektisch opponierenden Urteilen die Rede ist, auf diesen Gegenstand x nicht nur äußerlich, sondern auch »an sich« bezogen sind. Diese Folge-

---

28 Bei den dynamischen Antinomien kann dieses Nicht-Unterscheiden auch beinhalten: in beiden Urteilen Gegenstände voraussetzen, die zwar Erscheinungen sind, die aber in beiden Urteilen von Dingen an sich nicht unterschieden werden. Dieses fälschliche Nicht-Unterscheiden charakterisiert Kant auch, wie wir gesehen haben, als »Zu-wenig-voraussetzen«. Das Identifizieren mit Dingen an sich heißt dagegen »Zu-viel-voraussetzen«. Siehe oben, S. 62.

rung ergibt sich aus der Gegensatzbeziehung dritter Stufe. Gemäß dieser Beziehung befinden sich nämlich reflexionslogische Substrate nicht im unbestimmten Verhältnis, sondern im Gegensatzverhältnis dritter Ordnung zu den einander entgegengesetzten Bestimmungen. Sie verhalten sich im Sinne der reflexionslogischen Negativität negativ zu diesen entgegengesetzten Bestimmungen und sind insofern etwas »an sich Positives«. Diese Negativität macht die Selbständigkeit des reflexionslogischen Substrats aus. Sie kommt ihm nicht aufgrund irgendeiner Relation zu anderen Dingen zu, sondern aufgrund der eigenen Bestimmung als reflexionslogisches Substrat.

Diese Selbständigkeit schließt aber andererseits nicht aus, sondern gerade ein, dass das reflexionslogische Substrat nicht aufgrund irgendeiner äußerlich hergestellten Relation, sondern innerlich (»an sich«) bezogen ist auf das ihm an sich Entgegengesetzte, d. h. auf eine der gegeneinander entgegengesetzten Bestimmungen. Denn diese innerliche Bezogenheit ist nichts anderes als die reflexionslogische Negativität des reflexionslogischen Substrats. Ebenso darf man auch umgekehrt sagen: Dasjenige von zwei gegeneinander entgegengesetzten Bestimmungen, durch welches ein reflexionslogisches Substrat bestimmt ist, besteht zwar als etwas »an sich Negatives«, aber ist doch auch »an sich«, d. h. innerlich auf es bezogen: es setzt es voraus und ist ihm »an sich« entgegengesetzt.

Gemäß der Hegel'schen »Reflexionslogik« ist es gar keine Eigentümlichkeit der von Kant aufgezählten dialektischen Oppositionen, dass wir von entgegengesetzten Bestimmungen stets annehmen müssen, sie bezögen sich auf reflexionslogische Substrate nicht nur äußerlich, sondern an sich. Die Voraussetzung, die wir nach Kants Auskunft bezüglich des Satzsubjekts dialektisch entgegengesetzter Urteile machen, um sie als echte kontradiktorische Urteile zu nehmen, ergibt sich aus einer für andere Urteilsbeziehungen verallgemeinerbaren Reflexionsbeziehung: Zugleich mit der Entgegensetzung zweier Bestimmungen, die einem Gegenstand durch Urteile beigelegt werden, wird ein Gegenstand vorausgesetzt, der nicht bloß als selbständiges reflexionslogisches Substrat dieser Bestimmungen bestimmt, sondern in dieser Bestimmtheit diesen Bestimmungen auch entgegengesetzt ist. Mit anderen Worten: Genau dadurch, dass zwei verschiedene Bestimmungen, die als solche einem Ding zukommen mögen, als *entgegengesetzte* Bestimmungen bestimmt werden, wird auch ihre Beziehung zum Ding bestimmt, und sie »verwandeln« sich gewissermaßen in etwas, das auch dem Ding in dessen Bestimmtheit entgegengesetzt ist.[29]

Auf diese Reflexionsbeziehung indirekt aufmerksam gemacht zu haben, darin liegt der wichtigere Teil des »unendlichen Verdiensts«, das Hegel der kantischen Dialektik beimisst. Dieses Verdienst muss von Hegels Standpunkt aus vor allem deshalb als wichtig erscheinen, weil die aufgedeckte Reflexionsbeziehung einen Ansatzpunkt für Hegels antimetaphysisches Programm liefert, Selbständigkeit und Relativität metaphysisch getrennter Bestimmungsrelate miteinander zu verbinden. Mit anderen Worten: Kants Dialektik macht indirekt nicht nur darauf aufmerksam, dass es zwischen den sonst vollkommen voneinander getrennten Relaten – einerseits den Dingen, wie sie an sich bestimmt sind, und andererseits den Bestimmungen, die diesen Dingen nicht an sich zukommen – eine bestimmte Reflexionsbeziehung gibt. Diese Reflexionsbeziehung besteht nämlich gerade darin, dass Selbständigkeit und Relativität dieser Relate nicht einander ausschließen, sondern einander bedingen. Die Beziehung zwischen dem Ding an sich und der ihm an sich nicht zukommenden, sondern entgegengesetzten Bestimmung ist nur ein Sonderfall der Beziehung, welche als Gegensatzbeziehung dritter Stufe begriffen werden muss.

---

29   Kant spricht diese »Verwandlung« selbst aus, allerdings bezugnehmend nur auf dialektische Oppositionen: »Nehme ich die Voraussetzung, oder diesen transzendentalen Schein weg, und leugne, daß sie [sc. die Welt, von der in der Antinomie die Rede ist] ein Ding an sich selbst sei, so verwandelt sich der kontradiktorische Widerstreit beider Behauptungen in einen bloß dialektischen.« (KrV, A 504f., B 533f.) Es findet hier der Sache nach eine »Verwandlung« entgegengesetzter Bestimmungen in bloß verschiedene Bestimmungen statt, und zwar dadurch, dass die Beziehung dieser Bestimmungen zu ihrem Gegenstand geändert wird.

Anders formuliert: Das Ding an sich gehört zu den Gegenständen, für die der »Satz des Gegensatzes« gilt: Von zwei Bestimmungen +A und −A, die in Bezug auf den als |A| bestimmten Gegenstand einander entgegengesetzt sind, sind beide diesem Gegenstand zwar entgegengesetzt; gleichwohl kommt eine der beiden Bestimmungen +A und −A dem als |A| bestimmten Gegenstand zu.

Ich nannte schon einen Grund dafür, warum Kant es in seiner Dialektik unterlassen hat, die Reflexionsbeziehung zwischen den in den Antinomien vorkommenden entgegengesetzten Bestimmungen und ihren reflexionslogischen Substraten nicht weiter zu untersuchen. Dieser Grund bestand darin, dass Kant zunächst daran gelegen sein musste, das Vorausgesetztsein dieser Substrate erst einmal nachzuweisen. Ein weiterer Grund für Kants Unterlassung bestand darin, dass nach seiner Meinung die Voraussetzung der Dinge an sich als reflexionslogischer Substrate zwar gemacht wird, aber (wenigstens in einigen Fällen: z. B. bei den konträren Antinomien) falsch ist. Für Kant hat diese Voraussetzung *ihrem Inhalt nach* zu entfallen, so dass *die Form* ihres Vorausgesetztseins, d. h. die Form ihres Zusammenhangs mit der Form der Beziehung entgegengesetzter Bestimmungen, als vernachlässigenswert erscheint. Die Falschheit der Voraussetzung ergibt sich für Kant, wie wir bereits sahen, aus den beiden Prämissen, dass erstens die entgegengesetzten Urteile der Antinomie (aufgrund der »Beweise« der »Antithetik der reinen Vernunft«) beide als »bewiesen« gelten dürfen, dass sie sich zweitens (aufgrund ihrer formallogischen Struktur und aufgrund einer bestimmten Deutung ihres Inhalts) kontradiktorisch zueinander verhalten.

Hegel hält die Prämissen für richtig, den Schluss aber für unhaltbar. Einesteils bleiben (wie ich im Kapitel über Kants Theorie der dialektischen Oppositionen bereits angemerkt habe) Widersprüche bestehen, wenn man die in Frage stehenden Voraussetzungen auf die von Kant vorgeschlagene Weise ändert. Es ist eine, wie mir scheint, nicht ungerechte Kritik Hegels, wenn er Kant »Zärtlichkeit für die Dinge« vorwirft, »die nur dafür sorgt, daß diese sich nicht widersprechen«, und »vergißt, daß damit der Widerspruch nicht aufgelöst, sondern nur anderswohin in die subjektive und äußere Reflexion überhaupt geschoben wird.«[30]

Andernteils – und darauf kommt es Hegel besonders an – ist es noch sehr die Frage, ob wirklich der Inhalt, und nicht etwa die von Kant zwar wahrgenommene, aber ununtersucht gelassene Reflexionsform der als falsch abqualifizierten Voraussetzung für die Widersprüchlichkeit der Antinomien verantwortlich zu machen ist. Wenn es nicht auf den speziellen Inhalt, sondern auf die Reflexionsform ankommt, so sind die kantischen Antinomien nur der Spezialfall eines Widerspruchs, der sich ergibt, wenn wir die Beziehung entgegengesetzter Bestimmungen zu ihren reflexionslogischen Substraten (ihre reflexionslogische Negativität) genauer versuchen auf Begriffe zu bringen.

Hegel schlägt diesen Weg der Untersuchung ein und gelangt so zu einer Erklärung der Antinomien, die sich von Kants Ansicht gründlich unterscheidet. Hegel gelangt zu dieser Erklärung dadurch, dass er den Begriff des Widerspruchs selbst, und zwar als Begriff einer weiteren Reflexionsbestimmung untersucht.

---

30 L. I, 272. 10 ff.; vgl. ferner L. I (1832), 232. 22 ff. Die scheinbar frömmelnde Verachtung Hegels gegenüber dieser »Zärtlichkeit für die weltlichen Dinge« (Enc. § 48) versteht man am besten als Ironie gegen die pietistische »Unbefangenheit«, mit welcher »die demütige Behauptung aufgestellt und nachgesprochen worden, daß nicht das weltliche Wesen, sondern das denkende Wesen, die Vernunft, das in sich widersprechende sei.« (Ebd.)

Neuntes Kapitel

Der Widerspruch

Dass der Widerspruchsbegriff als Begriff einer Reflexionsbestimmung gedeutet werden soll, muss vom Standpunkt Kants her überraschen, auch wenn man an die Nachbarschaft zum Begriff des Gegensatzes denkt, in die schon Kant den Begriff der analytischen (oder logischen) Opposition gebracht hatte. Die analytische Opposition, also dasjenige, was nach Kants Auffassung allein »Widerspruch« im strengen Sinne heißen darf, war definiert als Beziehung zweier auf denselben Gegenstand bezogener Prädikationen, von denen die eine dem Gegenstand eine Bestimmung, die andere den Mangel eben dieser Bestimmung beilegt. Bestimmung und Bestimmungsmangel haben für den Gegenstand, dem *beide* zukommen sollen, zur »Folge«, dass er »nichts« (ein *nihil negativum*), d. h. weder aufweisbar (*repraesentabile*) noch denkbar (*cogitabile*) ist[1]. Für Kant gilt »der Grundsatz: daß Realitäten (als bloße Bejahungen) einander niemals logisch widerstreiten«[2]. Das bedeutet aber, dass zwischen allen denkbaren Bestimmungen eines Gegenstandes (den sogenannten »Realitäten«) stets »Einstimmung« herrscht. Den Begriff der »Einstimmung« zählt Kant nun ebenso wie den Begriff des »(realen) Widerstreits« zu den sogenannten »Reflexionsbegriffen«.[3] Auch der Begriff des »Widerstreits« ist – im Unterschied zum Begriff des Widerspruchs – eine Beziehung zwischen »realen Bestimmungen«. Die spezifische Besonderheit der realen gegenüber der logischen Opposition beruht nach Kant, wie wir

---
1 NG, A 3.
2 KrV, A 272 (B 328).
3 KrV, A 261 ff. (B 317 ff.).

sahen, im Wesentlichen auf einem Unterschied der Verneinungsart: Logisch Entgegengesetztes »verneint« einander, während real Entgegengesetztes einander »beraubt«. Ein bloßer Bestimmungsmangel aber kann niemals Objekt (sondern höchstens Folge) einer »Beraubung« sein.

Die Begriffe der »Einstimmung« und des »Widerstreits« heißen »Reflexionsbegriffe«, weil sie (neben anderen Reflexionsbegriffen[4]) uns zu »aller Vergleichung und Unterscheidung«[5] (die »vor dem Begriffe von Dingen«[6] und »vor allen objektiven Urteilen«[7] vorhergehen müssen) als begriffliche Mittel dienen. Vergleichbar und unterscheidbar sind aber Bestimmungen nur in Bezug auf andere Bestimmungen; sie sind es nicht in Bezug auf den Bestimmungsmangel. Der Begriff des »Widerspruchs« ist daher für Kant kein Reflexionsbegriff. Er ist insofern aber auch keine »Reflexionsbestimmung« im Hegel'schen Sinne. Denn Reflexionsbestimmungen sind Bestimmungen von Beziehungen, die den Gegenständen oder ihren Bestimmungen durch Reflexionsbegriffe beigelegt werden.[8]

---

4   Kant fasst diese zu drei Paaren zusammen: »Einerleiheit« und »Verschiedenheit«, »Inneres« und »Äußeres«, »Bestimmung« und »Bestimmbares«.

5   KrV, A 269 (B 325).

6   KrV, A 269 (B 325).

7   KrV, A 262 (B 317).

8   Hegel erläutert das Verhältnis zwischen seinem Begriff der Reflexionsbestimmung zum kantischen Begriff der Reflexion genauer in der »Anmerkung« zum Kapitel »Äußere Reflexion« (L. I, 254. 7–35). Kant hat es, nach Hegels Meinung, stets nur mit der bloß subjektiven, »äußeren Reflexion« zu tun: »Reflexion« ist nach Kant in der Tat (vgl. KU (1790), Einleitung A XXIII–XXIV) die Tätigkeit der Urteilskraft, zum »gegebenen« Besonderen »das Allgemeine« aufzusuchen. Die »Reflexionsbegriffe« sind Mittel der subjektiven Reflexion, durch Vergleichung und Unterscheidung dieses »Gegebenen« zu Allgemeinbegriffen und Urteilen zu gelangen. Hegel hält diese Reflexion für eine bloß »äußere«, weil sie als Tätigkeit eines subjektiven Vermögens betrachtet wird. Es »liegt« aber nach Hegels Auffassung in Kants Begriff der Reflexion bereits »auch der Begriff der absoluten Reflexion« (L. I, 254. 28–29), die nicht bloß subjektive Tätigkeit ist. Denn »die Bestimmungen, die von ihr [sc. der äußeren Reflexion] herkommen« (d. h.: die Reflexionsbestim-

Was nun den Begriff des »realen Widerstreits« als eines Reflexionsbegriffs angeht, so kann die Unterscheidung zwischen Negation und Privation[9] in der Weise, wie Kant sie zur Unterscheidung des Widerspruchs vom Widerstreit in Anwendung gebracht hat, nach Hegels Meinung nicht aufrechterhalten werden. Die Gründe dafür haben wir bereits kennengelernt. *Jeder* Gegensatz beruht nach Hegels wohlbegründeter Ansicht auf einer (im Sinne der reflexionslogischen Negativität) negativen Beziehung zweier Bestimmungen. Wenn daher der Widerspruch in irgendeinem vernünftigen Sinne »Opposition« sein soll, so muss auch er auf Negativität, und nicht bloß auf »einfacher Negation« beruhen[10]. Die »einfache Negation« ist noch keine

---

mungen), gelten implizit auch schon für Kant »nicht als ein jenem Unmittelbaren [sc. dem gegebenen Besonderen] äußerliches, sondern als dessen eigentliches Sein« (L. I, 254. 29–35). Mit anderen Worten: Wer beliebige besondere Inhalte für (mithilfe von »Reflexionsbegriffen«) vergleichbar und unterscheidbar hält, der setzt nicht bloß diese Inhalte als schon »gegeben« voraus, sondern an diesen Inhalten auch die Beziehungen, die wir den Inhalten durch »Reflexionsbegriffe« beilegen. Diese Beziehungen sind aber eben dasjenige, was Hegel »Reflexionsbestimmungen« nennt.

9   Der aristotelische Begriff der Privation (στέρησις) verhält sich zum Begriff der logischen Verneinung der Sache nach anders als der kantische. Er könnte von Hegel schon eher akzeptiert werden, da er den Mangel, das Fehlen oder Nichtvorhandensein einer »Form« (εἶδος) an einem Gegenstand zum Inhalt hat, ohne dass dieser Mangel schon etwas über den besonderen »Grund« der »Beraubung« aussagt.

10 Zwei Bestimmungen *X* und *Y*, sofern die eine nur die »einfache Negation« der anderen enthält, sind noch nicht einander entgegengesetzt. Sie sind noch nicht einmal zwingend als voneinander verschieden anzusehen. Das Erste Buch der *Wissenschaft der Logik* soll (im Anschluss an Kants Antinomienlehre) zeigen, dass Bestimmungen durch »einfache Negation« in andere Bestimmungen »übergehen«. Eine Bestimmung *X*, die in eine andere Bestimmung *Y* »übergeht«, ist in einer Hinsicht sie selbst, in einer anderen Hinsicht die andere. Sie ist insofern teils mit *Y* identisch, teils von *Y* verschieden. Die ineinander »übergehenden« Bestimmungen, von denen innerhalb der *Wissenschaft der Logik* (im Ersten Buch) auch schon *vor* Einführung reflexionslogischer Kategorien die Rede ist, sind nur »an sich entgegengesetzt«. Die volle Rechtfertigung für diesen Sprachgebrauch liefert Hegel innerhalb seiner reflexionslogischen Erörterungen des Gegensatzbegriffs, wo das »an sich Entgegengesetzte« im Zusammenhang der dritten Gegensatzstufe (welche die beiden anderen Stufen der Sache nach schon voraus-

hinreichende Bedingung dafür, dass zwei Bestimmungen X und Y sich negativ zueinander verhalten. Wohl aber gilt das Umgekehrte. Die Negativität dieser Bestimmungen X und Y schließt ein, dass X die »einfache Negation« von Y enthält und umgekehrt: *Jede* der beiden entgegengesetzten Bestimmungen X und Y kann gedacht werden als etwas, was Objekten durch der logischen Form nach verneinende Prädikate beigelegt wird. Dass sowohl bejahende als auch verneinende Prädikationen Gegenstands*bestimmungen* bedeuten können, dies ist ein Grundgedanke in Hegels antimetaphysischem Programm und zugleich ein Hauptelement in Hegels Kant-Kritik.[11]

I. Kritik der Transformation logischer Prinzipien in metaphysische Prinzipien

Nun ist es ein ganz gewöhnlicher, und dem normalen Sprachgebrauch entsprechender Gedanke, dass verschiedenen Gegenständen *entgegengesetzte* Bestimmungen zukommen. Dagegen erscheint es als schwer fassbarer, wenn nicht absurder Gedanke, Gegenständen könnten auch *widersprechende* Bestimmungen zukommen.

---

setzt) erneut zum Untersuchungsgegenstand gemacht wird. Hegel schließt an diese Untersuchung (im letzten Absatz des Gegensatzkapitels, L. I, 275. 7–23) eine Betrachtung seiner eigenen Verwendungsweisen der Ausdrücke »entgegengesetzt« und »positiv«/»negativ« außerhalb (und besonders vor) der Reflexionslogik an. Das auch außerhalb der Reflexionslogik »an sich entgegengesetzt« Genannte ist, so erläutert Hegel in seiner eigenen Terminologie, »an und für sich entgegengesetzt« aufgrund seiner Beziehung zum »an sich Nichtentgegengesetzten«. Die »Entgegensetzung an und für sich« ist die Gegensatzbeziehung höherer Stufe, der Gegensatz des »an sich Positiven« und »an sich Negativen«. – In einer ganz ähnlichen Weise wie die Ausdrücke »an sich entgegengesetzt« und »Gegensatz an sich« gebraucht Hegel die Ausdrücke »an sich widersprechend« und »Widerspruch an sich«.

11 Das ältere spinozistische Prinzip: »Jede Bestimmung ist Verneinung« (*omnis determinatio est negatio*), ist für Hegel eine der Hauptwaffen gegen die metaphysische Trennung zwischen »Realität« und »Schranken der Realität«. An dieses Prinzip erinnert Hegel innerhalb seiner *Logik* wiederholt eben zu diesem Zweck (z. B. L. I, 76. 11–78. 2; I (1832), 101. 1–102. 2).

Dass es Gegenstände mit widersprechenden Bestimmungen »nicht gibt«, oder dass, wie Kant sagt, solche Gegenstände »nichts« sind, erscheint dem gesunden Menschenverstand erheblich plausibler.[12] Nach gewöhnlicher Vorstellung setzt der Gedanke, dass einem Gegenstand ein Prädikat widerspricht, voraus, dass ein wechselseitiger *Ausschluss* stattfindet zwischen Prädikat und Gegenstand. Die Bestimmungen oder Bestimmungsmängel, die einem Gegenstand durch die ihm widersprechenden und deshalb ausgeschlossenen Prädikate beigelegt werden, können ihm deshalb auch nicht zukommen. So setzt auch nach Kant ein Widerspruch stets voraus, dass ein Prädikat, das analytisch aus der sonstigen Bestimmtheit des Gegenstandes folgt, andere Prädikationen *ausschließt*. Die Bestimmungen oder Bestimmungsmängel, die dem Gegenstand durch ausgeschlossene Prädikationen beigelegt werden, können ihm daher auch nicht zukommen.

Hegel weicht nun von dieser gewöhnlichen Vorstellung insofern ab, als nach seiner Auffassung die Beziehung des Ausschließens nicht bloß als (subjektiv logische) Beziehung zwischen Prädikaten oder Urteilen zu denken ist, sondern als Beziehung der objektiven, »bestimmenden Reflexion«.[13] Prädikate schließen einander nur deshalb aus, weil sie einem schon *bestimmten* Etwas zusätzlich zu seiner Bestimmtheit Bestimmungen beilegen, die von diesem Etwas (aufgrund seiner Bestimmtheit als reflexionslogisches Substrat) ausgeschlossen werden. Jeder Widerspruch zwischen Subjekt-Prädikat-Urteilen setzt demnach schon bestimmte (objektive) Ausschlussbeziehungen zwischen den vorausgesetzten Gegenständen einerseits und den durch Prädikate beizulegenden Bestimmungen andererseits voraus. Man sollte sich im Klaren darüber sein,

---

12 Dass es nichts Widersprechendes »gebe«, dass das Widersprechende »nicht vorgestellt oder gedacht werden könne« (L. I, 286. 34–287. 3), ist eine überall verbreitete Meinung. Aber weil diese Meinung in der Regel bei der bloßen »Behauptung« oder der »Versicherung« stehen bleibt, braucht man sich um sie zunächst »nicht zu bekümmern« (L. I, 287. 6–8).
13 L. I, 279. 29–30.

dass Hegels Deutung der Ausschlussbeziehung als einer Beziehung objektiver Reflexion etwas völlig Neuartiges in der Geschichte der Metaphysik darstellt. Die Metaphysik vor Hegel konnte zwar ebenso wie Hegel ausdrücklich feststellen, dass jedem (subjektiv) logischen Ausschließen eine objektive Ausschlussbeziehung korrespondiert. Man konnte meinen, dass, sofern einem bestimmten Gegenstand Prädikate widersprechen, dieser Gegenstand die ihm beigelegten Bestimmungen oder Bestimmungsmängel eben auch objektiv ausschließt. Aber diese objektive Ausschlussbeziehung konnte nicht als Reflexionsbeziehung gedacht werden, solange man an der metaphysischen Fiktion von »Realitätsschranken« festhielt. Gemäß dieser Fiktion besteht jede objektive Ausschlussbeziehung darin, dass entweder eine am Gegenstand vorausgesetzte Bestimmung X den Mangel dieser Bestimmung X ausschließt oder dass der am Gegensatz vorausgesetzte Mangel einer Bestimmung Y die Bestimmung Y ausschließt. Wir sahen aber bereits, dass zwischen Bestimmungen und Bestimmungsmängeln keine Reflexionsbeziehung bestehen kann. Der wechselseitige Ausschluss, der zwischen ihnen bestehen kann, ist vielmehr eine Beziehung, die der logischen Ausschlussbeziehung zwischen bejahenden und verneinenden Urteilen gleicht. Logische Prinzipien wie der Satz vom ausgeschlossenen Dritten und der Satz vom ausgeschlossenen Widerspruch – Prinzipien also, die die logischen Ausschlussbeziehungen zwischen Prädikaten und Urteilen wiedergeben – lassen sich nach den Vorstellungen der traditionellen Metaphysik unmittelbar in metaphysische Prinzipien (in Prinzipien der objektiven Logik) transformieren.

    Hegel befindet sich demgegenüber in einer gänzlich anderen Situation. Kontradiktorischen Beziehungen auf der (subjektiven) Urteilsebene entsprechen nach seiner Auffassung nicht eo ipso Beziehungen zwischen Bestimmungen und Bestimmungsmängeln auf der (objektiven) Ebene der Gegenstände. Bejahung und Verneinung können gleichermaßen als ein Beilegen von entgegengesetzten Bestimmungen aufgefasst werden. Nur müssen die Gegenstände, denen diese Bestimmungen beigelegt werden, als reflexionslogische Substrate, und die Bestimmungen als negativ (im Sinne reflexionslogischer Negativität) aufgefasst werden. Denn nur im Hinblick auf negative Bestimmungen und in Beziehung auf reflexionslogische Substrate hat es nach Hegel Sinn zu sagen, dass Bestimmungen einander »entgegengesetzt« sind.

Logische Prinzipien wie der Satz des ausgeschlossenen Dritten oder der Satz des ausgeschlossenen Widerspruchs mögen daher als Verstandesgrundsätze gültig sein. Diese Prinzipien legen aber keineswegs in jeder Hinsicht die Ausschlussbeziehungen fest, die objektiv zwischen Gegenständen und Gegenstandsbestimmungen bestehen.

In der Anmerkung 2 zum Kapitel »Der Widerspruch« in der *Wissenschaft der Logik* und im §119 der *Encyklopädie* demonstriert Hegel, in welche Schwierigkeiten man gerät, wenn man den Satz des ausgeschlossenen Dritten in ein Prinzip der objektiven Logik transformiert. Als »Satz des Gegensatzes«, so sahen wir bereits, hat der Satz vom ausgeschlossenen Dritten nach Hegels Meinung einen guten Sinn. Er ist sogar, wie Hegel findet, ein »wichtiger Satz«[14] und enthält als solcher nicht nur ein bloßes Denkgesetz, sondern ein Prinzip der objektiven Logik. Der Satz »Etwas ist entweder *A* oder nicht-*A*« (oder »|A| ist entweder +*A* oder −*A*«) besagt nämlich demnach, »daß Alles ein Entgegengesetztes ist, ein entweder als positiv oder negativ bestimmtes«[15]. So verstanden behauptet Hegels »Satz des Gegensatzes« die Ausschließlichkeit der Beziehung zwischen einem reflexionslogischen Substrat $(|A|)_n$ und einer Bestimmung $(-|A|)_n$: eine und nur eine von zwei entgegengesetzten Bestimmungen +*A* und −*A* kommt dem durch $(|A|)_n$ bestimmten Etwas zu. Der Satz des ausgeschlossenen Dritten fügt aber der Behauptung »Etwas ist entweder *A* oder Nicht-*A*« noch hinzu: »es gibt kein Drittes«. So »enthält« er, wie Hegel

---

14 L. I, 285. 20. Ich habe bereits darauf hingewiesen, dass Hegel als Zeichen für das reflexionslogische Substrat das vorzeichenlose »*A*« verwendet.
15 L. I, 285. 20–21.

sagt[16], »daß es nicht etwas gebe, welchem *weder A noch Nicht-A*« zukommt; dass es »nicht ein Drittes gebe, das gegen den Gegensatz gleichgültig ist«[17]. Der gewöhnliche Verstand meint, mit diesem Satz etwas in der Hand zu haben, womit er »den Widerspruch von sich abhalten«[18] kann. In Wahrheit aber hat er etwas in der Hand, womit er »denselben begeht«[19]. Das »Begehen« des Widerspruchs ist dabei eine Tat, die noch nicht einmal besonders klandestin vonstatten geht. Sie ist jedenfalls leicht zu bemerken, wenn man die Zeichen »+A« und »–A« als Zeichen für entgegengesetzte Bestimmungen deutet und wenn man sich klargemacht hat, dass die Relation der Entgegensetzung (die reflexionslogische Negativität) zwischen +A und –A ein reflexionslogisches Substrat |A| voraussetzt.

Wenn der »Satz des ausgeschlossenen Dritten« ausschließen soll, dass es etwas gibt, das *weder +A noch –A* ist, so muss er insofern implizit fordern: Dem als reflexionslogisches Substrat |A| bestimmten Gegenstand solle *entweder +A oder –A* zukommen.[20] Aber »damit ist schon«, wie Hegel feststellt, »das Dritte, das |A| ausgesprochen, welches *weder + noch –* ist, und das *ebensowohl auch* als +A und als –A gesetzt ist.«[21] Gemeint ist mit dieser Feststellung folgender triviale Sachverhalt: Jedes Etwas, in Bezug worauf +A und –A entgegengesetzte Bestimmungen sind, ist bereits implizit als reflexionslogisches Substrat |A| bestimmt. Der Satz besagt daher *erstens*: $(-|A|)_n$ kommt stets einem Gegenstand zu, der durch die Bestimmtheit $(|A|)_n$ bestimmt ist. Das Substrat $(|A|)_n$ ist aber – gemäß der drit-

---

16 L. I, 286. 1–2.
17 L. I, 286. 2–3.
18 Enc. § 119.
19 Enc. § 119.
20 Hegel formuliert: »*A* soll entweder +*A* oder –*A* sein« (Enc. § 119).
21 Enc. § 119 (statt »|A|« heißt es im Originaltext Hegels »*A*«). In der *Wissenschaft der Logik* (L. I, 286. 3–5) formuliert Hegel ähnlich: »In der That aber gibt es in diesem Satze selbst das Dritte, das gleichgültig gegen den Gegensatz ist, nemlich *A* selbst ist darin vorhanden. Diß *A* ist weder +*A* noch –*A*, und eben so wohl auch +*A* als –*A*.«

ten Gegensatzstufe – beiden entgegengesetzten Bestimmungen +A und −A, die ihm, unter Ausschluss der jeweils anderen Bestimmung, (als (−IAI)$_n$) zukommt, stets entgegengesetzt. Der Satz besagt daher *zweitens*: Der Gegenstand, der als reflexionslogisches Substrat (IAI)$_n$ bestimmt ist, hat eine Bestimmtheit, die als nicht-(−IAI)$_n$ bestimmt ist. Mit anderen Worten: *Als* durch (IAI)$_n$ bestimmt kommt dem Gegenstand *weder +A noch −A* zu. Aus dieser zweiten Feststellung ergibt sich aber schließlich drittens: Als durch (IAI)$_n$ bestimmt kommt dem Gegenstand *sowohl +A als auch −A* zu. Denn die Bestimmungen +A und −A sind – gemäß der ersten Gegensatzstufe – nur insofern einander entgegengesetzt, als beide Bestimmungen sich negativ zueinander verhalten: Dasjenige (IAI)$_n$, das nicht durch +A bestimmt ist, ist durch −A bestimmt, und *vice versa*. Wenn also dem durch die Bestimmtheit (IAI)$_n$ bestimmten Gegenstand *weder +A noch −A* zukommt, so kommt ihm gerade deshalb *sowohl −A als auch +A* zu[22]: Weil ihm +A *nicht* zukommt, kommt ihm −A zu; und weil ihm −A nicht zukommt, kommt ihm +A zu.[23]

Der »Satz vom ausgeschlossenen Dritten« hat nach dem üblichen (auf Aristoteles zurückgehenden) Verständnis zunächst den

---

22   Diese dritte Folgerung ist der sachliche Grund dafür, dass Hegel behauptet (Enc. § 119), der »Satz des Gegensatzes« *widerspreche* dem »Satz der Identität«, der in seiner »negativen Form« (als »Satz des Widerspruchs«) laute: »*A* kann nicht zugleich *A* und Nicht-*A* sein« (ebd., § 115). In dieser Formulierung wird von den Prädikatsnomina »*A*« und »Nicht-*A*« noch nicht ausdrücklich angenommen, durch sie würden dem »*A*« genannten Gegenstand entgegengesetzte Bestimmungen beigelegt. Die Relation der Entgegensetzung von +A und −A ist aber ein Spezialfall der Relation der Verschiedenheit von *A* und Nicht-*A*. Insofern impliziert der »Satz des Widerspruchs« in Hegels Formulierung tatsächlich einen Widerspruch mit dem »Satz vom ausgeschlossenen Dritten« in Hegels Deutung. Vgl. dazu auch die zur *Encyklopädie* parallelen Überlegungen in der *Wissenschaft der Logik* (L. I, 264f. und 285. 36–286. 13); ferner L. I, 260. 6–9: »Die *mehrern* Sätze, die als absolute Denkgesetze aufgestellt werden, sind daher, näher betrachtet, einander *entgegengesetzt*, sie widersprechen einander und heben sich gegenseitig auf.«

23   Vgl. dazu oben sechstes Kapitel, Abschnitt II, und siebtes Kapitel, Abschnitt I.

guten logischen Sinn, von *jedem* Prädikat sei zu behaupten, dass es einem Seienden (*ens*) entweder zukommt oder nicht zukommt. Die Gültigkeit dieses Satzes als eines logischen Prinzips braucht nicht in jeder Hinsicht in Frage gestellt zu werden. Dieser Satz entspringt, wie Hegel sagt, dem »Willen« des Verstandes, »den Widerspruch von sich abzuhalten«[24]. Dieser »Wille« hat zweifellos auch für Hegel seine Berechtigung. Hegel verweist aber darauf, dass der Versuch des Verstandes, den Widerspruch »von sich abzuhalten«, nicht gelingt, wenn mit dem Zusatz »*tertium non datur*« dem »Satz des ausgeschlossenen Dritten« ein ontologischer Sinn verliehen wird. Der mit einem bloß logischen Sinn ausgestattete Satz abstrahiert gerade von den (metaphysischen, d. h. objektiv logischen) Beziehungen zwischen Gegenständen und Gegenstandsbestimmungen. Der nur logisch verstandene Satz vom ausgeschlossenen Dritten enthält sogar nicht nur eine, sondern gleich mehrere Abstraktionen. Er abstrahiert erstens davon, dass das Zukommen von Prädikaten darin besteht, dass Bestimmungen an Gegenständen vorkommen. Zweitens abstrahiert er davon, dass den Bestimmungen der Dinge keineswegs metaphysische »Schranken der Realität« entgegengesetzt sind, wohl aber andere Bestimmungen. Und schließlich abstrahiert er davon, dass die Relation der Entgegensetzung, wie sie zwischen diesen Bestimmungen besteht, immer schon bestimmte reflexionslogische Substrate dieser Bestimmungen voraussetzt. Mit Hilfe dieser Abstraktionen gelingt es dem Verstand, seinen Prädikationen Gegenstände zugrunde zu legen, die, wie Hegel sagt, »die Gestalt eines todten Etwas«[25] haben, aus dem der Widerspruch (als Reflexionsbestimmung) entfernt ist.

---

24 Enc. § 119.
25 L. I, 286. 11 f. Als Beispiel eines solchen »todten Etwas« haben wir bereits den »absoluten Betrag« entgegengesetzter Beträge kennengelernt, der in der Arithmetik, wie Hegel sagt, »ohne weitern Begriff als todte Grundlage dient« (L. I, 276. 9 f.).

II. Hegels Exposition des Widerspruchsbegriffs

Hegels Demonstration der Schwierigkeiten, in die man sich bei der Umdeutung logischer Prinzipien in metaphysische Prinzipien (oder Prinzipien objektiver Logik) verwickelt, kann als solche noch nicht den Anspruch erheben, Exposition des Begriffs des Widerspruchs (als einer Reflexionsbestimmung) zu sein. Nachweisen, dass man einen Widerspruch »begeht«, heißt noch nicht erklären, was ein Widerspruch ist. Auch könnte man geneigt sein, gegen Hegels Demonstration einzuwenden, dass sie zwingend ist nur unter Voraussetzung der von ihm verwendeten reflexionslogischen Annahmen, insbesondere der Begriffe der Negativität und des reflexionslogischen Substrats. Man könnte daraus die Folgerung ziehen, dass diese Begriffe zu Inkonsistenzen führen und deswegen eben untauglich sind.

Nun erhebt Hegel aber mit dieser (in einer bloßen »Anmerkung« zum Haupttext der *Wissenschaft der Logik* vorgeführten) Demonstration gar nicht den Anspruch zu erklären, was ein Widerspruch ist. Das ist vielmehr Aufgabe des Logik-Haupttexts, des Kapitels »Der Widerspruch«.

Ausgangspunkt für Hegels Exposition des Widerspruchsbegriffs ist der Gedanke, dass ein Widerspruch nicht *trotz*, sondern nur *aufgrund* einer zwischen Gegenstand und Gegenstandsbestimmung bestehenden (objektiven) Ausschlussbeziehung bestehen kann. Die Relate der Ausschlussbeziehung, die ein Widerspruch stets voraussetzt, sind nach Hegel genauer Relate des Gegensatzes dritter Stufe: das reflexionslogische Substrat $(IAI)_n$ und die Bestimmung $(-IAI)_n$.

Was einander widerspricht, muss zunächst einander ausschließen. Und was einander ausschließt, muss zunächst einander entgegengesetzt sein.

Relate der (objektiven) Ausschlussbeziehung sind demnach nicht Bestimmungen einerseits und Bestimmungsmängel andererseits, wie es der Metaphysik des 18. Jahrhunderts meist vorschwebte. Nach Kant setzte ein Widerspruch zwischen Prädikat und Gegenstand stets voraus, dass die Bestimmtheit des vorausgesetzten Gegenstandes entweder eine Bestimmung X enthält, die den Mangel dieser Bestimmung X ausschließt, oder dass die Bestimmtheit des Gegenstandes den Mangel einer Bestimmung Y enthält, der diese Bestimmung Y ausschließt. Wird dem Gegenstand ein ihm widersprechendes Prädikat beigelegt, so gilt im ersten Fall, dass der vorausgesetzte Gegenstand überbestimmt, im zweiten Fall, dass er unterbestimmt ist. Überbestimmtheit oder Unterbestimmtheit des Gegenstandes, über den wir urteilen, sind nach Kant Voraussetzung dafür, dass die Prädikate der Urteile dem Gegenstand widersprechen.

Nach Hegel verhalten sich die Ausschlussrelate zueinander nicht wie Bestimmung und Bestimmungsmangel eines Gegenstandes, nicht wie »Realität« und »Realitätsschranke«, sie verhalten sich vielmehr (im Sinne der reflexionslogischen Negativität) negativ zueinander: Sie sind Gegensatzrelate. Dabei verhalten sich die Gegensatzrelate dritter Stufe ausschließend gegeneinander aus folgendem Grunde:

Es gibt *ein* Charakteristikum der Gegensatzbeziehung dritter Stufe, das wir in dieser Untersuchung bisher noch nicht genauer beachtet haben. Der Grund, weshalb überhaupt zwischen reflexionslogischen Substraten $(I A I)_n$ einerseits und entgegengesetzten Bestimmungen $(-I A I)_n$ eine Gegensatzbeziehung angenommen wurde, bestand ja darin, dass das reflexionslogische Substrat als solches etwas Nichtentgegengesetztes ist. Von ihm hängen zwar Gegensatzbeziehungen (erster und zweiter Stufe) ab; diese können nur unter Voraussetzung reflexionslogischer Substrate bestehen. Aber das reflexionslogische Substrat ist selbst kein Relat *dieser* Gegensatzbeziehungen. Eben dieser Sachverhalt war gemeint, wenn das reflexionslogische Substrat als an sich Nichtentgegengesetztes aufgefasst wurde. Die Tatsache, dass Hegel dennoch auch das Nichtentgegengesetzte als Gegensatzrelat, »als Seite des Gegensatzes selbst«[26] auffasst, hängt einfach mit seinem Verständnis des Begriffs

---
26 L. I, 274. 29–30.

»Gegensatz« zusammen. Hegel fasst den Gegensatz als die »Einheit der Identität und der Verschiedenheit« auf. Das bedeutet, wie wir sahen, dass dasjenige, was verschieden ist und sich (im Sinne der reflexionslogischen Negativität) negativ zu einem verhält, Relat eines Gegensatzes ist. Ein X ist einem Y entgegengesetzt, wenn X und Y verschieden und X mit demjenigen identisch ist, was nicht-Y ist. (Dasselbe gilt *vice versa*.) Bei Gegensatzrelaten erster und zweiter Stufe kann sinnvollerweise von einer solchen Identität nur die Rede sein, wenn wir ein reflexionslogisches Substrat zuvor voraussetzen. Die Identität von Blau und Nichtgelb besteht nur dann, wenn wir zuvor festgelegt haben, dass nur vom Bereich der »einfachen Ergänzungsfarben« die Rede ist: Blau ist identisch mit derjenigen einfachen Ergänzungsfarbe, die nicht Gelb ist. Die Identität des Übelriechenden mit dem Nichtwohlriechenden ergibt sich erst unter Voraussetzung des reflexionslogischen Substrats riechender Körper (zu denen die weder wohl- noch übelriechenden Körper nicht gehören mögen). Wenn wir erklären sollten, was »einfache Ergänzungsfarben« oder was »riechende Körper« sind, so könnten wir nur auf gelbe und blaue Farben oder auf wohl- und übelriechende Körper verweisen (und auf gewisse Erfahrungen, die wir mit ihnen machen und die uns überhaupt veranlassen mögen, den Begriff der »einfachen Ergänzungsfarbe«[27] oder des »riechenden Körpers« zu bilden). Die gelben und blauen Farben zusammengenommen *sind* die einfachen Ergänzungsfarben, die wohl- und übelriechenden Körper zusammengenommen *sind* die riechenden Körper etc. Dass nun Hegel eine Gegensatzbeziehung zwischen den (an sich nichtentgegengesetzten) reflexionslogischen Substraten und den (an sich entgegengesetzten) Bestimmungen annimmt, beruht auf dem Gedanken, dass auch hier eine reflexionslogische Negativität vorliegt. Die entgegengesetzten Bestimmungen

---

27 Nach Goethes Farbenlehre zeichnen sich die »einfachsten« Farben Gelb und Blau dadurch aus, dass aus ihnen andere elementare Farben wie Rot und Grün entstehen; Rot und Grün entstehen, wenn Gelb und Blau »durchschattet« oder »durchleuchtet« werden. Vgl. Enc. §320 (Zusatz).

sind von ihren reflexionslogischen Substraten verschieden nur in einer Hinsicht, nämlich nur darin, *dass* sie etwas Entgegengesetztes (erster Stufe) sind. Sie sind identisch mit dem, was nicht nicht-entgegengesetzt ist. Die reflexionslogischen Substrate dagegen sind identisch mit demjenigen, was nicht entgegengesetzt ist. Diese Identität besteht nun allerdings, *ohne* dass ein reflexionslogisches Substrat *höherer Stufe* vorausgesetzt werden könnte. Wenn wir das Entgegengesetzte und das Nichtentgegengesetzte »als Seiten des Gegensatzes selbst« betrachten, so hängt diese Entgegensetzung höherer Stufe nicht davon ab, dass wir beiden Gegensatzrelaten *noch einmal* etwas Drittes zugrunde legen, das auf sie als inhaltlich bestimmtes reflexionslogisches Substrat bezogen wäre. Sie hängt vielmehr nur davon ab, dass ein ganzer Reflexionszusammenhang inhaltlich bestimmter Gegensatzrelate mit dem dazugehörigen inhaltlich bestimmten reflexionslogischen Substrat bereits besteht. Dadurch, dass ein schon bestehender Reflexionszusammenhang inhaltlich bestimmter Relate $+A$, $-A$ und $|A|$ vorausgesetzt werden kann, ist es möglich, auch das reflexionslogische Substrat $|A|$ selbst als Relat der reflexionslogischen Negativität anzusehen: Als Teil dieses Reflexionszusammenhangs ist $|A|$ identisch mit demjenigen, was nicht $-|A|$ ist.

Die Tatsache, dass die Gegensatzrelate dritter Ordnung eines besonderen Substrats, von dessen Bestimmtheit ihre Beziehung abhängig wäre, nicht bedürfen, ist der tiefere Grund dafür, dass Hegel diese Relate als »selbständig« (als »selbständige Reflexionsbestimmungen«) bezeichnet.[28] Jedes der Relate ist »selbständige, für sich seiende Einheit«[29], ihre »Beziehung auf das Andere in einer Einheit, die nicht sie selbst sind, ist in jedes zurückgenommen«[30].

Aber auch für die besonders geartete Negativität »selbständiger Reflexionsbestimmungen« verwendet Hegel einen besonderen Terminus. Dieser Terminus heißt eben »Ausschließen«, »ausschlie-

---
28   L. I, 274 f.; 279 ff.
29   L. I, 274. 27.
30   L. I, 274. 18–21.

ßende Beziehung« oder »ausschließende Reflexion«[31]. Die Relate des wechselseitigen Ausschließens zeichnen sich dadurch aus, dass ihre reflexionslogische Negativität unabhängig von der Beziehung auf dritte Substrate besteht. Die Metapher des Ausschließens ist dabei nur ein anderer Ausdruck für die substratfreie Negativität: Dass die »selbständigen Reflexionsbestimmungen« $(|A|)_n$ und $(-|A|)_n$ einander »ausschließen«, bedeutet eben, dass erstens das reflexionslogische Substrat (als das Nichtentgegengesetzte) ein $|A|$ ist, und zwar insofern, als $|A|$ *nicht* positiv und auch *nicht* negativ im Sinne der Entgegensetzung *erster* und *zweiter* Stufe ist; es bedeutet zweitens, dass die als positiv und negativ einander entgegengesetzten Gegensatzrelate erster und zweiter Stufe ($+A$ und $-A$, oder $+|A|$ und $-|A|$) ein $-|A|$ sind, und zwar insofern, als $-|A|$ *nicht* reflexionslogisches Substrat (nicht Nichtentgegengesetztes) ist.

Hegel legt dabei Wert auf die Feststellung, dass die traditionelle Metaphysik von objektiv »ausschließenden Beziehungen« in Wahrheit stets »abstrahirt«[32] hat, solange sie das Positive und Negative immer nur in Gestalt eines objektiven »Seins« und »Nichtseins« (d. h. in Gestalt von Bestimmungen und Bestimmungsmängeln) gedacht hat. Sein und Nichtsein, Bestimmung und Bestimmungsmangel lassen sich zwar ebenfalls (ähnlich wie die selbständigen Reflexionsbestimmungen) als »an sich positiv« und »an sich negativ« bezeichnen. Aber diese Bezeichnung stützt sich gerade nicht darauf, dass eine (objektive) Gegensatz- und Ausschlussbeziehung vorliegt; man bringt vielmehr gerade zum Ausdruck, dass der (als »an sich negativ« bezeichnete) Bestimmungsmangel und die (als »an sich positiv« be-

---

31 L. I, 274f.; 279ff. Hegel formuliert an der Stelle, wo er den Terminus »ausschließen« anführt: Das Andere des an sich Positiven (Nichtentgegengesetzten) sei »ein selbständiges Sein; so ist die negierende Reflexion des Positiven in sich bestimmt, dies sein Nichtsein von sich auszuschließen«. (L. I, 274. 30–35) Das Andere des an sich Negativen (Entgegengesetzten) »ist das Positive, ein selbständiges Sein; – seine negative Beziehung darauf ist daher, es aus sich auszuschließen.« (L. I, 275. 2–3.)
32 L. I, 275. 7–10.

zeichnete) Bestimmung ganz unabhängig von *irgendwelchen* Beziehungen bestehen. Sofern von einem bestimmten Gegenstand *X* nur gesagt wird, ihm fehle irgendeine Bestimmung *Y*, insofern wird noch nicht gesagt, *X* schließe *Y* von sich aus. Und umgekehrt: Sofern von irgendeiner Bestimmung *Y* gesagt wird, sie komme einem Gegenstand *X* nicht zu, insofern wird noch nicht gesagt, *Y* schließe *X* von sich aus. Nach Hegels Ansicht kann von objektiven Ausschlussbeziehungen erst dann gesprochen werden, wenn man es mit reflexionslogischen Gegensatzrelaten zu tun hat. Dabei hat nicht jeder Gegensatz einen Ausschluss zur Folge. Gegensatzrelate zweiter Stufe schließen einander keineswegs aus, sondern bestehen, wie Hegel bereits festgestellt hat,»gleichgültig« nebeneinander. Ein Ausschließen findet nur zwischen»selbständigen Reflexionsbestimmungen« statt, deren Negativität von der Beziehung auf reflexionslogische Substrate insofern ganz unabhängig ist.[33]

Hegels Erläuterung der Ausschlussbeziehung zwischen »selbständigen Reflexionsbestimmungen« ist nun der unmittelbare Ausgangspunkt für seine Exposition des Begriffs»Widerspruch«. Dass ein Widerspruch besteht, kann auch nach Hegels Auffassung nicht bedeuten, dass etwas objektiv Ausgeschlossenes nun doch nicht objektiv ausgeschlossen wird. Vielmehr kann etwas einem anderen widersprechen nur unter der Voraussetzung, dass es das andere ausschließt. Weil aber eine Ausschlussbeziehung vorauszusetzen ist, wenn ein Widerspruch möglich sein soll, deshalb ist auch der ganze Reflexionszusammenhang vorauszusetzen, den Hegel im Gegensatz-Kapitel dargestellt hat und ohne den nach seiner Meinung keine Ausschlussbeziehung objektiv bestehen kann.

---

33 L. I, 275. 18–23:»Das *ansichseyende* Positive oder Negative heißt wesentlich, daß entgegengesetzt zu seyn nicht bloß Moment sey« (wie beim Gegensatz erster Stufe),»noch der Vergleichung angehöre« (wie beim Gegensatz zweiter Stufe),»sondern die *eigene* Bestimmung der Seiten des Gegensatzes ist. *An sich* positiv oder negativ sind sie also nicht ausser der Beziehung auf anderes, sondern daß *diese Beziehung*, und zwar als ausschließende, die Bestimmung oder das Ansichsein derselben ausmacht; hierin sind sie also zugleich an und für sich.«

Nach Kant schließen Gegenstände Bestimmungen (oder Bestimmungsmängel) nur insofern von sich aus, als sie so bestimmt sind, dass sie (bzw. ihre Prädikate) die Negationen dieser Bestimmungen (oder Bestimmungsmängel) »analytisch enthalten«. Nach Hegels Ansicht ist in gewisser Hinsicht das Gegenteil der Fall. Hegel vermeidet zwar den Terminus »analytisch«, den er für seine Zwecke auch gut entbehren kann. Aber dadurch, dass er die Metapher des »Enthaltens« beibehält, macht er deutlich, dass er Kant nicht folgen möchte. Die »selbständige Reflexionsbestimmung« schließt, so schreibt Hegel, die andere aus, nicht etwa in derjenigen Hinsicht, in der sie deren Negation enthält, sondern »in derselben Rüksicht, als sie die andere enthält«[34].

Nun führt allerdings die Metapher des »Enthaltens« in die Irre, wenn man sich durch sie aufgefordert fühlt, den Begriff der selbständigen Reflexionsbestimmung analytisch zu zerlegen. Gemeint ist vielmehr ein ziemlich simpler – und wenig tiefsinniger, wenn auch paradoxer – Sachverhalt, der sichtbar wird, wenn man die Beziehung des gegenseitigen Ausschließens selber genauer untersucht.

Diese Beziehung ist nichts anderes, so sahen wir bereits, als die besondere Form der reflexionslogischen Negativität, die für die »selbständigen Reflexionsbestimmungen« $(I\,A I)_n$ und $(-I\,A I)_n$ eigentümlich ist. Die Ausschlussrelate des an sich Positiven und an sich Negativen verhalten sich dabei negativ zueinander, ohne sich auf etwas Drittes (als auf ein reflexionslogisches Substrat ihrer Gegensatzbeziehung) zu beziehen. Sie heißen eben deshalb »selbständig«. Wenn wir nun für jede der beiden selbständigen Reflexionsbestimmungen: (1) für das an sich positive $(I\,A I)_n$ und (2) das an sich negative $(-I\,A I)_n$ untersuchen, in welcher »Rücksicht« sie jeweils die andere ausschließen, so zeigt sich, dass darin etwas ausgeschlossen wird, was jedes der beiden in einem bestimmten Sinne »enthält«.

(1) Dass das reflexionslogische Substrat $(I\,A I)_n$ als an sich Positives (d. h. als Nichtentgegengesetztes) das an sich Negative von

---
34 L. I, 279. 17–18.

sich ausschließt, ist – wie wir bereits gesehen haben – nur ein anderer Ausdruck für den Gedanken, dass es sich negativ verhält gegen das an sich Negative. Diese Negativität des an sich Positiven kann und darf nicht verwechselt werden mit der Negativität der selbständigen Reflexionsbestimmung des an sich Negativen. Denn *diese* Negativität soll ja eben ausgeschlossen werden und ist, als Gegensatzbeziehung *dritter* Stufe, deutlich von den Entgegensetzungen *erster* und *zweiter* Stufe zu unterscheiden: Sie ist eine »an sich« bestehende Negativität. Die Negativität des an sich Positiven ist dagegen, genauso wie die Negativität des Positiven der *ersten* Gegensatzstufe, Negativität in bloß relativer Bedeutung.

Nun besteht aber, wie wir ebenfalls bereits gesehen haben, die Negativität des an sich Positiven gegenüber dem an sich Negativen (dem $(-\mid A\mid)_n$) nur »in der Rücksicht«, dass dieses Negative das Negative erster Stufe in einer bestimmten Hinsicht ist. Das an sich Negative kann vom an sich Positiven nur insofern ausgeschlossen werden, als es nicht selbst an sich positiv, sondern positiv nur im Sinne der *ersten* Gegensatzstufe ist. Das in *diesem* Sinne Positive *ist* nämlich (ebenso wie das Negative der ersten Stufe) negativ, insofern es als Entgegengesetztes besteht. Die »an sich« bestehende Negativität wird demnach vom an sich Positiven nur insofern ausgeschlossen, als diese Negativität in relativer Bedeutung ist.

Daraus folgt aber: Das an sich Positive schließt das an sich Negative genau »in der Rücksicht« aus, in der es das an sich Negative »enthält«. Die Negativität des an sich Positiven ist genau dasjenige, was das an sich Positive von sich »ausschließt«, indem es das an sich Negative von sich »ausschließt«[35]. Anders gesagt: Das an sich Positive ist, *insofern* es negativ ist, gerade nicht negativ.

---

35   Das Positive ist »der Widerspruch, daß es als das Setzen der Identität mit sich durch *Ausschließen* des Negativen sich selbst zum *Negativen* von einem macht, also zu dem Anderen, das es von sich ausschließt.« (L. I, 280. 1–3).

(2) Dass die selbständige Reflexionsbestimmung des an sich Negativen, das $(-|A|)_n$, das an sich Positive von sich ausschließt, bedeutet ebenfalls, dass es sich zu diesem negativ verhält. Die Ausschlussbeziehung betrachten wir insofern, als wir die Gegensatzrelate des Positiven und Negativen, wie sie auf der *ersten* und *zweiten* Stufe der Entgegensetzung vorkommen, nicht mehr auch als positiv, sondern nur noch *in* ihrer Beziehung der Negativität (*als* Entgegengesetztes) nehmen. Das Negative (oder Positive) *als* Negatives kann nicht positiv sein; es schließt vielmehr das Positive (als das an sich Nichtentgegengesetzte, d. h. als Gegensatzrelat *dritter* Stufe) von sich aus.

Nun zeigt sich aber auch bei der Betrachtung *dieser* Ausschlussbeziehung, dass die Gegensatz- und Negativitätsbeziehung dritter Stufe nicht konsistent unterscheidbar ist von den Gegensatz- und Negativitätsbeziehungen niederer Stufe. Dass das Entgegengesetzte *als* Negatives das an sich Positive von sich ausschließt, kann nur heißen, dass es *als* Negatives nicht positiv ist. Das Entgegengesetzte *als* Negatives betrachten muss heißen: es als dasjenige betrachten, was nicht Positives ist (andernfalls betrachten wir es nicht als Gegensatzrelat). Als Gegensatzrelat bezieht sich das Negative auf das Positive, das aber seinerseits nur insofern Gegensatzrelat des Negativen ist, als es das Negative des Negativen ist. Dieses Negative des Negativen ist mit dem Negativen des Positiven nicht identisch, sonst wäre es ihm nicht entgegengesetzt: *Als* Negatives ist *dieses* Negative also *nicht* negativ.

Daraus folgt: Das Negative ist, insofern es negativ ist, negativ, aber auch *nicht* negativ. –

Hegel, der diese beiden Argumentationsketten im Kapitel »Der Widerspruch« im Einzelnen vorführt[36], fasst das Ergebnis beider so zusammen: »Indem die selbständige Reflexionsbestimmung in derselben Rücksicht, als sie die andere enthält, und dadurch selbständig ist, die andere ausschließt, so schließt sie in ihrer Selbstän-

---
36   L. I, 279–280.

digkeit ihre eigene Selbständigkeit aus sich aus; denn diese besteht darin, die ihr andere Bestimmung in sich zu enthalten und dadurch allein nicht Beziehung auf ein Äußerliches zu sein, – aber ebensosehr unmittelbar darin, sie selbst zu sein und die ihr negative Bestimmung von sich auszuschließen. Sie ist so der *Widerspruch*.«[37]

Wie man dem letzten Satz dieser Bemerkung entnehmen kann, ist es Hegel innerhalb derjenigen Argumentation, die zu diesem Schluss führt, nicht in erster Linie darum zu tun, exemplarische Widersprüche vorzuführen. Hegel möchte nicht nur zeigen, dass die genauere Analyse der Beziehungen zwischen den »selbständigen Reflexionsbestimmungen« irgendwelche Widersprüche aufdeckt. (Das möchte er auch.) Vor allem aber geht es ihm darum zu zeigen, worin überhaupt dasjenige besteht, was »der Widerspruch« *ist*.

Hegels Behauptung ist: Der Widerspruch ist »die selbständige Reflexionsbestimmung«, und zwar insofern, als sie »in derselben Rücksicht«»ausschließt«, was sie »enthält«. Diese Behauptung stützt sich der Sache nach auf die Folgerungen, die sich aus den beiden soeben vorgeführten Argumentationsketten ergeben sollen. Diese Folgerungen lauteten:

(1) Das an sich Positive ist, insofern es negativ ist, nicht negativ.

(2) Das an sich Negative ist, insofern es negativ ist, negativ und nicht negativ.

Aus Hegels Bemerkung über »den Widerspruch« ist zu entnehmen, dass er diese beiden Sätze (1) und (2) nicht als bloße Beispiele widersprüchlicher Urteile auffassen möchte; offenbar besteht Hegels Intention vor allem darin, mit Hilfe dieser beiden Sätze[38] etwas *über* den Widerspruch gesagt zu haben. *Was* Hegel hier über den Widerspruch sagt, ist aus seiner Behauptung zu entnehmen, dass der Widerspruch »die selbständige Reflexionsbestimmung« ist, die »in derselben Rücksicht« enthält, was sie »ausschließt«. Die beiden Sätze (1) und

---

37 L. I, 279. 17–23.

38 Diese Sätze werden in der von mir gewählten Formulierung von Hegel nicht explizit, aber implizit aufgestellt.

(2) sind nämlich Sätze über das, was Hegel »selbständige Reflexionsbestimmungen« nennt. Beide zusammen besagen: die selbständigen Reflexionsbestimmungen sind (gleichgültig, ob es sich dabei nun um das Positive oder um das Negative handelt) nicht negativ in derselben Hinsicht, in der sie negativ sind. Dass die beiden Behauptungen über das Wesen der selbständigen Reflexionsbestimmung nicht nur etwas Widersprüchliches aussagen, sondern dass sie vielmehr das Wesen des Widerspruchs selbst zum Gegenstand haben, kann man sich auf folgende Weise versuchen plausibel zu machen.

Das »an sich Positive« und das »an sich Negative«, über welche die Sätze (1) und (2) Aussagen machen, sind nach meiner bisherigen Interpretation Kennzeichnungen einerseits für reflexionslogische Substrate entgegengesetzter Bestimmungen, andererseits für diese entgegengesetzten Bestimmungen selbst. Reflexionslogische Substrate sind Gegenstandsbestimmtheiten, die vorausgesetzt werden müssen, um einen (kontradiktorischen) Gegensatz zwischen Bestimmungen überhaupt annehmen zu können. Jeder Widerspruch (als objektive reflexionslogische Beziehung) besteht – darauf laufen nun Hegels Überlegungen hinaus – darin, dass die Bestimmtheit eines Gegenstandes (das reflexionslogische Substrat) eine der beiden entgegengesetzten Bestimmungen in ein und derselben Hinsicht sowohl enthält als auch ausschließt. Zum Verständnis dieses Gedankens scheint es mir hilfreich zu sein, die vorhandenen Parallelen zum kantischen Widerspruchsbegriff genauer zu beachten. Während nach Kant der Widerspruch eine Beziehung zwischen Gegenständen, genauer: zwischen Gegenstandsbestimmtheiten und logischen Prädikaten ist, so ist er nach Hegel eine Beziehung zwischen Gegenstandsbestimmtheiten und realen Prädikaten. Nach Kant muss die Gegenstandsbestimmtheit ein Prädikat analytisch enthalten, wenn der Ausschluss dieses Prädikats einen Widerspruch ergeben soll. Nach Hegel dagegen sind die Beziehungen des Enthaltens und Ausschließens, die den Widerspruch zwischen der Gegenstandsbestimmtheit (dem reflexionslogischen Substrat) und einer Bestimmung ausmachen, keine analytischen Beziehungen. Wenn gleiche reflexionslogische Substrate Bestimmungen analytisch enthalten würden, so würde das eben bedeuten, dass diese Bestimmungen jedenfalls nicht einander entgegengesetzt sind. Aus demselben Grunde kann auch der wechselseitige Ausschluss zwischen reflexionslogischen Substraten und entgegengesetzten Bestimmungen kein analytisches Ausschließen sein. Das wechselseitige Ausschließen und Enthalten reflexionslogischer Substrate und entgegengesetzter Bestimmungen ergibt sich für Hegel vielmehr allein daraus, dass die reflexionslogischen Substrate »an sich positiv« und die entgegengesetzten Bestimmungen »an sich negativ« sind. Der Widerspruch als solcher kann insofern auf die Beziehungen zurückgeführt werden, die Hegel »selbständige Reflexionsbestimmungen« nennt:

Satz (1) soll erklären, inwiefern sich der Widerspruch aus dem an sich positiven Charakter reflexionslogischer Substrate ergibt. Satz (2) soll erklären, inwiefern der Widerspruch sich aus dem an sich negativen Charakter entgegengesetzter Bestimmungen ergibt. Beide Sätze haben denselben Widerspruch zum Gegenstand: Sie haben es beide mit dem wechselseitigen (nicht-analytischen) Enthalten und Ausschließen reflexionslogischer Substrate einerseits, entgegengesetzter Bestimmungen andererseits zu tun. In diesem Sinne erklärt auch Hegel ausdrücklich, dass das an sich Positive »derselbe Widerspruch« sei, wie das an sich Negative.[39] Allerdings fügt Hegel hinzu: »Das Positive ist nur *an sich* dieser Widerspruch, das Negative dagegen der *gesetzte* Widerspruch«.[40] Hegel erinnert hier indirekt daran, dass das an sich Positive nur insofern Widerspruch ist, als es ein Gegensatzrelat ist. Ein Gegensatzrelat ist das an sich Positive aber nur »an sich«, es ist nämlich nur als Nichtentgegengesetztes dem Entgegengesetzten entgegengesetzt. Das Dasein »an sich negativer« entgegengesetzter Bestimmungen ist stets schon vorausgesetzt, damit »an sich positive« Gegenstandsbestimmtheiten Relate eines Gegen-

---
39 L. I, 280. 21.
40 L. I, 280. 22–23.

satzes sein können. In diesem Sinne ist der Widerspruch, der dem an sich Positiven zugrunde liegt, erst eine Folge davon (oder – um Hegels Ausdruck zu gebrauchen – »gesetzt« dadurch), dass das an sich Negative ihm entgegengesetzt ist. Wenn man den Überlegungen Hegels insoweit folgt, dass man zugibt, dass die Begriffe des an sich Positiven und des an sich Negativen in der beschriebenen Weise auf reflexionslogische Substrate einerseits und entgegengesetzte Bestimmungen andererseits anwendbar sind und Inkonsistenzen aufweisen, so ergibt sich daraus die Feststellung, die Hegel in der Anmerkung 3 zum Widerspruchskapitel ausspricht: »Alle Dinge sind an sich selbst widerstrebend.«[41] Sofern man nämlich nur voraussetzt, dass von Dingen die Rede ist, die überhaupt unterschieden voneinander sind, mithin nicht nur verschiedene, sondern auch entgegengesetzte Bestimmungen aufweisen, hat man es immer schon mit dem Gegensatz des an sich Positiven und des an sich Negativen zu tun. Dieser Gegensatz haftet gewissermaßen jedem Ding an, sofern dieses nur von anderen Dingen objektiv unterschieden und anderen Dingen objektiv entgegengesetzt ist. Hegels Behauptung eines Widerspruchs in allen Dingen lässt sich am besten auf folgende Weise präzisieren: Die Bestimmtheit jedes Dinges (jedes reflexionslogische Substrat) »enthält« eine Bestimmung, die sie in derselben Hinsicht, wie sie diese »enthält«, »ausschließt«. An Stelle der traditionellen Metaphern des Ausschließens und Enthaltens würde man dabei noch präziser vom Verhältnis der Negativität und der Nicht-Negativität sprechen.

III. »Der Widerspruch löst sich auf«

Hegels Exposition des Widerspruchsbegriffs steht so in krassem Gegensatz zur Auffassung Kants, wonach ein Ding, dem Widersprechendes beigelegt wird, »nichts«, ein *nihil negativum* ist, das schlech-

---
[41] L. I, 286. 18–19.

terdings nicht gedacht werden kann. Hegel tritt ganz ausdrücklich der Behauptung entgegen, »daß es nichts Widersprechendes gebe«, und bestreitet auch die Ansicht, »das Widersprechende könne nicht vorgestellt noch gedacht werden«[42]. Irgendeinem Gegenstand Bestimmungen beilegen, die einander auf echte Weise widersprechen, bedeutet für Hegel ganz im Gegenteil niemals dasselbe wie: etwas Falsches aussagen. Es bedeutet auch nicht dasselbe wie: schlechthin »nichts« aussagen oder »nichts« denken. Nur in einem ganz bestimmten Sinne ist es nach Hegel berechtigt zu sagen, dass »nichts« gesagt wird, wenn man den Dingen einander widersprechende Bestimmungen beilegt. Hegel vergleicht dieses Nichtssagen mit dem Gehalt logischer Wahrheiten, wie sie z. B. dem »Satz der Identität« zugrunde liegen: Auch dieser Satz (demgemäß irgendein beliebiger Gegenstand oder irgendeine beliebige Bestimmung A eben nur A ist) sage in gewisser Hinsicht »Nichts«[43], ohne deshalb schon falsch oder vollkommen inhaltsleer zu sein. Hegel ist sogar der Meinung, einem bestimmten Ding widersprechende Bestimmungen beilegen, heiße: in gewisser Hinsicht mehr sagen, als es Tautologien wie der Satz der Identität vermögen.[44] Während der Satz der Identität gewissermaßen bei ein und demselben Gegenstand, bei ein und derselben Bestimmung A stehen bleibt, um A als A zu bestimmen, hat es der Satz, dass »alle Dinge an sich selbst widersprechend« sind, mit entgegengesetzten Bestimmungen zu tun, die ebensowenig wie identische Bestimmungen schlechthin »nichts« sind, deren »Einheit« vielmehr, wie Hegel meint[45], »die Null« ist. Von einem Ding etwas Widersprechendes aussagen, heißt demnach so viel wie: von diesen Dingen »etwas«

---

42 L. I, 286. 34–287. 8.
43 L. I, 286. 21–24; vgl. auch die Anmerkung 2 zum Identitätskapitel L. I, 262–265.
44 L. I, 286. 21–24. »Der Widerspruch, der an der Entgegensetzung hervortritt«, so schreibt Hegel, »ist nur das entwickelte Nichts, das in der Identität enthalten ist und in dem Ausdruck vorkam, daß der Satz der Identität nichts sage.«
45 L. I, 280. 38–39.

aussagen, das zwar nicht falsch, auch nicht schlechthin nichts, das aber »Null« ist. Die »Null« ist, wie Hegel sagt, die »nächste Einheit, welche durch den Widerspruch zustande kommt«[46].

Wenn der Mathematiker etwas »gleich Null« setzt, so fasst er nach Hegel – so sahen wir bereits[47] – entgegengesetzte Größen auf bestimmte Weise zu einer Einheit zusammen: Er denkt sich zwei »entgegengesetzte Größen überhaupt« als *einen* absoluten Betrag; er denkt sich mit anderen Worten *eine* bestimmte Größe, die »an sich positiv« ist, zugleich als »an sich negativ«. Der absolute Betrag war der bloße Spezialfall eines reflexionslogischen Substrats; wir setzen diesen Betrag mit Null gleich dadurch, dass wir ihn als an sich positives reflexionslogisches Substrat nehmen, das eine an sich negative Bestimmung in derselben Hinsicht enthält und ausschließt.

Wir erfahren nun im Kontext des Widerspruchskapitels, dass der Begriff der Null Begriff einer in sich widersprüchlichen Einheit sein soll: er ist der Begriff desjenigen »nichts«, das wir den Dingen beilegen, wenn wir ihnen Widersprechendes beilegen. Wenn wir beim Rechnen etwas »gleich Null« setzen, so bedeutet das offenbar nach Hegels Meinung in gewissem Sinne, dass ein Widerspruch vorliegt. Dieser Widerspruch besteht in der Beziehung von Größen, die wir zu einer Einheit zusammenfassen und in dieser Einheit gleich Null setzen. Gleich Null setzen heißt aber darum noch lange nicht: einen Widerspruch begehen. Da nämlich der Begriff der Null nach Hegels

---

46 Ebd. Man vergleiche diese etwas kühn, wenn nicht mystisch wirkenden Bemerkungen Hegels nicht nur mit den Leibnizianischen Versuchen zur Algebraisierung des Satzes vom Widerspruch (s. oben, S.128f., Fußnote 35), sondern auch mit den Auffassungen moderner Logiker. Hier seien nur zwei Sentenzen L. Wittgensteins (aus dem *Tractatus logico-philosophicus*) erwähnt: »4.461 Der Satz zeigt was er sagt, die Tautologie und die Kontradiktion, daß sie nichts sagen. [...] (Wie der Punkt von dem zwei Pfeile in entgegengesetzter Richtung auseinandergehen.)« »4.4611 Tautologie und Kontradiktion sind aber nicht unsinnig; sie gehören zum Symbolismus, und zwar ähnlich wie die ›0‹ zum Symbolismus der Arithmetik.« Ähnlich wie Hegel, nur vager, setzt hier Wittgenstein den Begriff der Kontradiktion mit dem Begriff der Null in Beziehung.

47 S. oben, S.121.

Ansicht nichts anderes als der Begriff einer in sich widersprüchlichen Einheit ist, so besteht im Gleichsetzen dieser widersprüchlichen Einheit mit einer anderen widersprüchlichen Einheit kein Widerspruch. Größen gleich Null setzen heißt mit anderen Worten: sie mit dem »nichts« vergleichen, das – mit Hegels Worten – »durch den Widerspruch zustande kommt.«

Auch für Hegel dürfte es durchaus einen Unterschied ausmachen, ob wir von Dingen Widersprechendes aussagen oder ob wir ihnen irgendeine Bestimmtheit beilegen, die »gleich Null« ist. Zum Beispiel dürfte es auch von Hegels Standpunkt aus zweierlei sein, ob behauptet wird, das Dollarvermögen des Herrn XY sei gleich Null, oder ob behauptet wird, dieses Vermögen betrage 100 Dollar und auch nicht 100 Dollar. Die erste Behauptung – sie mag wahr oder falsch sein – enthält keinen Widerspruch und legt einem wohlbestimmten Gegenstand eine wohlbestimmte Größe bei, die allerdings gleich Null ist, weil die (potentiellen oder getätigten) Ausgaben und Einnahmen des Herrn XY sich ausgleichen. Die zweite Behauptung dagegen legt einem Gegenstand eine Bestimmtheit bei, die in sich widersprüchlich ist. Diese Bestimmtheit wird nicht in irgendeiner untergeordneten Hinsicht »gleich Null« gesetzt, sondern sie *ist* »die Null«: Sie ist eine Einheit entgegengesetzter Gegenstandsbestimmungen, die (als Einheit von etwas) zwar nicht *absolut* nichts ist, die aber gleichwohl »nichts« im Sinne von »Null« genannt werden kann. Hegel gebraucht zur Bezeichnung dieser Einheit auch den Ausdruck »negative Einheit«: Jedes Ding, sofern es widersprüchlich bestimmt ist, ist »negative Einheit«[48].

Hegels Satz, dass »alle Dinge an sich selbst widersprechend« sind, kontrastiert zwar aufs schärfste mit der herkömmlichen Meinung, dass »das Widersprechende nicht vorgestellt noch gedacht werden« könne. Dieser Satz stimmt aber auf bemerkenswerte Weise überein mit den Konsequenzen, die in logischer Hinsicht der Satz des ausgeschlossenen Widerspruchs hat. Denn darin, dass das an sich

---

48   L. I, 279. 27f.; 289. 21–23.

selbst widersprechende Ding »negative Einheit«, dass mithin seine Bestimmtheit in einem bestimmten Sinne nichts sei, trifft sich Hegels Auffassung mit dem Gedanken, dass kontradiktorische Aussagen über das, wovon sie etwas aussagen, nichts aussagen.[49] Der Unterschied liegt nur in der Deutung dieses Nichtsaussagens. Während man es gewöhnlich als besondere Weise des Sich-Irrens (des »Irrtums über das Mögliche und Denkbare«) auffasst, meint Hegel, dass echten kontradiktorischen Aussagen stets ein *objektiver* Widerspruch zugrunde liegt, dessen Eigentümlichkeit darin besteht, eine solche Einheit von Bestimmungen herzustellen, die durch den Begriff der Null erfasst werden kann. Kontradiktorische Aussagen sind insofern niemals, ebensowenig wie Tautologien, nur falsche Aussagen; vielmehr legen sie den Dingen bei, was ihnen wahrhaft zukommt: nämlich »nichts« (im Sinne »negativer Einheiten«) zu sein.

Man kann den Sinn dieses Gedankens und die Pointe der Hegel'schen Lehre vom Widerspruch allerdings erst wirklich erfassen, wenn man den Begriff der negativen Einheit genauer analysiert. Hegels Absicht ist es nämlich nicht bloß, eine bestimmte Deutung herkömmlicher logischer Auffassungen vom Gehalt kontradiktorischer Aussagen zu geben.[50] Während die gewöhnliche logische Betrachtungsweise nicht über den Gedanken hinauskommt, dass kontradiktorische Aussagen in gewisser Hinsicht nichts aussagen, versucht Hegel, die widersprüchliche, negative »*Einheit*«, als die er die Bestimmtheit der Dinge betrachten möchte, als eine »wesenhafte und

---

49 Dieser Gedanke begegnet einem auch noch bei modernen Autoren. »Contradicting oneself is like writing something down and then erasing it, or putting a line through it. A contradiction cancels itself and leaves nothing.« (P. F. Strawson, *Introduction to Logical Theory*, a. a. O., S. 3.) Vgl. auch Anmerkung 46 zu diesem Kapitel.

50 Das möchte Hegel offenbar im selben Maße, wie überhaupt seine »spekulative Logik« die von ihm sogenannte »bloße Verstandes-Logik« »enthalten« soll: Diese »kann aus jener sogleich gemacht werden; es bedarf dazu nichts, als daraus das Dialektische und Vernünftige wegzulassen; so wird sie zu dem, was die gewöhnliche Logik ist, eine Historie von mancherlei zusammengestellten Gedankenbestimmungen, die in ihrer Endlichkeit als etwas Unendliches gelten.« (Enc. §82.)

immanente Bestimmung« der Dinge zu erweisen. Hegel meint, der Widerspruch sei, vergleicht man ihn mit anderen reflexionslogischen Bestimmungen (z. B. der Identität), in gewisser Hinsicht sogar »für das Tiefere und Wesenhaftere zu nehmen«[51]. »Der gewöhnliche *Horror*«, so schreibt Hegel[52], »den das vorstellende, nicht spekulative Denken, wie die Natur vor dem *Vacuum*, vor dem Widerspruche hat, [...] bleibt bei der einseitigen Betrachtung der Auflösung des Widerspruchs in Nichts stehen und erkennt die positive Seite desselben nicht, nach welcher er absolute Tätigkeit und absoluter Grund wird.« Die Bestimmtheit der an sich selbst widersprechenden Dinge als nichts betrachten, heißt demnach: sie bloß von einer »Seite« her betrachten, zu der es noch eine andere »Seite« gibt. Der Widerspruch, von dieser zweiten, »positiven Seite« her betrachtet, ist »absolute Tätigkeit«, »absoluter Grund« oder, wie Hegel auch sagt, »Prinzip aller Selbstbewegung«[53], »die Wurzel aller Bewegung und Lebendigkeit; nur insofern etwas in sich selbst einen Widerspruch hat, bewegt es sich, hat Trieb und Tätigkeit«[54].

Alle hier zitierten Bemerkungen Hegels über die »positive Seite« des Widerspruchs stehen nicht im Haupttext der *Wissenschaft der Logik*, sondern nur in einer Anmerkung – der Anmerkung 3 – zum Widerspruchskapitel. Hegel gestattet sich in dieser Anmerkung eine metaphernreiche Sprache, die er im Haupttext zu vermeiden oder wenigstens begrifflich zu erläutern sucht. Da aber diese Metaphern Anspielungen auf die Sprache der traditionellen Metaphysik enthalten, geben sie zugleich indirekte Hinweise darauf, welche sachlichen Probleme es überhaupt sind, die Hegel mit seiner Lehre vom Widerspruch glaubt lösen zu können.

Von Ferne her fühlt sich der Leser dieser Anmerkung an die spekulativen Überlegungen zur Metaphysik und Kosmologie erin-

---

51 L. I, 286. 27–29.
52 L. I, 289. 11–15.
53 L. I, 287. 14–17.
54 L. I, 286. 31–32.

nert, die der frühe Kant in seinem *Versuch, den Begriff der negativen Größen in die Weltweisheit einzuführen* angestellt hatte, um den »Grund« aller Selbstentwicklung in der Welt aufzuhellen. Nach Kant sollte, wie wir gesehen haben, die Summe aller positiven und negativen Bestimmungen der in der Welt befindlichen Dinge gleich Null sein, so dass alles Zugrundegehen und alles Entstehen, mithin alle Selbstbewegung in der Welt als wechselseitige »Aufhebung« des Positiven und Negativen zu erklären wäre. Kant hatte dabei die Beziehungen zwischen dem Positiven und Negativen auf dynamische Beziehungen zurückzuführen versucht und hatte deshalb die Null als *nihil privativum*, als Resultat wechselseitiger Beraubung verstanden. Legt man nunmehr den Begriffen der Null und des Gegensatzes von Positivem und Negativem die Deutung zugrunde, die Hegel ihnen mit den Mitteln seiner »Logik« zu geben versucht, so deutet sich der Sache nach eine Nachbarschaft an, die die Vorstellungswelt des frühen Kant mit den Gedanken Hegels über den Widerspruch als »Prinzip aller Selbstbewegung« zu verbinden scheint. Nach Hegels Programm sind es keine metaphysisch-mechanischen »Kräfte« mehr, sondern die inneren objektiv-logischen Inkonsistenzen des Positiven und Negativen, die teils für die »Aufhebung« aller Gegenstandsbestimmungen in Null, teils für alle Selbstbewegung der Dinge verantwortlich zu machen sind.

Die bereits erwähnten Metaphern des »Triebes« und der »Tätigkeit« machen jedoch deutlich, dass Hegel direkt nicht an Kant, sondern an einen durch die Schulphilosophie unverfälschten Leibniz anknüpfen möchte. In der Anmerkung 3 stellt Hegel ausdrücklich die Beziehung seiner Metaphorik zu Leibniz' Monadenlehre her: »Eben so ist die innere, die eigentliche Selbstbewegung, der *Trieb* überhaupt (Appetit oder Nisus der Monade, die Entelechie des absolut einfachen Wesens) nichts anderes, als daß etwas in sich selbst, und der Mangel, das Negative seiner selbst, in einer und derselben Rücksicht ist. Die abstracte Identität mit sich ist noch keine Lebendigkeit, sondern daß das Positive an sich selbst die Negativität ist, dadurch geht es außer sich und setzt sich in Veränderung. Etwas ist also lebendig, nur insofern es den Widerspruch in sich enthält, und zwar diese Kraft ist, den Widerspruch in sich zu fassen und auszuhalten. Wenn aber ein Existirendes nicht in seiner positiven Bestimmung zugleich über seine negative übergreifen und eine in der anderen festzuhalten, den Widerspruch nicht in ihm selbst zu haben vermag, so ist es nicht die lebendige Einheit selbst, nicht Grund, sondern geht in dem Widerspruche zu Grunde.«[55]

Die Leibniz'sche Monadenlehre, die ähnlich wie die frühen metaphysischen Entwürfe Kants und ähnlich wie die »objektive Logik« Hegels ein Versuch zur philosophischen Grundlegung aller Realwissenschaften ist, braucht hier nicht in ihrem inneren Zusammenhang wiedergegeben zu werden. Aber eine kurze Erläuterung der Berührungspunkte, die nach Hegels eigener Auskunft die Lehre vom Widerspruch mit der Monadenlehre hat, scheint mir dem Verständnis der Überlegungen Hegels dienlich zu sein.

Der »*appetitus* der Monade«[56] ist, nach der Konstruktion von Leibniz, das spontane Streben, aufgrund dessen »die Monade« von einer »Perzeption« zur anderen durch »innere Tätigkeit« zu gelangen sucht. Was Monaden und was Perzeptionen sind, braucht uns hier nicht im Detail zu interessieren. Man möge hier annehmen, dass die Monaden die individuellen, voneinander unterschiedenen Dinge sind. Sie unterscheiden sich voneinander im Wesentlichen durch zweierlei: durch ihre »Perzeptionen« und durch ihren »Appetit« auf Perzeptionen. Perzeptionen sind das, was wir die den Dingen zukommenden Bestimmungen[57] nennen, während der Appetit den inneren Zusam-

---

55 L. I, 287. 25–36.
56 Vgl. zu diesem Begriff und zum folgenden G. W. Leibniz, *La Monadologie* (1714) besonders die §§ 15 und 18; *Principes de la Nature et de la Grace* (1714), darin die §§ 2 und 3. Diese Texte waren Hegel bekannt.
57 Hegel macht mehrfach, sowohl innerhalb seiner *Wissenschaft der Logik* als auch in den *Vorlesungen über die Geschichte der Philosophie* darauf aufmerksam, dass im Leibniz'schen Begriff der Perzeption der Gedanke enthalten ist, dass die Bestimmungen der Dinge untereinander in objektiven Reflexionsbeziehungen stehen: Zu jeder Bestimmung eines Dinges gibt es

menhang der Bestimmungen in der Monade herstellt: Er ist ein den Monaden ursprünglich innewohnendes teleologisches Prinzip, aufgrund dessen die Monaden von einer Perzeption zur anderen streben, aufgrund dessen sie sich m. a. W. selbsttätig bestimmen und in ihren Bestimmungen verändern.

Der Gedanke, dass die Monaden aufgrund von Perzeptionen andere Perzeptionen selbsttätig anstreben und diese dadurch (auf mehr oder weniger »vollkommene« Weise) auch erreichen und dann wiederum zu anderen Perzeptionen gelangen, enthält die Leibniz'sche Version der Deutung eines traditionellen metaphysischen Prinzips. Nach diesem Prinzip sind Prädikate, die einem Gegenstand wahrhaft zukommen, »im« Gegenstand »enthalten«: »*praedicatum inest subjecto*«[58]. Genauer gesagt, gibt es nach Leibniz zwei Weisen, in denen das Subjekt Prädikate in sich »enthalten« kann: Entweder sind die Prädikate im Subjekt aufgrund des Satzes vom Widerspruch; sie kommen ihnen nur insofern zu, als das Gegenteil einen Widerspruch ergeben würde. Diese Prädikate kommen dem Subjekt, in kantischer Terminologie, »analytisch« zu. Oder aber sie sind im Subjekt nur de facto, nur kontingent enthalten; dieser zweite Modus des »*praedicatum inest subjecto*« macht das Problem aus, das Leibniz durch das teleologische Prinzip des *appetitus* der Monade zu erklären versucht: Alles, was den Dingen nur faktisch, nicht analytisch zukommt, kommt ihnen aufgrund des Willens Gottes zu, und die von

---

im Universum der Dinge ein negatives Gegenstück, dessen Spiegelung die Perzeption ist. Gleichwohl wird die Perzeption von der Monade nicht passiv empfangen, sondern aktiv hervorgebracht. Darin, dass die Monaden »Quellen ihrer inneren Tätigkeiten« (sources de leur actions internes) sind, kommt ihnen »Selbständigkeit« (»suffisance«, »Autarkie«) zu (vgl. *La Monadologie* § 18).

58 Vgl. zu diesem auf die aristotelische Kategorienlehre zurückgehenden Prinzip besonders den § 8 des *Discours de Métaphysique* von 1686. Dieser Text war Hegel zwar nicht bekannt. Dass aber Hegels Leibniz-Kenntnisse ausreichten, um den inneren Zusammenhang der hier erwähnten Leibniz'schen Prinzipien zu durchschauen, hat P. Guyer, »Hegel, Leibniz und der Widerspruch im Endlichen« (in: R. P. Horstmann, *Seminar: Dialektik in der Philosophie Hegels*, Frankfurt am Main 1978, S. 237 ff.) plausibel gemacht.

Gott gewollte Vollkommenheit des Monadenuniversums ist das Ziel, auf das der *appetitus* jeder Monade gerichtet ist. Dieses ist letztlich der zureichende Grund, warum das bloß Faktische, bloß Kontingente so ist, wie es ist. Gleichwohl liegt der unmittelbare Grund, aus dem heraus eine Monade von einer Perzeption zur anderen gelangt, in der Monade selbst: In jeder Perzeption ist das Streben angelegt, zur anderen Perzeption überzugehen. Jedes wahre, kontingente Urteil hat daher im Prinzip des Monadenappetitus sein *fundamentum in re*.

Der Berührungspunkt, in dem sich Hegels (ganz unteleologische[59]) Lehre vom Widerspruch mit Leibniz' Deutung des »*praedicatum inest subjecto*« trifft, liegt darin, dass der Monadenappetitus, genauso wie die Hegel'sche Negativität, die Beziehung des nicht-analytischen Enthaltens herstellt. Ebenso wie in Leibniz' metaphysischem System die Monade vermöge ihres eigenen Strebens von einer Perzeption zur anderen übergeht, ohne dass sich diese Perzeptionen analytisch auseinander ergeben, ebenso ergibt sich für Hegel ein innerer Zusammenhang von Bestimmungen nur vermöge der Negativität, die zwischen den (an sich entgegengesetzten, analytisch einander nicht enthaltenden) Bestimmungen besteht. Die Beziehung, die auch Hegel, wie wir gesehen haben, durch die Metapher des »Einander Enthaltens« beschreibt, kommt nur durch die Beziehung der Negativität zustande, die zwischen den reflexionslogischen Substraten und den entgegengesetzten Bestimmungen besteht. In ihrer Bestimmtheit als reflexionslogische Substrate »enthalten« die Gegenstände entgegengesetzte Bestimmungen genau insofern, als sich die reflexionslogischen Substrate und die entgegengesetzten Bestimmungen negativ zueinander verhalten und einander »ausschließen«.

Der Widerspruch, der mit dieser Negativität, dem wechselseitigen »Enthalten« einander »ausschließender« Bestimmungen verbunden ist, hebt nun zwar die Bestimmtheit der Gegenstände in

---

59 Über Leibniz' Gott äußert sich Hegel sarkastisch: »Gott ist also gleichsam die Gosse, worin alle die Widersprüche zusammenlaufen«. (WW 20, S. 255.)

»Null« auf. Aber diese Aufhebung aller Bestimmtheit kann nicht das einzige Resultat des Widerspruchs sein:»Das Resultat des Widerspruchs ist«, wie Hegel sagt,»nicht nur Null.«[60] Wenn es nämlich so ist, dass sich die *Relate* der Negativität als selbständige Relate in einer Einheit»aufheben«, die»die Null« heißt, so ist in dieser Einheit auch die *Relation* der Negativität selbst »aufgehoben«. Diese Relation, die das wechselseitige Ausschließen und Enthalten der Relate, mithin ihren Widerspruch unmittelbar zur Folge hat, ist das,»was in Wahrheit im Widerspruche zugrund geht.«[61] Verzichtet man hier, wie es Hegel selbst versucht, auf die Metaphern des»Aufhebens« und des»Zugrundegehens«, so lässt sich über die Relation der Negativität nur sagen, dass sie eine Beziehung ist, die sich zu sich selbst negativ verhält.»Sie ist«, um es mit Hegels Worten zu sagen,»aufhebende Beziehung auf sich; sie hebt darin *erstens* das Negative auf, und *zweitens* setzt sie sich als Negatives, und dies ist erst dasjenige Negative, das sie aufhebt; im Aufheben des Negativen setzt und hebt sie zugleich es auf. Die ausschließende Bestimmung selbst ist auf diese Weise sich das Andere, dessen Negation sie ist; das Aufheben dieses Gesetztseins ist daher nicht wieder Gesetztsein als das Negative eines Anderen, sondern ist das Zusammengehen mit sich selbst, das positive Einheit mit sich ist.«[62]

Mit anderen Worten: Im Widerspruch zeigt sich der selbstbezügliche Charakter der Negativität. Darin, dass die Negativität sich zu sich selbst negativ verhält oder – um es noch einmal anders zu sagen – dass die Negativität identisch ist mit einer Nicht-Negativität, darin liegt nach Hegels Ansicht das eigentliche Resultat des Widerspruchs. Die»Auflösung« des Widerspruchs besteht deshalb nicht

---

60 L. I, 281. 3.
61 L. I, 281. 5–6.
62 L. I, 281. 27–33. In der *Encyklopädie* von 1830 formuliert Hegel etwas anders:»Oder unmittelbar ist der wesentliche Unterschied, als Unterschied an und für sich, nur der Unterschied seiner von ihm selbst, enthält also das Identische« (§ 120).

nur darin, dass er sich in »nichts«, genauer: in »Null« auflöst, sondern sie besteht in der Identität von Negativität und Nicht-Negativität. In dieser Identität ist aber unschwer die Beziehung wiederzuerkennen, die der Widerspruch selbst war. Der Widerspruch – das ist die Pointe – wird aufgelöst durch den Widerspruch: »Der Widerspruch löst sich auf.«[63] Die reflexive Rede vom »Sichauflösen« des Widerspruchs erhält nach Hegels Meinung so erst ihren eigentlichen Sinn: Der Widerspruch selbst ist es, der den Widerspruch auflöst.

Der Gedanke, dass durch die Auflösung des Widerspruchs »in Null« der Widerspruch nicht verschwindet, enthält nach Hegels Meinung eine äußerst wichtige Einsicht. Die Dinge als »an sich selbst widersprechend« erkennen, bedeutet nach Hegel nicht nur: an ihnen nichts erkennen. Es bedeutet vielmehr: sie als dasjenige erkennen, was sich in seiner Identität negativ zu sich verhält und was in seiner Negativität identisch mit sich bleibt; »jede Bestimmung«, schreibt Hegel, »jedes Concrete, jeder Begriff ist wesentlich eine Einheit unterschiedener und unterscheidbarer Momente, die durch den *bestimmten, wesentlichen Unterschied* in widersprechende übergehen. Dieses Widersprechende löst sich allerdings in Nichts auf, es geht in seine negative Einheit zurück. Das Ding, das Subjekt, der Begriff ist nun eben diese negative Einheit selbst; es ist ein an sich selbst Widersprechendes, aber ebensosehr der *aufgelöste Widerspruch*: es ist der *Grund*, der seine Bestimmungen enthält und trägt.«[64]

Die Dinge als Träger, als Behältnisse von Bestimmungen ansehen, ist nach Hegels Deutung gar nichts anderes als eine nur metaphorische Vorstellung des in sich widersprüchlichen Wesens der Dinge. Man denkt dadurch die Dinge als »Grund« oder »Grundlage« unterschiedlicher, sich negativ zueinander verhaltender Bestimmungen; man vergisst dabei nur, dass dieser »Grund« nur die widersprüchliche Negativität der Bestimmungen selbst ist. »Der Grund«, so schreibt Hegel, »ist das Wesen als die positive Identität mit sich,

---

63 L. I, 280. 33.
64 L. I, 289. 19–25.

aber die sich zugleich als die Negativität auf sich bezieht, sich also bestimmt und zum ausgeschlossenen Gesetztseyn macht; dies Gesetztseyn aber ist das ganze selbständige Wesen, und das Wesen ist Grund, als in dieser seiner Negation identisch mit sich selbst und positiv. Der sich widersprechende selbständige Gegensatz war also bereits selbst der Grund; es kam nur die Bestimmung der Einheit mit sich selbst hinzu, welche dadurch hervortritt, daß die selbständigen Entgegengesetzten jedes sich selbst aufhebt und sich zu dem Anderen seiner macht, somit zu Grunde geht, aber darin zugleich mit sich selbst zusammengeht, also in seinem Untergange, das ist in seinem Gesetztsein oder in der Negation, vielmehr erst das in sich reflektierte, mit sich identische Wesen ist.«[65] Der »Untergang« des Entgegengesetzten im Widerspruch führt nicht in die Nacht, »in der alle Kühe schwarz sind«, in der alle Unterschiede und Gegensätze der Dinge ausgelöscht sind. Das »Zugrundegehen« der Negativität führt vielmehr zu dem »Grund«, aus dem heraus sich überhaupt die unterschiedenen und entgegengesetzten Bestimmtheiten der Dinge bilden. Dieser Grund ist eben die Identität der Dinge, »die sich zugleich als die Negativität auf sich bezieht«.

Hegels Meinung ist, dass alle Unterschiede und Gegensätze in den Bestimmungen der Dinge verschwinden müssten, wenn es nur die »negative Seite« des Widerspruchs gäbe. Der Inbegriff aller Realitäten müsste sich »zum einfachen unbestimmten Seyn«[66] zurückverwandeln. Die Negativität in den Realitäten ist aber nach Hegels Meinung (nicht obwohl, sondern gerade insofern sie sich selbst aufhebt) Grund aller Unterschiede und Gegensätze in den Bestimmungen der Dinge.

Die Negativität, die »als der sich aufhebende Widerspruch«[67] aufzufassen ist, ist nach Hegels Meinung diejenige Beziehung, die die Einheit verschiedener, analytisch einander nicht enthaltender

---
65 L. I, 282. 33–283. 4.
66 L. I, 289. 6.
67 L. I, 247. 8.

Bestimmungen stiftet. Sie ist aber darin zugleich auch »Quelle« der Unterschiede und Gegensätze der Dinge, denn in ihr löst sich der Widerspruch auf, ohne zu verschwinden. Die Negativität ist »der *einfache Punkt der negativen Beziehung* auf sich, der innerste Quell aller Tätigkeit, lebendiger und geistiger Selbstbewegung, die dialektische Seele, die alles Wahre an ihm selbst hat, durch die es allein Wahres ist; denn auf dieser Subjectivität allein ruht das Aufheben des Gegensatzes zwischen Begriff und Realität und die Einheit, welche die Wahrheit ist.«[68] In dieser Bemerkung Hegels, die direkt auf den Leibniz'schen Begriff der »sources des actions internes« (s. oben, Anm. 57) anspielt, kommt ganz deutlich zum Ausdruck, dass der Begriff der Negativität in Hegels Logik diejenige Funktion übernimmt, die in Leibniz' Monadenlehre dem *appetitus* der Monade zukommt. Ebenso, wie für Leibniz dieser *appetitus* der Monade die »Grundlage in der Natur der Dinge« (fondement dans la nature des choses) ist, auf welche jede »wahre Prädikation« (predication véritable) beruht, wenn sie keine bloße Identitäts- oder analytische Aussage ist[69], ebenso stellt für Hegel erst die selbstbezügliche Negativität in den Bestimmungen der Dinge die Grundlage dar, auf der die (nicht bloß analytische) Wahrheit überhaupt erst möglich ist.

Es würde den Rahmen dieser Abhandlung sprengen, wenn ich Hegels Untersuchung der von ihm sogenannten »positiven Seite« des Widerspruchs ausführlicher analysieren wollte. Diese Analyse müsste über die Betrachtung des Widerspruchskapitels weit hinausgehen und vor allem das auf das Widerspruchskapitel folgende Kapitel »Der Grund« einbeziehen. Erst in der Exposition des Begriffs des Grundes führt Hegel den Gedanken aus, dass und inwiefern Negativität und Identität eine »Einheit« bilden. Hegel glaubt, diese Einheit zunächst in den Beziehungen von Form und Wesen, Form und Materie, Form und Inhalt der Gegenstände wiederzufinden. Hegel analysiert verschiedene Paare von Reflexionsbegriffen, die Kant noch

---

68 L. I, 246. 18–23.
69 Vgl. z. B. *Discours de Métaphysique* (1686) §8.

unter dem einheitlichen Titel »Bestimmung«/»Bestimmbares« (oder »Materie«/»Form«) zusammengefasst hatte. Diese Begriffe, die auch nach Kant »aller anderen Reflexion zum Grunde gelegt werden«[70], sind nach Hegel Begriffe widersprüchlicher Beziehungen, aufgrund deren die Dinge nicht nur in sich unterschieden, sondern auch Einheit entgegengesetzter Bestimmungen zu sein vermögen.

Um zu sehen, dass es von den Hegel'schen Voraussetzungen aus nicht sinnlos ist, überhaupt von einer »positiven Seite« des Widerspruchs zu sprechen, dazu mögen die wenigen Andeutungen genügen, auf die ich mich im Bisherigen beschränkt habe.

Wie wichtig das Verständnis dieser »positiven Seite« des Widerspruchs für das ganze Hegel'sche Programm einer Dialektik ist, zeigen zwei kurze Zitate, die man am Anfang und am Ende der *Wissenschaft der Logik* findet und die beide in gleicher Weise auf die Mitte dieser Logik verweisen: auf das in dieser Abhandlung analysierte Kapitel vom Widerspruch. In der Einleitung der *Wissenschaft der Logik* heißt es: »Das Einzige, um den wissenschaftlichen Fortgang zu gewinnen, – und um dessen ganz einfache Einsicht sich wesentlich zu bemühen ist, – ist die Erkenntnis des logischen Satzes, daß das Negative eben so sehr positiv ist, oder daß das sich Widersprechende sich nicht in Null, in das abstracte Nichts auflöst, sondern wesentlich nur in die Negation seines *besondern* Inhalts, oder daß eine solche Negation nicht alle Negation, sondern die Negation der bestimmten Sache, die sich auflöst, somit bestimmte Negation ist, daß also im Resultat wesentlich das enthalten ist, woraus es resultirt.«[71] Und im Schlusskapitel der *Wissenschaft der Logik* liest man: »Das Unmittelbare ist nach dieser negativen Seite in dem Anderen *untergegangen*, aber das Andere ist wesentlich nicht das leere Negative, das Nichts, das als das gewöhnliche Resultat der Dialektik genommen wird, sondern es ist das Andere des Ersten, das Negative des Unmittelbaren; also ist es bestimmt als das Vermittelte, – enthält überhaupt die Be-

---
70 KrV, A 266 (B 322).
71 L. I (1832), 38. 2–9.

stimmung des Ersten in sich. Das Erste ist somit wesentlich auch im Anderen aufbewahrt und erhalten. – Das Positive in seinem Negativen, dem Inhalt der Voraussetzung, im Resultate festzuhalten, dies ist das Wichtigste im vernünftigen Erkennen; es gehört zugleich nur die einfachste Reflexion dazu, um sich von der absoluten Wahrheit und Nothwendigkeit dieses Erfordernisses zu überzeugen [...]«[72].

IV. Zusammenfassung des neunten Kapitels

Ich möchte die Kerngedanken des Widerspruchskapitels der *Wissenschaft der Logik* in folgende drei Punkte zusammenfassen:

1. Das, was Hegel »den Widerspruch« nennt, ist eine Beziehung zwischen einer von zwei entgegengesetzten Bestimmungen und dem reflexionslogischen Substrat, unter dessen Voraussetzung die Bestimmungen einander entgegengesetzt sind. Die Relate des Widerspruchs sind Relate der Gegensatzbeziehung dritter Stufe. Hegel bezeichnet diese Relate als »selbständige Reflexionsbestimmungen«; das reflexionslogische Substrat heißt bei Hegel »das an sich Positive«, im Gegensatz zur »an sich negativen« entgegengesetzten Bestimmung. Der Widerspruch besteht eben darin, dass die selbständigen Reflexionsbestimmungen in ein und derselben Hinsicht sich sowohl negativ als auch nicht-negativ zueinander verhalten. – Die Nachbarschaft zu Kants Widerspruchsbegriff ist noch deutlich zu erkennen. Hegels reflexionslogisches Substrat ersetzt diejenige Stelle, die bei Kant die einem Ding analytisch zukommende Bestimmtheit einnimmt; an die Stelle der kantischen »logischen Prädikate«, die dieser Bestimmtheit »widersprechen«, wenn aus ihr die kontradiktorischen Gegenteile dieser Prädikate analytisch folgen, treten bei Hegel die (objektiven) Bestimmungen, deren Entgegensetzung oder Negativität von ihrer Beziehung auf das reflexionslogische Substrat abhängt.

---

72 L. I, 244. 36–245. 8.

2. Damit wird der Widerspruch zu einer »objektiv logischen« Beziehung; was hier zunächst nur so viel heißt, dass er eine Beziehung objektiver Bestimmungen und objektiv bestimmter Gegenstände ist. Genauer gesagt, wird der Widerspruch zu einer Beziehung objektiver logischer Reflexion. Die Logik des 18. Jahrhunderts hatte unter der logischen Reflexion nichts Objektives, sondern eine subjektive Tätigkeit der Urteilskraft verstanden: Logisches Reflektieren war ein Identifizieren, Unterscheiden, Entgegensetzen etc. logischer Prädikate im Hinblick auf ihren Inhalt. Hegel gestaltet die traditionelle Reflexionslogik auf zweifache Weise in eine »objektive Logik« um: Erstens lenkt er die Aufmerksamkeit von den Reflexionsbeziehungen logischer Prädikate auf die in diesen Beziehungen schon vorausgesetzten Beziehungen von Bestimmungen; indem wir nämlich logische Prädikate identifizieren, unterscheiden, entgegensetzen etc., setzen wir schon die Identität, den Unterschied, den Gegensatz von Bestimmungen voraus. Identität, Unterschied, Gegensatz etc. interessieren Hegel nicht als Begriffe unserer Reflexion (als »Reflexionsbegriffe« (Kant)), sondern als Bestimmungen von Beziehungen von Bestimmungen (Hegel: als »Reflexionsbestimmungen«). Zweitens benutzt Hegel, wie gesagt, die in Kants Dialektik gemachte Entdeckung, dass logische Beziehungen, wie Kontrarietät und Kontradiktorietät, zwischen logischen Prädikaten als für sich genommenen Begriffen nicht bestehen können, sondern nur, insofern diese Prädikate wiederum bezogen werden auf reflexionslogische Substrate. Von der Ebene der Urteilsprädikate auf die Ebene der objektiven Gegenstandsbestimmungen übertragen, bedeutet dies, dass Reflexionsbestimmungen wie Verschiedenheit und Gegensatz (die der Kontrarietät und Kontradiktorietät korrespondieren) nicht für sich genommen, sondern nur in Abhängigkeit von der internen Beziehung der Bestimmungen auf schon bestimmte Gegenstände bestehen können. Die Reflexionsbestimmungen – und damit gewisse objektive Beziehungen der Einzeldinge zueinander – spiegeln sich gleichsam in den internen Beziehun-

gen der Einzeldinge wie in Leibniz'schen Monaden. Im Widerspruch der Einzeldinge spiegeln sich ihre Gegensatzbeziehungen.

3. Die Rede vom objektiven Widerspruch (der ja allen Einzeldingen innewohnen muss, sofern sie nur durch gewisse entgegengesetzte Bestimmungen gegeneinander bestimmt sind) schließt nun allerdings ein, dass echte kontradiktorische Urteile nicht schlechthin nur falsch sein können. Denn ihre Echtheit dürfte gerade darin bestehen, Gegenständen objektive Widersprüche beizulegen. (Das folgt aus meinen Überlegungen zum paronymen Sinn des Hegel'schen »Widerspruchs«.) Hegel selbst vergleicht dieses Beilegen von Widersprüchen mit der Tautologie des Satzes der Identität; die Tautologie ist wahr, und dennoch »sagt« sie in einem gewissen Sinne »nichts«.[73] Das Nichtssagende des Satzes der Identität besteht darin, dass er von allem aussagt, es sei mit sich selbst identisch: es sei, was es eben sei. »Der Widerspruch, der an der Entgegensetzung hervortritt, ist nur das entwickelte Nichts, das in der Identität enthalten ist und in dem Ausdruck vorkam, daß der Satz der Identität *nichts* sage.« Das »Nichts« des Widerspruchs besteht darin, dass alle Einzeldinge, aufgrund ihrer Bestimmtheit *gegeneinander*, sich negativ *zu sich selbst* verhalten. Die Negativität als Selbstbeziehung macht den Widerspruch und zugleich die Auflösung des Widerspruchs aus. Die Negativität als Selbstbeziehung ist der Grund, warum die endlichen Dinge nicht einfach sind, was sie sind, sondern *in* dem, was sie sind, gar nicht bestehen können, sondern sich verändern müssen.[74]

---

73   Vgl. Wittgenstein, *Tractatus* 5.5303: »Beiläufig gesprochen: Von *zwei* Dingen zu sagen, sie seien identisch, ist ein Unsinn, und von *Einem* zu sagen es sei identisch mit sich selbst, sagt gar nichts.«

74   Man vergleiche mit den Ausführungen dieses neunten Kapitels meine Darstellung der Paradoxien der Identität und des Widerspruchs in meinem Aufsatz »Der Satz vom Grund, oder: Was ist philosophische Argumentation?«, in: *Neue Hefte für Philosophie*, Heft 26, 1986, S. 99–107.

Schluss

»Man hat immer wieder geglaubt«, so schreibt Wolfgang Wieland, »Hegels Logik aus dem Gegensatz zur traditionellen Logik als gleichsam höhere Logik verstehen zu können, die bestimmte Grundgesetze der traditionellen Logik nicht mehr übernimmt. Doch in Wahrheit besteht zwischen Hegels Logik und der traditionellen Logik kein Konkurrenzverhältnis. Hegels Unternehmen, den Begriff zu konstruieren, der das selbst ist, was er meint, hat kein Pendant im Bereich der klassischen Logik, zu deren Theorie Hegel wichtige und auch heute noch erwägenswerte Beiträge geleistet hat. So braucht es auch nicht zu überraschen, dass in der Darstellung, die Hegel von seiner Logik gibt, also in dem Buch mit dem Titel ›Wissenschaft der Logik‹, keine Lehre der klassischen Logik revoziert wird. Daher wird jede Interpretation dieses Buches gut beraten sein, wenn sie von der hermeneutischen Hypothese ausgeht, dass *in* Hegels Logik die klassische Logik weiter gilt.«[1]

Die vorstehende Abhandlung ist ein Versuch, von dieser hermeneutischen Hypothese gerade da Gebrauch zu machen, wo ihre Anwendung auf die allergrößten Schwierigkeiten stößt: in Hegels Lehre vom Widerspruch. Die Bestätigung dieser Hypothese lässt sich allerdings, wie mir scheint, nur durch die Einsicht erkaufen, dass in gewisser Weise zutrifft, was Hegel immer wieder als Fehler angekreidet worden ist: die »Ontologisierung« des Widerspruchs und die »Verwischung« des Unterschieds von konträrem und kontradiktorischem Gegensatz. Nun mögen in Hegels Argumentation irgendwelche Fehler enthalten sein; mir scheint aber, dass diese Fehler erst angemes-

---

1 W. Wieland, »Bemerkungen zum Anfang von Hegels Logik«, in: R. P. Horstmann (Hrsg.), *Seminar: Dialektik in der Philosophie Hegels*, Frankfurt am Main 1978, S. 210.

sen diskutiert werden können, wenn man sich zuvor schon einmal auf das Niveau der Hegel'schen Ontologie und Ontologiekritik begeben hat, von der aus die »Verwischung«, besser: die Relativierung des Unterschieds von konträrem und kontradiktorischem Gegensatz und die »Ontologisierung«, besser: die Objektivierung des Widerspruchs als begründet erscheinen. Ich meine sogar, und hoffe es auch plausibel gemacht zu haben: Man kann erst im Nachvollzug der Hegel'schen Ontologie und Ontologiekritik auf klarere Begriffe bringen, worin eigentlich die Objektivierung des Widerspruchs und die Relativierung des Unterschieds von konträrem und kontradiktorischem Gegensatz in Hegels Logik überhaupt bestehen. Im Übrigen hat man Hegels »Ontologisierung« des Widerspruchs nur unzureichend verstanden, wenn man sie nicht als einen mit Argumenten gestützten Versuch betrachtet, *naive* Formen von Ontologisierung zu überwinden, denen in der Metaphysik und in den gewöhnlich metaphysikbeladenen Wissenschaften logische Prinzipien und Strukturen traditionellerweise ausgesetzt sind.

Gegen die hermeneutische Hypothese, dass *in* Hegels Logik die klassische formale Logik weiter gilt, könnte man einwenden, dass aus Hegels Lehre vom Widerspruch die Ansicht folgt, dass echte kontradiktorische Urteile ebensowenig wie Tautologien schlechthin nur falsch sein können. In der Tat liegt genau in dieser Ansicht der eigentliche Skandal der Hegel'schen Logik. Jedoch ist es nicht möglich, diese Ansicht einfach für einen logischen Fehler oder für einen Verstoß gegen elementare Regeln der klassischen formalen Logik zu halten. Sicherlich, in der Logik sind die Begriffe des Kontradiktorischen und des logisch Falschen gebräuchliche Synonyme, ebenso wie die Begriffe des Tautologischen und des logisch Wahren. Aber, es ist Hegel ja keineswegs daran gelegen, die Unterschiede zwischen den Begriffen des Kontradiktorischen und des Tautologischen zu verwischen. Nur, Hegel stellt sich – anders als es innerhalb der Logik üblich und notwendig ist – die Aufgabe zu untersuchen, was eigentlich eine Kontradiktion zur echten Kontradiktion macht, was m. a. W. eigentlich ein

Widerspruch ist. Und diese Untersuchung führt ihn dahin, zwischen Tautologien und Kontradiktionen ontologische Gemeinsamkeiten anzuerkennen, die in philosophischen Logiken gewöhnlich nicht anerkannt werden.[2]

---

2 In dieser Beurteilung ontologischer Gemeinsamkeiten von Tautologie und Kontradiktion liegt z. B. auch der unübersehbare Gegensatz zum frühen Wittgenstein, dessen Auffassungen über die Beziehung zwischen Tautologie und Kontradiktion im Übrigen, wie wir sahen (vgl. Fußnote 46 zum neunten Kapitel), gewisse Parallelen zu Hegels Logik aufweisen. Im *Tractatus* a. a. O., Sentenz 4.462, heißt es: »Tautologie und Kontradiktion sind nicht Bilder der Wirklichkeit. Denn jene läßt *jede* mögliche Sachlage zu, diese *keine*.«

Nachwort zur Neuausgabe

Der Text der seit vielen Jahren vergriffenen ersten Auflage dieses Buches, das ursprünglich als Band 5 der von Dieter Henrich herausgegebenen Reihe »Philosophie – Analyse und Grundlegung« veröffentlicht worden ist, erscheint hier mit wenigen Änderungen, ergänzt um dieses Nachwort und ein Literaturverzeichnis. Die wenigen Änderungen, die ich am Text vorgenommen habe, bestehen teils in rein sprachlichen Verbesserungen teils in Präzisierungen und sachlichen Berichtigungen. Soweit diese Berichtigungen erläuterungsbedürftig sind, werde ich auf sie in Abschnitt II dieses Nachworts näher eingehen. Allerdings wird es mir im Folgenden hauptsächlich darum gehen, Einwände in Betracht zu ziehen und zu entkräften, die gegen die im Ersten Teil dieses Buches enthaltene Interpretation der Antinomienlehre Kants erhoben worden sind. Diese Einwände sind der Gegenstand der Abschnitte I und III.

I.

Wolfgang Malzkorn hat an der in diesem Buch vorgenommenen Behandlung der Antinomienlehre Kants und an meiner hiermit zusammenhängenden Deutung von Kants Begriffen der analytischen und dialektischen Opposition Kritik geübt.[1] Ich möchte im folgenden begründen, warum ich seine Einwände für unberechtigt halte. Ich will an den von ihm kritisierten, im zweiten und dritten Kapitel dieses Buches entwickelten Grundannahmen festhalten und nach wie vor behaup-

---

1 Ich beziehe mich hier und im Folgenden auf W. Malzkorn, *Kants Kosmologie-Kritik. Eine formale Analyse der Antinomienlehre*, Berlin: De Gruyter, 1999.

ten, Kant bezeichne als dialektische Opposition eine scheinbar bestehende analytische Opposition, und er setze analytische Oppositionen gleich mit kontradiktorischen Verhältnissen zwischen Sätzen.

Und zwar meine ich, dass nach Kant eine dialektische Opposition zwischen Sätzen dann auftritt, wenn eine transzendentale Verwechselung stattfindet, bei der diese Sätze, obwohl sie der Sache nach von Erscheinungen handeln, so verstanden werden, als handelten sie nicht von Erscheinungen, sondern von Dingen an sich. Und ich möchte behaupten, dass Kant annimmt, bei einer Korrektur dieser Verwechslung gehe das kontradiktorische Verhältnis in ein konträres oder subkonträres Verhältnis über.

Malzkorn meint, meine diesbezügliche Ansicht beruhe auf »drei Mißverständnissen«.[2] Der erste Punkt seiner Kritik betrifft meine Erklärung des Begriffs der analytischen Opposition; es sei ein Fehler, den Begriff der analytischen Opposition auf kontradiktorische Verhältnisse einzuschränken. Malzkorns zweiter Einwand bezieht sich auf den Begriff der dialektischen Opposition. Nach seiner Meinung ist auch dieser Begriff von mir zu eng gefasst worden; er umfasse außer den transzendental-dialektischen Oppositionen noch andere dialektische Oppositionen. Drittens schließlich verwirft Malzkorn meine Interpretation der mathematischen Antinomien. Thesis und Antithesis dieser Antinomien stehen nach seiner Ansicht nicht in einem der Form nach und scheinbar kontradiktorischen, sondern in einem nur konträren Verhältnis.

Ich möchte diese drei Einwürfe in veränderter Reihenfolge diskutieren und mit dem zweiten Punkt beginnen, da dieser sich am leichtesten erledigen lässt. Malzkorn begründet seinen diesbezüglichen Einwand mit dem Argument, es müsse »nicht jede Dialektik eine solche sein, die transzendentale Ursachen hat; es gibt nach Kant auch Fälle logischen oder empirischen Scheins. Daher kann der Begriff der dialektischen Opposition nicht auf transzendental-dialektische

---

2   Siehe hierzu seine Ausführungen in *Kants Kosmologie-Kritik*, S. 96 f.

Oppositionen eingeschränkt werden.«[3] Tatsache ist allerdings, dass Kant kein einziges Beispiel für eine dialektische Opposition anführt, die nicht eine transzendental-dialektische Entgegensetzung wäre. Vielmehr führt er in A 504 (= B 532) den Ausdruck »dialektische Opposition« so ein, dass er ihn zunächst exemplarisch nur auf das Entgegensetzungsverhältnis zwischen Thesis und Antithesis der ersten Antinomie bezieht und dann, nach einem Hinweis auf den transzendentalen Grund, aus dem das Verhältnis dieser Sätze nur ein scheinbarer Widerspruch sei, sogleich hinzufügt: »Man erlaube mir, daß ich dergleichen Entgegensetzung die *dialektische*, die des Widerspruchs aber die *analytische Opposition* nennen darf«. Da sich der Ausdruck »dergleichen Entgegensetzung« nur auf Verhältnisse beziehen kann, die mit dem Verhältnis zwischen der Thesis und der Antithesis der ersten Antinomie gleichartig sind, schränkt Kant hier seinen Gebrauch der Bezeichnung »dialektische Opposition« so ein, dass sie sich nur auf transzendental-dialektische Entgegensetzungen bezieht, d. h. nur auf Verhältnisse, die innerhalb der »transzendentalen Dialektik« zum Thema gemacht werden. Ich bestreite nicht, dass Kants allgemeine Auffassung von Dialektik es erlaubt hätte, einen weniger eingeschränkten Gebrauch von dieser Bezeichnung zu machen. Aber ein solcher Gebrauch findet bei ihm nicht statt. Daher entzieht es sich unserer Kenntnis, ob es für Kant dialektische Oppositionen gibt, die nicht transzendental-dialektische Entgegensetzungen sind.

Damit komme ich sogleich zum ersten Punkt der Malzkorn'schen Kritik. Die gerade zitierte Stelle (A 504 / B 532) gibt nämlich auch Auskunft über Kants Gebrauch des Ausdrucks »analytische Opposition«. Denn an dieser Stelle bezeichnet Kant ausdrücklich die Entgegensetzung »des Widerspruchs« als analytische Opposition.[4] Wie verträgt sich diese Tatsache mit dem Einwand, den Wolfgang

---

3   Ebd., S. 97.
4   Auch in der ›Preisschrift über die Fortschritte der Metaphysik« bezeichnet Kant den als »bloß logisch« aufzufassenden »Widerstreit« der »analytischen Entgegensetzung« ausdrücklich als ein Verhältnis kontradiktorisch entgegengesetzter Sätze (»*contradictorie oppositorum*«) und als »Wider-

Malzkorn in seinem ersten Punkt vorgebracht hat? Sie verträgt sich nur schlecht mit ihm. Denn »Widerspruch« ist Kants übliche Bezeichnung für kontradiktorische Verhältnisse. Malzkorn führt keine Stelle aus Kants Schriften an, mit der belegt werden könnte, sein Begriff der analytischen Opposition umfasse ganz allgemein auch konträre Verhältnisse. Man darf aus einer Notiz in Kants Handexemplar von G. F. Meiers *Auszug aus der Vernunftlehre*, in der Kant die subkonträren Sätze »einige Menschen sind fromm« und »einige Menschen sind nicht fromm« mit dem kurzen, stichwortartigen Kommentar versieht: »nicht genug zum Widerstreit« (Refl. 3175, *Akademie-Ausgabe* Band XVI, S. 696), nicht mit Malzkorn entnehmen, dass Kant nur das subkonträre Verhältnis davon ausnehmen möchte, eine analytische Opposition zu sein.[5] Denn dieser Kommentar Kants passt gut zu der von ihm wiederholt dargelegten Ansicht, dass subkonträre Verhältnisse »weniger«, konträre Verhältnisse dagegen »mehr« enthalten, als zum Widerspruch, d. h. zur »logischen«, »strengen«, »wahren« oder »reinen« Entgegensetzung erforderlich ist.[6] Das Wort »Widerstreit« dürfte in der soeben zitierten Refl. 3175 im Sinne von »Widerspruch« gebraucht worden sein, ohne dass dieser Gebrauch die Annahme stützen könnte, das konträre Verhältnis sei wie der Widerspruch und im Unterschied zum subkonträren Verhältnis für Kant eine analytische Opposition. Man darf auch nicht mit Malzkorn annehmen, Kant gebe in einer seiner Logik-Vorlesungen mit den Worten »von 2 reinen Oppositionen muß beständig dieses gelten können: *posito uno tollitur alterum. et vice versa*« (*Logik Blomberg, Akademie-Ausgabe* Band XXIV, S. 282) nicht nur eine »Begründung« für seine Annahme,

---

spruch«, bei dem, wenn »einer derselben wahr ist, der andre falsch seyn« muss. Siehe AA XX, S. 291.
5 *Kants Kosmologie-Kritik*, S. 96.
6 Siehe hierzu die von Malzkorn selbst – siehe *Kants Kosmologie-Kritik*, S. 95 – angeführten Stellen: *Kritik der reinen Vernunft* A 504, B 532 sowie Reflexion 6337, AA XVIII, S. 658; vgl. AA XX, S. 291 und S. 328. Siehe auch Refl. 3178: »Wo ich nicht sagen kann: *Aut Aut*, d. i. wo beydes wahr oder falsch seyn kann, ist keine wahre opposition.« (AA XVI, S. 698.)

dass das Verhältnis der Subkontrarietät kein eigentliches Entgegensetzungsverhältnis ist,[7] sondern aus dieser Begründung lasse sich auch entnehmen, dass nach Kants Ansicht sowohl konträre als auch kontradiktorische Urteile im Gegensatz zu subkonträren Urteilen die mit den Worten »*posito uno tollitur alterum. et vice versa*« »angegebene Bedingung erfüllen«.[8] Denn unter »reinen« Oppositionen versteht Kant hier, wie auch sonst, kontradiktorische Verhältnisse, die als solche weder »mehr« noch »weniger« enthalten als zur analytischen (logischen) Entgegensetzung erforderlich ist.[9] Es trifft denn auch nur auf kontradiktorische, nicht aber auf konträre Opposita zu, dass, wenn das eine »gesetzt«, dann das andere »aufgehoben« ist, *und* »vice versa«, d. h., wenn das eine »aufgehoben«, dann das andere »gesetzt« ist. Auf die angeführte Stelle kann sich daher Malzkorn nicht, wie er es will, berufen, wenn er schreibt: »›Entgegengesetzt‹ im eigentlichen Sinne sind nach Kant also nur Urteile, die sich zueinander kontradiktorisch oder konträr verhalten; nur unter solchen Urteilen kann es eine tatsächliche, d. h. (im Sinne der Unterscheidung zwischen analytischer und dialektischer Opposition) analytische, Opposition geben.«[10] Vielmehr ergibt sich aus den von ihm angeführten Stellen, dass konträre Urteile nach Kant *nicht* in analytischer Opposition stehen.

Malzkorn meint indessen, dass sogar die Erklärung, die ich selbst (in der ersten Auflage des vorliegenden Buches) für den Begriff der analytischen Opposition gegeben habe, seine Meinung stütze,

---

7 Die Annahme, dass Subkontrarietät nur mit geringerem Recht als Kontrarietät und Kontradiktorietät als ein eigentliches Entgegensetzungsverhältnis zu betrachten ist, geht auf Aristoteles (*Analytica priora* II, 15, 63 b 22–27) zurück.
8 *Kants Kosmologie-Kritik*, S. 96.
9 Vergleiche §48 der *Logik* (Jäsche), AA IX, S. 117. Dort sagt Kant von Urteilen, »die einander contradictorisch entgegengesetzt sind,« ausdrücklich, dass sie »als solche die ächte, reine Opposition ausmachen.«
10 *Kants Kosmologie-Kritik*, S. 96.

dieser Begriff umfasse nach Kant auch konträre Verhältnisse.[11] Die Erklärung, auf die sich Malzkorn hier bezieht, besagt, dass die analytische Opposition nichts anderes sei als die »(implizite) Verneinung eines analytischen Urteils«, wobei diese Verneinung sowohl innerhalb eines einzelnen Urteils vorkommen könne (wie in »Junggesellen sind verheiratet«) als auch bei Paaren einander widersprechender Urteile, da sich aus diesen die Verneinung eines analytischen Urteils ableiten lasse.[12] Nun hat Malzkorn mit Recht auf den Umstand hingewiesen, dass nicht nur Paare kontradiktorischer, sondern auch Paare konträrer Urteile widersprüchliche Urteile implizieren können. Aus diesem Umstand folgt nach seiner Meinung, dass meine Erklärung der analytischen Opposition auch auf konträre Urteile zutreffe. Diese Meinung beruht aber auf einem logischen Irrtum. Ich bestreite zwar nicht, dass Paare konträrer Urteile widersprüchliche Urteile implizieren können. So kann man aus konträren universellen Urteilen der Form (A) *Alle S sind P* und der Form (E) *Kein S ist P* ein partikuläres Urteil der Form *Nicht alle P sind P* ableiten. Da nämlich nach der Subalternationsregel aus universellen Urteilen partikuläre Urteile ableitbar sind, sodass ein Urteil der Form (I) *Irgendein S ist P* aus einem Urteil der Form (A) folgt, da außerdem Urteile der Form (E) konvertierbar sind, folgt nach *Modus Ferio* aus einem Urteil der Form (E) immer dann ein Urteil der Form *Nicht alle P sind P*, wenn zugleich ein konträres Urteil der Form (A) als wahr vorausgesetzt wird. Von einem Urteil der Form *Nicht alle P sind P* darf man nach der von mir gegebenen Erklärung des Begriffs der analytischen Entgegensetzung sagen, dass es eine analytische Entgegensetzung insofern enthält, als es die Verneinung eines analytischen Urteils (nämlich eines Urteils der Form *Alle P sind P*) enthält.

---

11 *Kants Kosmologie-Kritik*, S. 96 f.
12 Siehe S. 41 der ersten Auflage. Ich habe in der hier vorliegenden Neuauflage den Ausdruck »(implizite) Verneinung analytischer Urteile« durch den Ausdruck »(mindestens implizite) Aufhebung wahrer analytischer Urteile« aus Gründen, die mit Malzkorns Einwänden nichts zu tun haben, ersetzt (siehe oben S. 53). Diese Ersetzung werde ich unten, in Abschnitt II dieses Nachworts, erläutern.

Insoweit hat Malzkorn Recht mit seiner Feststellung, dass auch Paare konträrer Urteile implizite Verneinungen analytischer Urteile enthalten können. Malzkorn übersieht allerdings den Umstand, dass Ableitungen aus einem Satz, dessen Wahrheit in Frage steht, nur dann mit Hilfe eines anderen Satzes möglich sind, wenn dieser als wahr vorausgesetzt wird, und dass bei einem Paar konträrer Urteile der Fall auftreten kann, dass beide Urteile falsch sind. In diesem Fall kommt die Ableitung eines Widerspruchs aus einem Paar konträrer Urteile nicht zustande. Im Unterschied zu konträren Urteilen können kontradiktorische Urteile nicht beide zugleich falsch sein. Darum gilt z. B. für beliebige Paare kontradiktorischer Urteile der Form (E) und (I), dass aus ihnen ein Urteil der Form *Nicht alle P sind P* ableitbar ist.

Christian Wolff hat auf diesen von Malzkorn verkannten Unterschied zwischen konträren und kontradiktorischen Urteilen in §35 seiner *Philosophia prima sive Ontologia* auf prägnante Weise aufmerksam gemacht, indem er konträre Sätze dort wie folgt charakterisiert hat:»*Si propositionum contrariarum una fuerit vera, alteram eidem contradicere, minime autem, si utraque fuerit falsa.*«»Wenn von zwei konträren Sätzen einer wahr ist, widerspricht ihm der jeweils andere, dies gilt jedoch nicht, wenn beide falsch sind.«[13]

Weil für konträre Sätze nicht ausnahmslos gilt, dass sie einen Widerspruch enthalten und deshalb die Aufhebung eines analytischen Urteils nach sich ziehen, trifft auf sie meine Erklärung des Begriffs der analytischen Opposition nicht zu. Es bleibt jedoch festzuhalten, dass auch konträre Urteile unter Umständen einen Widerspruch enthalten können.

Damit komme ich schließlich zum dritten Punkt. Malzkorn schreibt:»Drittens behauptet Kant nicht, in den ersten beiden Antinomien seien Thesis und Antithesis dem Scheine und der Form nach kontradiktorische Urteile, die sich in der Auflösung als konträr erweisen; sondern er behauptet, daß Thesis und Antithesis dort konträr

---
13 C. Wolff, *Philosophia prima sive Ontologia*. Editio nova: Frankfurt & Leipzig 1736. Zweite Nachdruckauflage: Hildesheim: Olms, 1977, S. 21.

seien und in der Auflösung beide als falsch erwiesen werden könnten.«[14] Auch hier hat Malzkorn zunächst einmal den Text Kants gegen sich. Kant schreibt mit Bezug auf die erste Antinomie: »Wenn man die zwei Sätze: die Welt ist der Größe nach unendlich, die Welt ist ihrer Größe nach endlich, als einander contradictorisch entgegengesetzte ansieht, so nimmt man an, daß die Welt (die ganze Reihe der Erscheinungen) ein Ding an sich selbst sei. Denn sie bleibt, ich mag den unendlichen oder endlichen Regressus in der Reihe ihrer Erscheinungen aufheben. Nehme ich aber diese Voraussetzung oder diesen transscendentalen Schein weg und leugne, daß sie ein Ding an sich selbst sei, so verwandelt sich der contradictorische Widerstreit beider Behauptungen in einen bloß dialektischen [...].«[15] Demnach betrachtet Kant das Verhältnis von Thesis und Antithesis der ersten Antinomie als dem Scheine nach kontradiktorisch, genauer gesagt: als Widerspruch, der sich in der Auflösung als eine dialektische Opposition erweist, der in Wahrheit ein konträres Verhältnis zugrunde liegt. Was die zweite Antinomie angeht, so habe ich bereits darauf hingewiesen, dass Kant »dergleichen Entgegensetzung«, wie sie zwischen den entgegengesetzten Sätzen der ersten Antinomie besteht, auch in den übrigen Antinomien als »dialektische Opposition« bezeichnet (A 504 / B 532). Da auch nach Malzkorn gilt, dass »eine dialektische Opposition zwischen zwei Urteilen genau dann besteht, wenn diese Urteile aufgrund einer falschen Voraussetzung als analytisch ›entgegengesetzt‹ und beweisbar erscheinen,«[16] und da, wie ich soeben gezeigt habe, analytische Entgegensetzungen zwischen Urteilen nach Kant genau dann vorliegen, wenn sie einander widersprechen, bedeutet dies, dass Kant die scheinbare Entgegensetzung von Thesis und Antithesis in den beiden ersten Antinomien für kontradiktorisch hält. Diese Deutung findet im Text der *Prolegomena* eine ausdrückliche Bestätigung, da Kant dort von der Thesis und der Anti-

---
14 *Kants Kosmologie-Kritik*, S. 97.
15 *Kritik der reinen Vernunft* A 504 f. / B 532 f.
16 *Kants Kosmologie-Kritik*, S. 96.

thesis der beiden ersten Antinomien explizit als von »zwei einander widersprechenden Sätzen« spricht.[17] Wenn es gleichwohl zutrifft, dass nach Kants Ansicht Thesis und Antithesis in den ersten beiden Antinomien (in Wahrheit) nur konträr sind, weil sie in der Auflösung beide als falsch erwiesen werden, so ist diese Ansicht Kants nicht unverträglich mit seiner Beschreibung der ersten beiden Antinomien als scheinbar kontradiktorischer Oppositionen. Der Umstand, dass Malzkorn diese Beschreibung nicht in ihrer vollen Bedeutung erfasst hat, dürfte damit zusammenhängen, dass er nicht gesehen hat, dass auch ein Paar konträrer Urteile eben dann einen Widerspruch enthält, wenn nicht beide Urteile falsch sind.[18] Im Falle der beiden ersten Antinomien ergibt sich die Annahme, dass diese Voraussetzung erfüllt ist, daraus, dass sich sowohl für die Thesis als auch für die Antithesis jeweils ein (apagogischer) »Beweis« führen lässt, so dass die Annahme der Beweisbarkeit jeweils einer dieser Sätze zugleich die Annahme nach sich zieht, der ihm entgegengesetzte Satz stehe nicht nur in konträrem Verhältnis zu ihm, sondern widerspreche ihm auch.

Damit dürfte hinreichend deutlich geworden sein, dass Malzkorns Kritik auch in ihrem dritten Punkt verfehlt ist, jedenfalls insofern, als es sich als unhaltbar erwiesen hat zu meinen, Kant behaupte, dass Thesis und Antithesis in den ersten beiden Antinomien konträr sind, ohne dem Scheine nach kontradiktorisch zu sein. Auf die Frage, ob und in welchem Sinne man sogar sagen darf, dass die Thesis und die Antithesis der ersten beiden Antinomien auch einen

---

17 *Prolegomena* §52b, AA IV, S. 341 Zeile 1.

18 Zum Beleg seiner Behauptung, es stelle »Kant selbst heraus, dass sich Thesis und Antithesis in den mathematischen Antinomien konträr zueinander verhalten«, führt Malzkorn den ersten Satz aus Refl. 6419 an, der lautet: »Daß beyde *opposita* in den 2 ersten antinomien falsch seyn können, kommt daher, weil sie sich nicht *contradictorie*, sondern auch *contrarie* entgegen stehen.« (AA XVIII, S. 710f.) Das ihn vermutlich störende Wörtchen »auch« lässt Malzkorn in seinem Zitat dieses Satzes allerdings behutsam beiseite.

Widerspruch »der Form nach« enthalten, werde ich in Abschnitt III dieses Nachworts zurückkommen.

II.

Obwohl ich in Abschnitt I dieses Nachworts meine in der ersten Auflage dieses Buches gegebene Erklärung des Begriffs der analytischen Opposition zunächst verteidigt habe, habe ich sie im Text der zweiten Auflage abgewandelt. Ich möchte im folgenden die diesbezügliche Textänderung erläutern, die ich am Anfang des zweiten Kapitels vorgenommen habe. Sie bezieht sich auf den Gebrauch der Wörter »Verneinung« und »analytisch«. Nach meiner heutigen Ansicht ist es nicht zulässig, Kant zu unterstellen, er gebrauche diese Wörter so, wie heute meist üblich, nämlich so, dass Analytizität dasselbe ist wie analytische Wahrheit und Verneinung wahrheitsfunktional aufzufassen ist mit der Folge, dass eine doppelte Verneinung unter allen Umständen als logisch äquivalent mit einer Affirmation zu gelten hat.

Bevor ich auf diese Textänderungen näher eingehe, möchte ich ein paar allgemeinere Bemerkungen vorausschicken, um zunächst meine Ansicht über Kants Verwendung des Adjektivs »analytisch« plausibel zu machen.[19]

Es dürfte ein Missverständnis sein, wenn man, wie es oft geschieht, einer Stelle der *Kritik der reinen Vernunft* (A 151 / B 190f.) entnimmt, Kant betrachte analytische Urteile als notwendigerweise wahre Urteile und dementsprechend sei »analytisch« für ihn (wie für die meisten Philosophen des 20. Jahrhunderts) gleichbedeutend mit »analytisch wahr«.[20] Kants Gedanke, die Wahrheit (wahrer) analyti-

---

19 Vgl. hierzu den von mir verfassten Artikel »Urteil, analytisches / synthetisches«, in: *Kant-Lexikon*, herausgegeben von G. Mohr, J. Stolzenberg und M. Willascheck, Berlin: De Gruyter 2015, Band 3, S. 2428–2431.

20 Diese Stelle aus dem Abschnitt »Von dem obersten Grundsatze aller analytischen Urtheile« lautet: »[…] *wenn das Urtheil analytisch ist*, es mag nun verneinend oder bejahend sein, so muß dessen Wahrheit jederzeit nach

scher Urteile müsse »jederzeit nach dem Satze des Widerspruchs hinreichend« erkannt werden können, darf nicht verwechselt werden mit dem Gedanken, die Eigenschaft eines Urteils, analytisch zu sein, sei bereits hinreichend für dessen Wahrsein. Zwar findet man bei Kant wiederholt Auskünfte wie: »Alle analytische Urtheile sind Urtheile *a priori* und gelten also mit strenger Allgemeinheit und absoluter Nothwendigkeit, weil sie sich gänzlich auf den Satz des Widerspruchs gründen.«[21] Aber auch eine Auskunft wie diese ist durchaus so zu verstehen, dass sie nicht besagt, analytische Urteile seien notwendigerweise wahr, sondern bedeutet, dass die Gültigkeit analytischer Urteile (in allen Fällen, in denen sie überhaupt gültig sind,) streng allgemein und absolut notwendig ist, und zwar deshalb, weil die Verneinung eines wahren analytischen Urteils einen Widerspruch einschließt.

Dafür, dass man Kants diesbezügliche Auskünfte tatsächlich so auszulegen hat, spricht der Umstand, dass er annimmt, nur solche bejahenden Subjekt-Prädikat-Urteile seien wahr, deren Subjektbegriff nicht leer ist: »*non entis nulla sunt praedicata*« (A 793 / B 821); es komme also vor, dass »sowohl was man bejahend, als was man verneinend von dem Gegenstande behauptete, [...] beides unrichtig« ist (ebenda). Auch von analytischen, ja sogar von tautologischen (den von Kant so genannten »identischen«) Urteilen ist daher anzunehmen, dass sie unrichtig sind, wenn sie von Gegenständen handeln,

---

dem Satze des Widerspruchs hinreichend können erkannt werden. Denn von dem, was in der Erkenntniß des Objects schon als Begriff liegt und gedacht wird, wird das Widerspiel jederzeit richtig verneint, der Begriff selber aber nothwendig von ihm bejaht werden müssen, darum weil das Gegentheil desselben dem Objecte widersprechen würde. / Daher müssen wir auch den *Satz des Widerspruchs* als das allgemeine und völlig hinreichende *Principium aller analytischen Erkenntniß* gelten lassen; aber weiter geht auch sein Ansehen und Brauchbarkeit nicht, als eines hinreichenden Kriterium der Wahrheit. Denn daß ihm gar keine Erkenntniß zuwider sein könne, ohne sich selbst zu vernichten, das macht diesen Satz wohl zur *conditio sine qua non*, aber nicht zum Bestimmungsgrunde der Wahrheit unserer Erkenntniß.« (A 151 / B 190f.)

21 »Preisschrift über die Fortschritte der Metaphysik. Dritter Entwurf«, AA XX, S. 323.

die es nicht gibt: »Wenn ich das Prädicat in einem identischen Urtheile aufhebe und behalte das Subject, so entspringt ein Widerspruch, und daher sage ich: jenes kommt diesem nothwendiger Weise zu. Hebe ich aber das Subject zusammt dem Prädicate auf, so entspringt kein Widerspruch; denn es ist nichts mehr, welchem widersprochen werden könnte.« (A 594 / B 622) Für ein tautologisches oder analytisches Urteil mit leerem Subjektbegriff gilt daher keineswegs, dass seine Verneinung unter allen Umständen falsch, es selbst also unter allen Umständen wahr ist. Kant scheint vielmehr anzunehmen, dass Analytizität keine hinreichende Wahrheitsbedingung ist.

In der Neuausgabe dieses Buches habe ich dementsprechend meine Erklärung des Begriffs der analytischen Opposition modifiziert. In der ersten Auflage hatte ich die analytische Opposition gleichgesetzt mit der (mindestens impliziten) Verneinung eines analytischen Urteils. Jetzt heißt es stattdessen, sie sei »die (mindestens implizite) Aufhebung eines wahren analytischen Urteils«.[22]

Erstens habe ich es hier vorgezogen, von *Aufhebung* statt von *Verneinung* zu sprechen. Zweitens macht die neue Formulierung mit dem Adjektiv »wahr« nur explizit, was implizit zwar schon in der ersten Auflage gemeint war; diese Formulierung schränkt aber der Sache nach die Aussage der ersten Auflage auf eine Unterklasse analytischer Urteile ein. Die Verbesserungen, die mit den beiden Änderungen erreicht werden sollen, lassen sich auf folgende Weise der Reihe nach beschreiben:

(1) Die *Aufhebung* eines Urteils braucht nicht in dessen *Verneinung* zu bestehen. Vielmehr sind auch affirmative Urteile in der Lage, andere Urteile aufzuheben. So wird ein negatives Urteil durch Weglassen des ihm zugehörigen Ausdrucks der Verneinung aufgehoben. Kant selbst spricht von Aufhebung in diesem Sinne, wenn er z. B. von kontradiktorisch entgegengesetzten Urteilen sagt, durch »Setzung« des einen werde das andere »aufgehoben« (»*posito uno*

---

22   Siehe oben S. 53.

tollitur alterum. et vice versa«).²³ Da es negative analytische Urteile geben kann und die (nichtwahrheitsfunktionale) Verneinung eines negativen Urteils weder semantisch noch logisch äquivalent ist mit einem affirmativen Urteil, muss eine logische Entgegensetzung innerhalb eines Urteils nicht immer aus der Verneinung eines analytischen Urteils hervorgehen. Vielmehr können auch affirmative Urteile eine logische Entgegensetzung enthalten. Die Formulierung der ersten Auflage war insofern zu eng.

(2) In einer anderen Hinsicht war diese Formulierung allerdings zu weit. Denn es gibt, wie gesagt, auch falsche analytische Urteile. Nach dem von Kant angenommenen Prinzip »*non entis nulla sunt praedicata*« können analytische Urteile falsch sein, wenn die Gegenstände, von denen sie handeln keine *entia* sind. Wenn Gegenstände auf inkonsistente Weise (z. B. als viereckige Kreise) bestimmt sind, sind sie aus Kants Sicht keine *entia*. Die Verneinung eines falschen analytischen Urteils (z. B. »Ein viereckiger Kreis ist nicht eckig«) ist aber, insofern sie einen falschen Satz verneint, wahr und insofern kein Urteil, das einen Widerspruch (d. h. eine analytische Entgegensetzung) enthalten würde. Insofern es nämlich wahr ist, dass ein viereckiger Kreis *weder* eckig *noch* nicht eckig sind, besteht zwischen dem Prädikat, nicht eckig zu sein, und der Eigenschaft, ein viereckiger Kreis zu sein, kein Widerspruch.²⁴ Aus diesem Grund wäre es nicht korrekt zu sagen, die analytische Entgegensetzung innerhalb eines Urteils bestehe in der Aufhebung eines analytischen Urteils. Stattdessen muss es vielmehr heißen, sie bestehe in der Aufhebung eines *wahren* analytischen Urteils.

---

23 *Logik Blomberg*, AA XXIV, S. 282.
24 Siehe hierzu *Prolegomena* § 52b, AA IV, S. 341 Zeilen 1–11.

III.

Diese Berichtigung steht mit einer Ansicht Wolfgang Malzkorns in Konflikt, die ich bisher nicht in Betracht gezogen habe. Dieser Konflikt lässt sich auf folgende Weise beschreiben:

Aus meiner Sicht besteht kein Grund, Kant die Meinung zu unterstellen, dass wahre universelle und singuläre kategorische Urteile stets die Existenz der Gegenstände implizieren, von denen sie handeln. Diese Meinung wäre mit der Geltung des Prinzips »*non entis nulla sunt praedicata*« sogar unverträglich. Kant scheint vielmehr angenommen zu haben, dass nur affirmative Urteile stets dann von *entia* handeln, wenn sie wahr sind, während es zum Wahrsein verneinender Urteile genügt, dass die durch sie verneinten (ihnen widersprechenden) Urteile falsch sind. Hierzu passt es, dass Kant schreibt: »Man kann zwar logisch alle Sätze, die man will, negativ ausdrücken, in Ansehung des Inhalts aber unserer Erkenntniß überhaupt, ob sie durch ein Urtheil erweitert oder beschränkt wird, haben die verneinenden das eigenthümliche Geschäfte, lediglich den Irrthum abzuhalten. Daher auch negative Sätze, welche eine falsche Erkenntniß abhalten sollen, wo doch niemals ein Irrthum möglich ist, zwar sehr wahr, aber doch leer, d. i. ihrem Zwecke gar nicht angemessen, und eben darum oft lächerlich sind; wie der Satz jenes Schulredners, daß Alexander ohne Kriegsheer keine Länder hätte erobern können.«[25] Malzkorn hat in seiner Rezension zu meinem Buch *Die Vollständigkeit der kantischen Urteilstafel* die (nicht weiter begründete) Vermutung ausgesprochen, diese Stelle enthalte »eher eine methodische als eine zur Logik gehörende Bemerkung« Kants, und daher könne man aus ihr nicht irgendwelche Ansichten über logische Eigenschaften der Verneinung entnehmen.[26] Der Umstand, dass diese Stelle im Kontext

---

25 *Kritik der reinen Vernunft*, A 709 / B 737.
26 *Philosophisches Jahrbuch* 104 (1997) S. 201. – Ich lasse hier außer Betracht, dass die angeführte Vermutung Malzkorns zu einem der Einwände gehört, mit denen vier Argumente entkräftet werden sollen, die ich nach seiner Meinung benutzt habe, um die von Manley Thompson und Charles

der »Transzendentalen Methodenlehre« steht, sagt indessen über ihre logische Relevanz (oder Irrelevanz) gar nichts aus, zumal das, was Kant dort sagt, nichts wesentlich Neues ist im Verhältnis zu dem, was er schon in der »Transzendentalen Elementarlehre« – und zwar sowohl in §9, nämlich im Kontext seiner Erläuterungen zur Urteilstafel (A 72 / B 97f.), als auch im Abschnitt »Kritische Entscheidung des kosmologischen Streits der Vernunft mit sich selbst« (A 503f. / B 531f.) – zum Ausdruck bringt. So erläutert Kant in A 72 / B 97f. den Unterschied zwischen negativen und unendlichen Urteilen mit den Worten: »Hätte ich von der Seele gesagt, sie ist nicht sterblich, so hätte ich durch ein verneinendes Urtheil *wenigstens einen Irrthum abgehalten*. Nun habe ich durch den Satz: die Seele ist nichtsterblich, zwar der logischen Form nach wirklich bejaht, indem ich die Seele in den unbeschränkten Umfang der nichtsterbenden Wesen *setze*. […] Dadurch aber wird nur die unendliche Sphäre alles Möglichen in so weit beschränkt, dass das Sterbliche davon abgetrennt und *in dem übrigen Raum ihres Umfangs* die Seele *gesetzt* wird« (Hervorhebungen von mir). Und was die Stelle in A 503f. / B 531f. betrifft, beschreibt Kant darin das Verhältnis zwischen Thesis und Antithesis der ersten Antinomie auf folgende Weise: »Sage ich daher: die Welt ist dem Raume nach entweder unendlich, oder sie ist nicht unendlich (*non est infinitus*), so muss, wenn der erstere Satz *falsch* ist, sein contradictorisches Gegentheil: die Welt ist nicht unendlich, *wahr* sein. Dadurch würde ich *nur* eine unendliche Welt *aufheben*, *ohne* eine andere, nämlich die endliche, zu *setzen*. Hieße es aber: die Welt ist entweder unendlich, oder endlich (nichtunendlich), so könnten beide falsch sein. Denn ich sehe alsdann die Welt als an sich selbst ihrer

---

S. Peirce vertretene und nach meiner Meinung plausible Ansicht zu rechtfertigen, Kant binde die Existenzimplikation an die Urteilsqualität, nicht aber an die Urteilsquantität. Außerdem lasse ich hier und im folgenden den Umstand außer Betracht, dass der Gebrauch von Ausdrücken wie »Existenzimplikation«, »Existenzpräsupposition« oder »*existential import*« nur näherungsweise einem besseren Verständnis der Logik Kants dienen kann, da mit »*entia*« bei Kant nicht nur existierende, sondern auch bloß mögliche (d. h. widerspruchsfrei denkbare) Dinge gemeint sind.

Größe nach bestimmt an, indem ich in dem Gegensatz *nicht bloß* die Unendlichkeit *aufhebe und mit ihr vielleicht ihre ganze abgesonderte Existenz*, sondern eine Bestimmung zur Welt als einem an sich selbst *wirklichen* Dinge hinzusetze, welches eben so wohl falsch sein kann, wenn nämlich die Welt gar nicht als ein Ding an sich, mithin auch nicht ihrer Größe nach weder als unendlich, noch als endlich *gegeben* sein sollte.« (Hervorhebungen von mir.)

In seinem Buch *Kants Kosmologie-Kritik* hat Malzkorn seine These bekräftigt, Kant interpretiere universelle kategorische Urteile so, dass sie stets – unabhängig von ihrer Qualität –»die Existenz von Gegenständen implizieren, die unter ihren jeweiligen Subjektbegriff fallen,« und er folge mit dieser Interpretation dem Standpunkt »der traditionellen Logik«.[27] Zum Beleg seiner These führt Malzkorn lediglich eine Stelle aus einer Nachschrift zu Kants Logik-Vorlesungen an (*Logik Pölitz, Akademie-Ausgabe* Band XXIV, S. 583 Zeilen 18–30). Diese Stelle belegt allerdings bloß, dass Kant die Subalternationsregeln der traditionellen Logik anerkannt hat, nach denen aus universellen Urteilen partikuläre Urteile folgen. Dieser Beleg ist zur Bestätigung von Malzkorns These ganz untauglich, da die besagten Subalternationsregeln auch dann gültig sind, wenn die beschriebenen Existenzimplikationen nur an die Bejahung in Urteilen, also nur an eine spezielle Urteilsqualität gebunden werden, so dass nur affirmative kategorische Urteile, nicht aber auch negative kategorische Urteile als falsch gelten müssen, wenn sie nicht von existierenden Gegenständen handeln.[28] Die Anerkennung der Subalternationsregeln sagt daher über die hier fragliche Interpretation universeller ka-

---

27 *Kants Kosmologie-Kritik*, S. 170.

28 Siehe §20 meiner *Abhandlung über die Prinzipien der Logik*, zweite, verbesserte und erweiterte Auflage, Frankfurt: Klostermann, 2009. – Die Regeln des sogenannten logischen Quadrats, zu denen die Subalternationsregeln gehören, sind übrigens nur dann streng allgemeingültig, wenn man annimmt, dass Existenzpräsuppositionen nur in bejahenden Urteilen vorkommen. Man belastet insofern die Logik, von der Kant Gebrauch macht, unnötig mit systematischen Unzulänglichkeiten, wenn man sie in derselben Weise wie Malzkorn als »traditionelle Logik« versteht.

tegorischer Urteile noch gar nichts aus. Malzkorns These ist daher unbegründet, und zwar sowohl in dem, was sie über Kant aussagt, als auch in dem, was sie als den Standpunkt der traditionellen Logik ausgibt. Sie entspricht lediglich einem unter Logikern und Logikhistorikern immer noch verbreiteten Vorurteil.

Was Kant betrifft, erblickt Malzkorn in dessen Auflösung der zweiten Antinomie allerdings ein »weiteres Indiz« dafür, dass nach Kant sowohl universell bejahende als auch universell verneinende kategorische Urteile Existenzimplikationen aufweisen. Malzkorn schreibt: »Da es sich bei den einander ›entgegengesetzten‹ Behauptungen der zweiten Antinomie um allgemeine Urteile handelt und da für allgemeine Urteile der Form *Alle S sind (nicht) P* aus der Widersprüchlichkeit des Subjektbegriffs *S* nur dann die Falschheit des Urteils folgt, wenn solche Urteile einen *existential import* aufweisen, liegt hier ein weiteres Indiz für die Existenzimplikation d[ies]er Behauptungen [...] vor.«[29] Aus dieser Feststellung zieht Malzkorn den Schluss, die zweite Antinomie bilde »ein Gegenbeispiel« zu der Behauptung, Kant habe die Existenzimplikation kategorischer Urteile an die Urteilsqualität gebunden und nur von einem universell bejahenden, nicht aber von einem universell verneinenden Urteil angenommen, dass sein Subjektbegriff ein erfüllter Begriff sein muss, damit das Urteil wahr sein kann.[30]

Um diese Argumentation Malzkorns zunächst verständlich zu machen, muss ich den Hintergrund deutlich machen, vor dem sie stattfindet. Kant behauptet in §52b und §52c der *Prolegomena*, man könne die ersten beiden Antinomien auflösen, wenn es gelinge, die in ihnen auftretenden Satzpaare als Paare falscher Sätze zu verstehen, deren Falschsein darauf beruht, dass in ihnen ein widersprüchlicher Subjektbegriff auftritt wie in dem Satzpaar »ein viereckichter Cirkel ist rund« und »ein viereckichter Cirkel ist nicht rund«.[31] Nun handelt

---
29 *Kants Kosmologie-Kritik*, S. 273.
30 Ebd., S. 171, Fußnote 209.
31 AA IV, S. 341 Zeilen 1–17.

es sich bei den ersten beiden Antinomien nach Malzkorns Meinung um Paare lediglich konträrer Sätze. Dieser Meinung entspricht es, dass in der zweiten Antinomie, wenn man den Wortlaut zugrunde legt, den sie in der *Kritik der reinen Vernunft* hat, ein Paar von Sätzen vorkommt, die ihrer Form nach konträr sind, nämlich folgendermaßen lauten: »Eine jede zusammengesetzte Substanz in der Welt besteht aus einfachen Theilen« (A 434 / B 462) und »Kein zusammengesetztes Ding in der Welt besteht aus einfachen Theilen« (A 35 / B 463).

Der Umstand, dass Kant annimmt, dass die entgegengesetzten Sätze der ersten beiden Antinomien nur dann falsch sind, wenn ihre Subjektbegriffe aufgrund eines inneren Widerspruchs leer sind, spricht nach Malzkorns Meinung dafür, dass diese Sätze nur dann wahr sind, wenn sie einen *existential import* haben, so dass die in der Form (E) auftretende, universell verneinende Antithesis der zweiten Antinomie zu deuten ist als ein Satz der Form *Alles S ist nicht P*, dessen Subjektbegriff *S* nicht leer ist, wenn er wahr ist.

Hier komme ich auf die am Ende von Abschnitt I aufgeworfene Frage zurück, ob und in welchem Sinne man sagen darf, dass die ersten beiden Antinomien aus Paaren von Sätzen bestehen, die auch der Form nach einander widersprechen. Denn nur wenn man diese Form näher in Betracht zieht, lässt sich Malzkorns Rekonstruktion der ersten beiden Antinomien als Paare lediglich konträrer Sätze, von denen beide einen *existential import* haben, angemessen beurteilen.

Zwei Schwächen dieser Rekonstruktion fallen sofort ins Auge, wenn man die Texte, auf die sie sich stützt, näher heranzieht. Erstens übersieht Malzkorn, dass an der *Prolegomena*-Stelle, die er heranzieht (§ 52 b), die beiden ersten Antinomien (ebenso wie das Satzpaar, das von einem »viereckichten Cirkel« handelt), ausdrücklich als ein Paar einander *widersprechender* Sätze bezeichnet werden. Kant nimmt hier also an, dass bei einem Paar einander *widersprechender* (nicht nur konträrer) kategorischer Sätze beide Sätze falsch sein können, falls sie einen widersprüchlichen Subjektbegriff haben. Dies ist so zu verstehen, dass er annimmt, dass von zwei einander *wider-*

sprechenden Sätzen beide falsch sein können, wenn für *einen* von ihnen, nämlich für den, der einen *existential import* hat, (also für den bejahenden Satz) gezeigt werden kann, dass er einen leeren (weil widersprüchlichen) Subjektbegriff enthält. Denn wenn der bloße Anschein des Wahrseins dieses Satzes von der fehlerhaften Annahme abhängt, dass sein Subjektbegriff erfüllt ist, muss der verneinende Satz sowieso falsch sein, da von zwei einander *widersprechenden* Sätzen nur einer wahr sein kann. Die stillschweigende, systematisch problematische Voraussetzung eines *existential imports* negativer kategorischer Sätze braucht man Kant daher nicht zu unterstellen, um zu einem angemessenen Verständnis der zweiten Antinomie zu gelangen.[32]

Zweitens ist leicht zu erkennen, dass Kant die beiden Satzpaare der beiden ersten Antinomien so formuliert, dass sie keineswegs aus Sätzen bestehen, die ihrer Form nach bloß konträr sind. Vielmehr hat Kant die Formulierung beider Satzpaare so gewählt, dass sie nicht nur der Form nach konträre, sondern auch der Form nach kontradiktorische Satzpaare implizieren. Schauen wir uns Kants Formulierungen im einzelnen an.

Was die erste Antinomie betrifft, so besteht sie in der *Prolegomena*-Version aus den beiden Sätzen: »Die Welt hat der Zeit und dem Raume nach einen Anfang (Grenze)« und »Die Welt ist der Zeit und dem Raum nach unendlich«.[33] In der Version der *Kritik der reinen Ver-*

---

32 Kant selbst macht übrigens ausdrücklich darauf aufmerksam, dass die Form des apagogischen (indirekten) Beweises zur Beweisführung für die Sätze seiner vier Antinomien nicht hinreicht, da auch für sie die Regel »*non entis nulla sunt praedicata*« gelte (A 792f. / B 821f.). Es ist keine hinreichende, sondern nur eine notwendige Bedingung, dass der Subjektbegriff zweier kontradiktorischer oder konträrer Sätze erfüllt sein (d. h. von *entia* handeln) muss, wenn einer der beiden Sätze (nämlich der jeweils bejahende Satz) wahr ist. Ist diese Bedingung nicht erfüllt, so ist (a) der bejahende Satz falsch und (b) der ihm entgegengesetzte negative Satz nicht durch einen nur indirekten Beweis beweisbar, da dieser Beweis nur eine Widerlegung des bejahenden Satzes ist, ohne den zu dessen Gunsten geführten indirekten Beweis zu entkräften.

33 AA IV, S. 339.

nunft besteht sie aus den beiden Sätzen:»Die Welt hat einen Anfang in der Zeit und ist dem Raum nach auch in Grenzen eingeschlossen« (A 426 / B 454) und »Die Welt hat keinen Anfang und keine Grenzen im Raume, sondern ist sowohl in Ansehung der Zeit als des Raums unendlich« (A 427 / B 455). In beiden Versionen sind die Satzpaare so aufzufassen, dass sie sowohl ein der Form nach konträres Satzpaar implizieren, nämlich das Satzpaar:»Die Welt ist [...] endlich« und »Die Welt ist [...] unendlich«, als auch ein der Form nach kontradiktorisches Satzpaar, das (sinngemäß) so wiedergegeben werden kann: »Die Welt ist [...] in Grenzen eingeschlossen (und hat einen Anfang)« und »Die Welt ist [...] nicht in Grenzen eingeschlossen (und hat keinen Anfang)«.

Auch die zweite Antinomie ist von Kant so formuliert worden, dass der Gegensatz, der zwischen ihren Sätzen besteht, nicht nur als formale Kontrarietät, sondern auch als formaler Widerspruch aufgefasst werden darf. Man würde nämlich die Formulierung, in der Kant diese Antinomie wiedergibt, nur unvollständig beschreiben, wollte man sie mit Malzkorn (siehe oben) nur als Paar konträrer Sätze beschreiben, die aussagen:»Eine jede zusammengesetzte Substanz in der Welt besteht aus einfachen Theilen« (A 434 / B 462) und »Kein zusammengesetztes [substanzielles] Ding in der Welt besteht aus einfachen Theilen« (A 435 / B 463). Denn in Wahrheit wird die zweite Antinomie weder in der *Kritik der reinen Vernunft* noch in den *Prolegomena* als ein Paar nicht-zusammengesetzter Sätze dargestellt. In den *Prolegomena* ist zwar die diesbezügliche Thesis ein nicht-zusammengesetzter kategorischer Satz, der lautet:»Alles in der Welt besteht aus dem *Einfachen*«, aber die dazugehörige Antithesis besteht aus zwei Teilsätzen und lautet:»Es ist nichts Einfaches, sondern alles ist *zusammengesetzt*.«[34] Beiden Teilsätzen ist die Thesis auf folgende Weise entgegengesetzt. Der erste Teilsatz ist als ein negativer Existenzsatz aufzufassen, der aussagt, dass das Einfache, von dem in der Thesis die Rede ist, nicht existiert. Die Thesis steht

---

34   Ebd.

zu diesem Teilsatz insofern im Gegensatz, als ihre Aussage (»Alles in der Welt besteht aus dem *Einfachen*«) die Annahme der Existenz des Einfachen impliziert und aussagt: »Es existiert das Einfache (aus dem alles in der Welt besteht)«. Zwischen dieser Existenzaussage und der negativen Existenzaussage der Antithesis besteht klarerweise ein der Form nach kontradiktorisches Verhältnis. Dagegen ist das Gegensatzverhältnis, das zwischen dem zweiten Teilsatz der Antithesis und der Thesis besteht der Form nach konträr. Denn sinngemäß enthält dieser zweite Teilsatz die Aussage: »Alles in der Welt besteht aus Zusammengesetztem«. Da nämlich das Zusammengesetzte mit dem Nicht-Einfachen identisch ist, ist die Aussage der Thesis (»Alles in der Welt besteht aus dem Einfachen«) der Aussage des zweiten Teilsatzes der Antithesis der Form nach konträr entgegengesetzt.

Die in der *Kritik der reinen Vernunft* enthaltene Version der zweiten Antinomie unterscheidet sich von der *Prolegomena*-Version dadurch, dass sie nicht nur die Antithesis, sondern auch die Thesis mit einem aus zwei Teilsätzen bestehenden Satz wiedergibt. Die Version der zweiten Antinomie lautet nämlich in der *Kritik der reinen Vernunft* so: »Thesis: [a] Eine jede zusammengesetzte Substanz in der Welt besteht aus einfachen Theilen, und [b] es existirt überall nichts als das Einfache, oder das, was aus diesem zusammengesetzt ist« (A 434 / B 462); »Antithesis: [a] Kein zusammengesetztes Ding in der Welt besteht aus einfachen Theilen, und [b] es existirt überall nichts Einfaches in derselben.« (A 435 / B 463.) Die hier von mir jeweils durch ›[a]‹ bezeichneten Satzteile machen nach Malzkorns Ansicht den wesentlichen Kern der zweiten Antinomie aus, während er die durch ›[b]‹ bezeichneten Satzteile als unwesentlich beiseite lässt. Dies entspricht offensichtlich nicht den Intentionen Kants. Darauf deutet nicht nur der Wortlaut der *Prolegomena*-Version, sondern auch der Umstand hin, dass Kant am Ende seines Beweises der Antithesis in der *Kritik der reinen Vernunft* betont: »Dieser zweite Satz [b] der Antithesis geht viel weiter als der erste, der das Einfache nur von der Anschauung des Zusammengesetzten verbannt, da hingegen dieser es aus der ganzen Natur wegschafft.« (A 438 / B 465.) Fragt man nach der logischen Beziehung, die dieser zweite Satz der Antithesis seiner Form nach zur Thesis hat, so ist verhältnismäßig leicht zu erkennen, dass diese Beziehung eine kontradiktorische Beziehung ist. Denn es steht dem Satzteil [b] der Antithesis: »es existirt überall nichts Einfaches in derselben [d. h. in der Welt]«, der Satzteil [b] der Thesis gegenüber mit der Aussage: »es existirt überall nichts als das Einfache, oder das, was aus diesem zusammengesetzt ist«. Diese Aussage hat zwar grammatisch die Form eines »oder«-Satzes, aber sinngemäß impliziert sie die Aussage: »es existiert das Einfache, aus dem Dinge in der Welt zusammengesetzt sind.« Diese Aussage steht zur Aussage des Satzteils [b] der Antithesis in einem der Form nach kontradiktorischen Verhältnis, da diese Aussage gleichbedeutend ist mit der Aussage: »Das Einfache, aus dem Dinge in der Welt zusammengesetzt sind, existiert nicht.«

Man erkennt jetzt leicht, dass die logischen Verhältnisse, die zwischen den Sätzen der zweiten Antinomie nach der Version der *Kritik der reinen Vernunft* bestehen, genau den logischen Verhältnissen entsprechen, die zwischen den entsprechenden Sätzen der *Prolegomena*-Version bestehen. Der Unterschied zwischen beiden Versionen reduziert sich darauf, dass die Sätze der *Prolegomena*-Version Kurzfassungen für Sätze sind, die in der *Kritik der reinen Vernunft* gebraucht werden. Es ist daher unabweisbar, dass die zweite Antinomie – gleichgültig, ob man die *Prolegomena*-Version oder die Version der *Kritik der reinen Vernunft* zugrunde legt, als ein Paar von Sätzen zu verstehen ist, die implizit sowohl ein der Form nach kontradiktorisches als auch ein der Form nach konträres Verhältnis zum Ausdruck bringen.[35]

---

35 Der sprachlichen Form nach sind die in der zweiten Antithesis enthaltenen kontradiktorischen Sätze Existenzsätze. Nach der Anweisung, die Kant in §52b der *Prolegomena* für die Auflösung des in den ersten beiden Antinomien enthaltenen Widerspruchs gibt, muss man jedoch diese Existenzsätze als Sätze verstehen, die mit kategorischen Sätzen gleichbedeutend sind, in die sie transformiert werden können, so dass sie in kategorischer Form einen

Dementsprechend muss man die beiden ersten Antinomien so verstehen, dass sie eine dialektische Opposition wiedergeben, die nicht nur dem Scheine, sondern auch der Form nach einen Widerspruch enthält, – einen Widerspruch, der nur deshalb in ein bloß konträres Verhältnis übergehen kann, weil die einander widersprechenden Sätze interpretierbar sind als Sätze, die von Gegenständen handeln, die es nicht gibt, die es nämlich deshalb nicht gibt, weil die Begriffsausdrücke, mit denen sie bezeichnet werden, in sich widersprüchlich sind. Die Widersprüchlichkeit dieser Ausdrücke ist ihnen nun zwar nicht unmittelbar anzusehen. Aber sie wird deutlich, wenn man bedenkt, dass die Gegenstände, von denen die Sätze der ersten beiden Antinomien handeln, einerseits bestimmt sind als etwas, das nur in Raum und Zeit erscheinen kann und gegeben ist, andererseits aber zugleich gedacht werden sollen als etwas, das nicht in Raum und Zeit erscheinen kann und gegeben ist. So ist die Welt, von der die Sätze der ersten Antinomie handeln, einerseits bestimmt als bloß in Raum und Zeit erscheinende Reihe gegebener Erscheinungen, der man, als bloßer Erscheinung, keine absolut vollständige Zusammensetzung aus gegebenen Elementen der Reihe zuschreiben darf; andererseits soll sie aber zugleich (indem ihre Größe als endlich bzw. als nicht endlich bestimmt wird) als eine in Raum und Zeit erscheinende Reihe gedacht werden dürfen, der eine absolut vollständige Zusammensetzung aus gegebenen Elementen zukommt. Genau analog verhält es sich mit den Gegenständen, von denen die Sätze der zweiten Antinomie handeln. Denn bei diesen Gegenständen handelt es sich um (zusammengesetzte) Dinge, denen man als Dingen, die bloß in Raum und Zeit erscheinen können und gegeben sind, keine

---

gemeinsamen widersprüchlichen Subjektterminus enthalten. Sinngemäß führt eine solche Transformation zu einem Satzpaar, dessen verneinender Teil dem universellen Teilsatz [a] der Antithesis entspricht (»Kein zusammengesetztes Ding in der Welt besteht aus einfachen Teilen«) und dessen bejahender Teil dem Obersatz entspricht, von dem der apagogische (indirekte) Beweis der Antithesis ausgeht und aus dessen partikulärer Aussage (»ein zusammengesetztes Ding […] besteh[t] aus einfachen Teilen« (A 435 / B 463, AA III, S. 301 Zeile 15f.)) dieser Beweis einen Widerspruch ableitet.

absolut vollständige Teilung in gegebene Teile zuschreiben darf; andererseits sollen aber dieselben zusammengesetzten Dinge zugleich (indem ihre Teile als einfach bzw. als nicht einfach bestimmt werden) als Dinge gedacht werden, denen als Dingen, die bloß in Raum und Zeit erscheinen und gegeben sind, eine absolut vollständige Teilung in gegebene Teile zuzuschreiben ist.[36]

Die dialektische Opposition zwischen den Sätzen der ersten beiden Antinomien kommen infolgedessen dadurch zustande, dass, obwohl die Gegenstände, denen sie Prädikate zuschreiben, Erscheinungen in Raum und Zeit sind, diese Gegenstände so behandelt werden, als wären sie nicht bloße Erscheinungen in Raum und Zeit, sondern als Dinge an sich gegeben. So wird die raum-zeitliche Welt, von der die erste Antinomie handelt, eben dadurch, dass man ihr mit den Prädikaten, endlich bzw. nicht endlich zu sein, unterstellt, ein absolut vollständiges Ganzes gegebener Erscheinungen zu sein, verwechselt mit etwas, dem diese Prädikate *an sich* zukommen mögen, das uns aber nicht als eine raum-zeitliche Erscheinung gegeben ist. In genau entsprechender Weise werden die zusammengesetzten Dinge, von denen die zweite Antinomie handelt, eben dadurch, dass ihnen mit den Prädikaten, aus einfachen bzw. nicht aus einfachen Teilen zu bestehen, unterstellt wird, etwas zu sein, dem eine absolut vollständige Teilung in gegebene Teile zugeschrieben werden darf, verwechselt mit Dingen, denen diese Prädikate *an sich* zukommen mögen, die uns aber nicht als Erscheinungen in Raum und Zeit gegeben sind.

---

36   Bei den Begriffen der »absoluten Vollständigkeit der Zusammensetzung des gegebenen Ganzen aller Erscheinungen« und der »absoluten Vollständigkeit der Teilung eines gegebenen Ganzen in der Erscheinung« (A 415 / B 443) handelt es sich nach Kant um genau diejenigen kosmologischen Ideen, die den ersten beiden Antinomien zugrunde liegen und deren falscher (»konstitutiver«, nämlich für eine rein spekulative Kosmologie konstitutiver) Gebrauch die tiefere Quelle der in ihnen enthaltenen Widersprüche ist.

Literaturverzeichnis

1. Ausgaben von Schriften Kants und Hegels

Kant:

NG	*Versuch, den Begriff der negativen Größen in die Weltweisheit einzuführen* (^{1}1763 = A)
KrV	*Kritik der reinen Vernunft* (^{1}1781 = A, ^{2}1787 = B)
Prol.	*Prolegomena zu einer jeden künftigen Metaphysik die als Wissenschaft wird auftreten können* (^{1}1783 = A)
MAdN	*Metaphysische Anfangsgründe der Naturwissenschaft* (^{1}1786)
KU	*Kritik der Urteilskraft* (^{1}1790 = A, ^{2}1793 = B)
WW	*Werke in sechs Bänden*, herausgegeben von W. Weischedel. Darmstadt 1956 ff. (Seitenzählungen der Erstausgaben anführend)
AA	*Kants gesammelte Schriften*, herausgegeben von der Königlich Preußischen (Preußischen, Deutschen) Akademie der Wissenschaften, Berlin 1910 ff.

Hegel:

L. I	*Wissenschaft der Logik, Erster Band. Die objektive Logik* (1812/1813), in: GW, Band 11, herausgegeben von F. Hogemann und W. Jaeschke, 1978.

L. I (1832)	*Wissenschaft der Logik*, Erster Teil. *Die objektive Logik*, Erster Band. *Die Lehre vom Sein* (1832), in: GW, Band 21, herausgegeben von F. Hogemann und W. Jaeschke, 1985.
L. II	*Wissenschaft der Logik*, Zweiter Band. *Die subjektive Logik* (1816), in: GW, Band 12, herausgegeben von F. Hogemann und W. Jaeschke, 1981.
Enc.	*Encyklopädie der philosophischen Wissenschaften im Grundrisse* (1830).
SW	*Sämtliche Werke. Jubiläumsausgabe in zwanzig Bänden*, herausgegeben von H. Glockner, Stuttgart 1927–40.
WW	*Werke in zwanzig Bänden*. Auf der Grundlage der Werke von 1832–1845 neu edierte Ausgabe. Red. v. E. Moldenhauer und K. M. Michel.
Ästh. I/II	*Ästhetik*, Bände I und II, herausgegeben von S. Bassenge, Berlin und Weimar 1965.
GW	*Gesammelte Werke*, in Verbindung mit der Deutschen Forschungsgemeinschaft herausgegeben von der Nordrhein-Westfälischen Akademie der Wissenschaften, Hamburg 1968 ff.

2. Sonstige Literatur

Aristotelis *Opera*, herausgegeben von I. Bekker, Berlin 1831.

Cantor, Georg, *Gesammelte Abhandlungen mathematischen und philosophischen Inhalts*, Nachdruck der Ausgabe von 1932, Hildesheim 1966.

Cantor, Moritz (Hrsg.), *Vorlesungen über Geschichte der Mathematik*, Vierter Band, Reprint der 1. Aufl. von 1908, New York & Stuttgart 1965.

Carnot, Lazare Nicolas Marguérite, *Géometrie de Position*, Paris 1803.

Crusius, Christian August, *Anleitung, über natürliche Begebenheiten ordentlich und vorsichtig nachzudenken*, Leipzig 1749.

- *Weg zur Gewißheit und Zuverlässigkeit der menschlichen Erkenntnis*, Leipzig 1747.

d'Alembert, Jean LeRond, Artikel »Négatif«, *Encyclopédie méthodique / mathématiques /* par Diderot et d'Alembert. – Nachdruck der Abteilung »Mathématique«, Paris 1784–1789, Paris: ACL-éditions 1987.

Diels, Hermann, *Die Fragmente der Vorsokratiker*, elfte Auflage, herausgegeben von W. Kranz, Berlin 1964.

Darjes, Joachim Georg, *Introductio in artem inveniendi*, Jena 1742.

- *Weg zur Wahrheit*, Frankfurt an der Oder 1776.

Diogenes Laërtius, *De clarorum philosophorum vitis*, with an English translation by R. D. Hicks, Cambridge, Mass.: Harvard University Press 1972.

Eisler, Rudolf, *Kant-Lexikon*, Berlin 1930, Nachdruck: Hildesheim 1964.

Euler, Leonhard, *Vollständige Anleitung zur niedern und höhern Algebra*, Berlin 1770.

Fulda, Hans Friedrich, »Unzulängliche Bemerkungen zur Dialektik«, in: *Hegel-Bilanz*, herausgegeben von R. Heede und J. Ritter, Frankfurt am Main 1973, S. 231–262.

Gauss, Carl Friedrich, *Werke*, Band 1, Göttingen 1870.

Grassmann, Hermann, *Gesammelte mathematische und physikalische Werke*, 2. Band, 1. Teil, Leipzig 1904.

Grassmann, Robert, *Die Formenlehre oder Mathematik*, Nachdruck der Ausgabe von 1872, Hildesheim 1966.

Grünbaum, Adolf, *Modern Science and Zeno's Paradoxes*, London 1968.

Guyer, Paul, »Hegel, Leibniz und der Widerspruch im Endlichen«, in: R. P. Horstmann, *Seminar: Dialektik in der Philosophie Hegels*, Frankfurt am Main 1978, S. 230–260.

Hankel, Hermann, *Theorie der complexen Zahlensysteme*, Leipzig 1867.

Hartmann, Eduard von, *Die dialektische Methode*, Berlin 1868.

Hoffmann, Ludwig, *Mathematisches Wörterbuch*, Berlin 1861.

Klein, Felix, *Elementarmathematik vom höheren Standpunkt aus*, Berlin: Springer 1921–23.

Klügel, Georg Simon, *Mathematisches Wörterbuch*, Erste Abtheilung, Zweyter Theil, Leipzig 1805.

Leibniz, Gottfried Wilhelm, *Discours de Métaphysique – Metaphysische Abhandlung. Text französisch-deutsch*, herausgegeben von H. Herring, zweite Auflage, Hamburg: Meiner 1985.

– *Vernunftprinzipien der Natur und der Gnade – Monadologie – Text französisch-deutsch*, herausgegeben von H. Herring, zweite Auflage, Hamburg: Meiner 1982.

Lessing, Gotthold Ephraim, »Über die Widersprüche in dieser Welt«, aus: *G. E. Lessings Übersetzungen aus dem Französischen Friedrichs des Großen und Voltaires*, herausgegeben von E. Schmidt, Berlin 1892, Nachdruck in: Voltaire, *Recht und Politik, Schriften* 1, herausgegeben von G. Mensching, Frankfurt am Main 1978, S. 76–83.

Lobkowicz, Nikolaus (Herausgeber), *Das Widerspruchsprinzip in der neueren sowjetischen Philosophie*, Dordrecht: Reidel 1959.

Locke, John, *An Essay concerning Human Understanding*, ed. by P. H. Nidditch, Oxford: Clarendon 1975.

Malzkorn, Wolfgang, *Kants Kosmologie-Kritik. Eine formale Analyse der Antinomienlehre*, Berlin: De Gruyter 1999.

- »Rezension zu Michael Wolff, *Die Vollständigkeit der kantischen Urteilstafel*«, in: *Philosophisches Jahrbuch* 104, 1997, S. 196–202.

Kline, Morris, *Mathematical Thought from Ancient to Modern Times*, New York 1973.

Newton, Isaac, *Opticks*, Dover edition, New York 1952.

Patzig, Günther, Artikel »Widerspruch«, in: *Handbuch philosophischer Grundbegriffe*, Band 6, herausgegeben von H. Krings, H. M. Baumgartner und C. Wild, München 1974, S. 1695–1702.

- »Hegels Dialektik und Łukasiewiczs dreiwertige Logik«, in: *Das Vergangene und die Geschichte. Festschrift für R. Wittram*, Göttingen 1973, S. 443–460.

Platonis *Opera*, herausgegeben von J. Burnet, Band 4, Oxford 1902.

Popper, Karl Raymund, »What is Dialectic?«, in: *Conjectures and Refutations*, London 1965, S. 312–335.

Quine, Willard Van Orman, »Two Dogmas of Empiricism«, in: *From a Logical Point of View*, Cambridge, Mass. 1953, S. 20–46.

Richter, Jeremias Benjamin, *Anfangsgründe der Stöchyometrie oder Meßkunst chemischer Elemente*, Breslau 1792.

Risse, Wilhelm, *Die Logik der Neuzeit*, 2. Band, Stuttgart 1970.

Ross, William David, *Aristotle's Metaphysics*, Oxford 1958.

Rousseau, Jean Jaques, *Schriften*, herausgegeben von H. Ritter, 1. Band, München 1978.

Russell, Bertrand, »Recent Work in the Philosophy of Mathematics«, in: *The International Monthly*, 1901; in deutscher Übersetzung unter dem Titel »Die Mathematik und die Metaphysiker« erschienen in: *Kursbuch* 8, herausgegeben von H. M. Enzensberger, 1968, S. 8–25.

- *The Principles of Mathematics* (1903), New York 1943.

Sigwart, Christoph, *Logik*, Erster Band, Tübingen 1873.

Stegmüller, Wolfgang, *Hauptströmungen der Gegenwartsphilosophie*, Band II, München 1975.

Strawson, Peter F., *Introduction to Logical Theory*, London 1971.

Struik, Dirk, *A Source Book in Mathematics, 1200–1800*, Cambridge, Mass. 1969.

Theunissen, Michael, *Sein und Schein*, Frankfurt am Main 1978.

Trendelenburg, Adolf, *Die logische Frage in Hegels System. Zwei Streitschriften*, Leipzig, 1843.

Tropfke, Johannes, *Geschichte der Elementar-Mathematik*, 2 Bände, zweite Auflage, Berlin und Leipzig 1921.

Vlastos, Gregory, »A Note on Zeno's Arrow«, in: *Phronesis* 11 (1966), S. 3–18.

Voltaire, Francois-Marie Arouet de, *Aus dem Philosophischen Wörterbuch*, herausgegeben und eingeleitet von Karlheinz Stierle, mit Übersetzungen von E. Salewski, Frankfurt: Insel, 1967.

Wezel, Johann Karl, *Belphegor oder Die wahrscheinlichste Geschichte unter der Sonne,* Leipzig 1776, herausgegeben von H.-M. Bock, Frankfurt am Main, [2]1978.

Wieland, Wolfgang, »Bemerkungen zum Anfang von Hegels Logik«, in: R. P. Horstmann (Hrsg.), *Seminar: Dialektik in der Philosophie Hegels*, Frankfurt am Main 1978, S. 194–212.

Wittgenstein, Ludwig, *Logisch-philosophische Abhandlung – Tractatus logico-philosophicus*, Kritische Edition, herausgegeben von B. McGuinness und J. Schulte, Frankfurt: Suhrkamp, 1989.

Wolff, Christian, *Philosophia prima sive Ontologia.* Editio nova: Frankfurt und Leipzig 1736, Nachdruck Hildesheim: Olms, 1977.

Wolff, Michael, »Der Satz vom Grund, oder: Was ist philosophische Argumentation?«, in: *Neue Hefte für Philosophie*, herausgegeben von R. Bubner, K. Cramer und R. Wiehl,

Heft 26, Göttingen: Vandenhoeck & Ruprecht, 1986, S. 89–114.
- *Die Vollständigkeit der kantischen Urteilstafel. Mit einem Essay über Freges »Begriffschrift«*, Frankfurt: Klostermann, 1995.
- *Abhandlung über die Prinzipien der Logik. Mit einer Rekonstruktion der Aristotelischen Syllogistik*, zweite, verbesserte und erweiterte Auflage, Frankfurt: Klostermann, 2009.
- »Warum das Faktum der Vernunft ein Faktum ist. Auflösung einiger Verständnisschwierigkeiten in Kants Grundlegung der Moral«, *Deutsche Zeitschrift für Philosophie* 57 (2009), S. 511–549.
- »Dialektik – eine Methode? Zu Hegels Ansichten von der Form einer philosophischen Wissenschaft«, in: *Hegel – 200 Jahre Wissenschaft der Logik*, herausgegeben von A. F. Koch, C. Wirsing, F. Schick, K. Vieweg; *Deutsches Jahrbuch Philosophie* 5, Hamburg: Meiner, 2014, S. 71–86.
- »Urteil, analytisches / synthetisches«, in: *Kant-Lexikon*, herausgegeben von G. Mohr, J. Stolzenberg und M. Willascheck, Berlin: De Gruyter 2015, Band 3, S. 2428–2431.

Namenregister*

Albrecht, Erhard 19
Alembert, Jean Baptiste le Rond d' 86
Aristoteles 22, 25, 31 f., 140, 158, 191, 197, 219, 239
Boole, George 11, 17
Cajori, Florian 86–88, 135
Cantor, Georg 39
Cantor, Moritz 86
Carnot, Lazare Nicolas Marguerite 114, 136
Crusius, Christian August 85, 151
Darjes, Joachim Georg 129 f., 153
Diogenes Laërtius 31
Eisler, Rudolf 56
Eleaten 40 f.
Engel, Friedrich 119
Engels, Friedrich 19, 30
Euler, Leonhard 87 f., 135, 153
Fichte, Johann Gottlieb 84, 110
Fulda, Hans Friedrich 12, 44
Galilei, Galileo 92
Gauss, Carl Friedrich 114, 136
Goethe, Johann Wolfgang 173, 201
Grassmann, Hermann 115, 119, 124, 132, 155
Grassmann, Robert 119, 124, 132
Grünbaum, Adolf 39
Günther, Siegmund 114
Guericke, Otto von 92

---

* Es sind nur Namen von Autoren verzeichnet, nicht jedoch Namen von Herausgebern, Übersetzern etc.

Guyer, Paul 219
Hamilton, William Rowan 155
Hankel, Hermann 115, 136
Hartmann, Eduard von 49
Hegel, Georg Wilhelm Friedrich *passim*
Henrich, Dieter 12, 235
Heraklit 121, 126, 155
Hoffmann, L. 119
Huygens, Christiaan 92
Kästner, Abraham Gotthelf 88f., 91, 113
Kant, Immanuel *passim*
Klein, Felix 123
Kline, Morris 87
Klügel, Georg Simon 113–118, 122, 124, 135
Lambert, Johann Heinrich 153
Landau, Edmund 132
Leibniz, Gottfried Wilhelm 62, 86, 99f., 129, 153, 163f., 168, 213, 217–220, 224, 228
Lenin, Wladimir Iljitsch 19
Lessing, Gotthold Ephraim 26
Locke, John 142f.
Malesherbes, Chrétien Guillaume Lamoigne de 28
Malzkorn, Wolfgang 235–243, 248–255
Marx, Karl 19
Newton, Isaac 84–86, 91f., 95
Patzig, Günther 32, 49f.
Peirce, Charles Sanders 249
Platon 25
Ploucquet, Gottfried 153
Popper, Karl Raymund 26
Porro, Daniel 88
Quine, Willard Van Orman 18, 55
Richter, Jeremias Benjamin 103, 110

Risse, Wilhelm 129
Ross, William David 22
Rousseau, Jean-Jaques 28 f.
Russell, Bertrand 36–40
Schelling, Friedrich Wilhelm Joseph 84, 104, 110
Sigwart, Christoph 49
Spinoza, Baruch 192
Stegmüller, Wolfgang 49
Strawson, Peter Frederick 16, 215
Struik, Dirk 84
Theunissen, Michael 11, 12, 175
Thompson, Manley 248
Torricelli, Evangelista 92
Trendelenburg, Friedrich Adolf 49
Tropfke, Johannes 114
Viète, François 84
Vlastos, Gregory 31–34
Voltaire, François Marie Arouet 26
von Gotha, August 28
Weierstraß, Karl 40, 124
Wezel, Johann Karl 27 f.
Wieland, Wolfgang 231
Wittgenstein, Ludwig 23, 213, 228, 233
Wolff, Christian 62, 99 f., 151, 163 f., 168, 241
Zenon von Elea 31–41, 59, 63

Sachregister

Äußeres / Inneres 190
Affirmation (Bejahung)
– metaphysische 99 f.
– transzendentale 101, 165
Algebra 86, 110, 124 siehe auch Mathematik und Vektoralgebra
– der Logik siehe Logik
Amphibolie (Verwechslung) 162 ff.
– der Reflexionsbegriffe 83, 86, 98, 143, 163
– transzendentale Amphibolie 166 f.
Analytizität / analytisch 17, 55, 205, 219 f., 226
– analytische Opposition siehe Opposition
– analytische Urteile 53, 224, 244 ff.
analytisch wahr / falsch 53, f., 224
Antagonismus 28
Antinomie 37, 61–81, 141, 149, 168, 177–179, 188
– dynamische 62, 76, 78, 182
– mathematische 62, 181, 187
– Antinomie der Teilbarkeit 180 f.
– Antinomie der Urteilskraft 79
Antithetik der reinen Vernunft 70 f., 78 f., 180 f., 187
Arithmetik 103, 110, 115, 124 f., 131, 147, 213
Aufhebung / aufheben 56, 89 f., 94–104, 122, 127, 217–224
Ausschluss / ausschließen 193 ff., 202–211, 220 f.

Begriff 152
– Bewegung des Begriffs 183

- Extension des Begriffs 143
- Intension des Begriffs 143 f.
- konträre Begriffe 140 ff.
- kontradiktorische Begriffe 140 ff.

Bestimmbares *siehe* Form / Materie

Bestimmung (reale) 56 f., 152 ff., 192 f., 202 ff., 222
- Aufhebung einer Bestimmung *siehe* aufheben
- Grundsatz der durchgängigen B. 158
- Mangel an B. 56, 99, 152, 158, 163, 194, 203 f.
- negative 195
- *omnis determinatio est negatio* *siehe* Negation
- Realität (*realitas*) 100 ff., 163 f., 189, 192
- Realitätsschranke 100, 163 f., 192 f.
- Reflexionsbestimmung *s. dort*
- Setzen einer Bestimmung 56

Bestimmtheit (reflexionslogisches Substrat) 61 ff., 73, 79, 155 ff., 167 f., 169–173, 182, 184 f., 195 f., 198, 209 ff., 226 f.
- Über- / Unterbestimmtheit 62, 66, 74

Betrag (absoluter) 124 ff., 147, 157, 213
- Vektorbetrag 141

Bewegung 30–43
- des Begriffs *siehe* Begriff
- Selbstbewegung 216 f., 224

Beziehung 68, 77 f., 143 f., 151 ff., 204
- Selbstbeziehung 149, 223, 228

Beweis 177, 187
- apagogischer 70, 180, 243, 253, 257

characteristica universalis *siehe* Logikkalkül

Denken 57, 188, 216
Denkbares (*cogitabile*) 42, 57, 189, 215

Denkgesetze 197
Dialektik 37f., 84, 140ff., 149, 183, 225
– antike 31, 42
– objektive 12
– transzendentale 11, 16, 83
– dialektische Theorien 29
Ding an sich 61, 63ff., 66–81
Dynamismus 95ff.

Einheit, negative 214ff.
Einstimmung 189
Empirismus, logischer 17
Entgegensetzung *siehe* Opposition
Erhaltungssätze 102
Erscheinung 66ff., 73–81 *siehe auch* Phänomenon / Noumenon

Falsches / falsch 42
– analytisch *siehe* Analytizität / analytisch
– empirisch 24
– logisch 23f., 41
Form 192
– Formen des Positiven und Negativen 113, 118–136
– Form / Inhalt 224
– Form / Materie (Bestimmung / Bestimmbares) 190, 224
– Form / Wesen 224
Freiheit *siehe* Spontaneität

Gegensatz 28, 110, 140, 143, 145–188, 191 *siehe auch* Kontradiktorietät, Kontrarietät, Opposition
Grund 57, 90, 94f., 102f., 191, 216, 222ff.
Grundsatz der durchgängigen Bestimmung *siehe* Bestimmung

Homonymie 21, 49f.

Ideal, transzendentales 101, 165
Identität 74, 80, 146–148, 160, 201f., 216
Inkompatibilität 14
Inkonsistenz 14

Kausalität 79
Kontradiktorietät / kontradiktorisch 10, 14ff., 49, 63–67,
  140, 227, 231 siehe auch Gegensatz und Widerspruch
Kontrarietät / konträr 10, 13, 62–67, 140, 227,
  232 siehe auch Verschiedenheit
Kontinuum 30, 38f., 43
Kosmologie 103, 180, 216
Kraft 95ff., 101

Logik
– Geschichte der 24
– Algebra der 11, 129, 213
– mathematische 149
– Reflexionslogik 60, 129, 140ff., 144, 160, 176, 184f.,
  227
– Klassenlogik 129
– klassische formale 9, 44, 231f.
– Logikkalkül 11, 153
– objektive Logik 152, 194ff., 218, 227
– spekulative Logik 215
– subjektive (Begriffslogik) 152, 183
– Verstandeslogik 215
Logizismus 164

Mangel 32ff., 100ff., 152ff., 191
Materialismus (dialektischer) 84

274

Mathematik 11, 16, 83, 96, 111, 128, 175
– mathematische Algebra 110
– Philosophie der 111
Mechanismus 79, 102f.
Metapher 55, 222 siehe auch Widerspruch als M.
Metaphysik 99ff., 151f., 199, 216, 232
– Geschichte der 194
– Metaphysikkritik 29, 98ff., 163ff., 175ff., 186, 192
Minus (nomen negativum) 84, 89, 97, 113, 119, 133
Monade(nlehre) 176, 217–224, 228
Multiplikation / Division 116, 132ff.

Negation (Verneinung)
– bestimmte 225
– einfache 182, 191f.
– logische 84f., 90, 92, 159
– metaphysische 99f., 163
– privative 94
– transzendentale 101, 165
– Negation der Negation 149
– *omnis determinatio est negatio* 192
– *duplex negatio affirmatio* 149
Negativität / negativ 83–104, 113–136
– reflexionslogische Negativität 145–150, 151, 166, 171,
    182, 191, 195, 200
– negative Größen (*negative quantities*) 84–104, 115–136,
    147, 151
– negative Zahlen 85ff., 91, 114, 118, 123, 132f., 136
nichts
– »das entwickelte Nichts« 212
– *nihil negativum* (das leere Negative) 57, 95, 98, 189,
    193, 211, 225
– *nihil privativum* 95, 98, 128, 217 siehe auch Null

Nichtsein
- absolutes 100
- objektives 203
- transzendentales 101
Null (Zero) 33 ff., 65, 67, 90, 95, 122, 127 f.,
    212–222
- Begriff der 213 ff.
- Nullzustand 103

Ontologie 99 f., 232
- eleatische 40
Opposition
- analytische (logische) 50 f., 53–58, 93, 189,
    235–240, 241–246
- dialektische 50 f., 59–81, 92, 165 ff., 177, 183,
    235–239, 242, 257 f.
- reale (Widerstreit) 36, 50 f., 83–104, 163 f., 189 f.

Paradoxien
- des Negativen 86 ff., 131
- Zenonische 31 ff., 59, 63
- der Identität und des Widerspruchs 228
Paronymie 18, 22 f., 24, 26, 28, 30, 43 f.
petitio principii 15
Phänomenon / Noumenon 166 f.
Philosophie 149
Plus (*nomen adfirmatum*) 84, 89, 97, 113, 118, 134
Prädikat
- logisches 56, 226
- negatives 67
- positives 90
- reales 56 f.
- *praedicatum inest subjecto* 219 ff.

Privation (Beraubung) 94–104, 127f., 164, 190f.
– aristotelischer Begriff der 191

»Quell aller Tätigkeit« 224

Realität *siehe* Bestimmung
Reflexion
– absolute 145
– äußere (subjektive) 145, 161f., 168f., 169, 188, 190
– ausschließende 203
– bestimmende 169, 193
– Kants Begriff der 142f., 190
– logische 142f.
– objektive 145, 183, 193
– setzende 156, 169
– Reflexion in sich 156, 159
– *ideas of reflection* 143
Reflexionsbegriffe 143, 189f., 227
Reflexionsbestimmung 143, 156, 188, 190, 198, 227
– selbständige Reflexionsbestimmung 139, 172f., 202–211, 226
Reflexionslogik *siehe* Logik
Relation 90f., 96
– inverse 136
Relativität 174f., 186

Satz des Gegensatzes 160, 187, 195, 197
Satz der Identität 197, 212, 228
Satz vom ausgeschlossenen Dritten 60, 70, 157ff., 194ff.
– *tertium non datur* 158ff., 198
Satz vom Widerspruch 5, 17, 24f., 44, 55, 57, 104, 129, 194, 197, 213

Setzen 56
- Gesetztsein 156, 159, 223
- setzende Reflexion *siehe* Reflexion
Schranke (Realitätsschranke) *siehe* Bestimmung
Sein 203
Selbstbeziehung *siehe* Beziehung
Selbstbewegung *siehe* Bewegung
Spontaneität (Freiheit) 76, 78f. *siehe auch* Selbstbewegung
 und »Quell aller Tätigkeit«
Sprache 5, 14ff., 44f.
Subkontrarietät / subkonträr 13, 61, 74ff., 77, 81
Substanz 176
Substrat (Grundlage) 80f., 114, 123ff., 129, 131, 198, 222
- reflexionslogisches *siehe* Bestimmtheit
Subtraktion 87f., 96ff., 115, 122, 133
Symbol *siehe* Zeichen

Tautologie 23, 57, 212, 215, 228, 232f.
Teleologie 79, 220
transzendental 61
- transzendentale Analytik 165
- transzendentaler Schein 66ff., 186

Übergehen 179, 183, 191
Unterscheidung 190
Unterschied 222
Urteil
- analytisches *siehe* Analytizität / analytisch
- negatives 56, 67, 72
- synthetisches 55
- unendliches 72
Urteilskraft 79

Vektor 35
- Vektoralgebra 155
Vergleichung *siehe* Reflexion (subjektive)
Verschiedenheit 79, 143, 146, 152, 190, 201
Verstand 166, 167, 174 ff.

Welt 59, 66–74
- Vollkommenheit der 102
Widerspruch (Kontradiktion) *passim*
- Auflösung des Widerspruchs 41 f., 211–226
- Begriff des Widerspruchs 16 ff., 30 f., 55 f., 199 ff.
- »daseiender« 43
- dialektischer 19 ff., 26, 43 f., 49 f.
- »gesetzter« 210 f.
- logischer *siehe* Widerspruch
- als Metapher 26
- objektiver 21, 26, 28, 43, 228
- Selbstwiderspruch 25
- Widersprüche des gesellschaftlichen Systems 28 f.
- *siehe auch* Satz vom Widerspruch
Widerstreit (realer) *siehe* Opposition (reale)
Wissenschaft 29, 174 ff., 232

Zahlensystem 88, 113
Zeichen (Symbol)
- algebraische 97, 132, 153, 155 ff.
- Rechenzeichen 86 f., 118
- vektoralgebraische 155
- Vorzeichen(regel) 84, 87 f., 113, 118, 132, 153
Zero *siehe* Null

www.ingramcontent.com/pod-product-compliance
Lightning Source LLC
Chambersburg PA
CBHW051118160426
43195CB00014B/2253